IRAK,
LES ARMES INTROUVABLES

Hans Blix

Irak, les armes introuvables

Traduit de l'anglais par
Paul Chemla,
Pierre-Emmanuel Dauzat
et Odile Demange

Fayard

L'avant-propos et les chapitres 1 à 4 ont été traduits par Pierre-Emmanuel Dauzat ; les chapitres 5 à 9 ont été traduits par Odile Demange ; les chapitres 10 à 12 ont été traduits par Paul Chemla.

Titre original :
Disarming Iraq
Édité par Bloomsbury, Londres,
et par Pantheon, New York.

À l'ensemble du personnel de la Commission de contrôle, de vérification et d'inspection des Nations unies pour l'Irak.

Avant-propos

En novembre 1997, je rentrai en Suède après avoir passé plusieurs années à Vienne, où j'avais été directeur général de l'Agence internationale de l'énergie atomique. J'avais ramené mes livres et mes documents, et je pensais écrire un ouvrage sur mon expérience au sein de l'Agence. Toutefois, avant de me lancer dans cette entreprise, en janvier 2000 j'accompagnai Eva, ma femme, dans un voyage en Antarctique. C'est au cours de ce voyage que j'acceptai l'offre du secrétaire général des Nations unies, Kofi Annan, de devenir le président exécutif de la nouvelle Commission de contrôle, de vérification et d'inspection des Nations unies pour l'Irak (COCOVINU). Je passai donc directement de la glacière à la poêle à frire ! Ma dernière année à la tête de cette commission fut riche en moments forts : négociations, inspections en Irak, retrait des inspecteurs en mars 2003, guerre et incapacité des occupants à trouver la moindre arme de destruction massive.

Pour avoir fait mes études à la faculté de droit de la Columbia University de 1954 à 1956, je me sentais à l'aise à New York et j'aimais la ville. Mon fils cadet préparait son doctorat dans mon ancienne université ; je devais souvent le retrouver pour dîner avec sa femme, ce qui donnait de l'agrément à ma vie là-bas. La facilité et le coût modique des liaisons téléphoniques transatlantiques permettaient un dialogue quotidien avec mon épouse. À notre fils aîné, qui habitait Stockholm, je ne cessais d'écrire des lettres, qui constituèrent un journal et se révélèrent d'une grande utilité au moment de rédiger ce livre. Mårten lui-même a relu la totalité du manuscrit et ses commentaires m'ont été d'une aide précieuse. Ce réseau familial aura apporté amour et stabilité dans une existence palpitante. Yirka et Ed Emerson, mes bons vieux amis du temps de mes études à New York, veillèrent à ce que je ne manque pas les grandes pièces de théâtre qui se donnaient à Broadway et ailleurs. Nos sorties communes au spectacle m'offrirent un équilibre qui fut essentiel à ma vie sur la scène politique onusienne et au-dehors.

Dans le courant du printemps 2003, Per Gedin, vieil ami du temps de mes études à Uppsala et grand éditeur, prit contact avec moi : je devais écrire un livre sur mes expériences dans l'affaire irakienne. Il me dirigea sur Albert Bonnier, qui allait devenir mon éditeur dans les pays scandinaves, et tous deux me persuadèrent de m'y mettre après avoir quitté la commission. Je me laissai convaincre sans trop de mal. Je savais avoir vécu une période importante dans l'histoire contemporaine.

Diplomates et hommes d'État donneraient leurs points de vue. J'estimais légitime que les événements qui eurent pour théâtre la scène centrale des Nations unies fussent décrits par un homme qui avait été sur place.

J'ai eu la chance que l'on m'ait conseillé de prendre pour agent littéraire Mme Jane Gelfman. Albert Bonnier et elle n'ont cessé de m'encourager au cours de la rédaction. J'ai eu l'occasion de mesurer et d'apprécier la finesse de leur jugement, leur amitié et leur compétence professionnelle. À Stockholm, Anders Mellbourn, directeur de l'Institut des affaires internationales, et, à New York, Dan Frank, des éditions Pantheon, n'ont compté ni leur temps ni leur énergie pour m'aider à mettre en forme les diverses moutures. Je leur suis très reconnaissant du doigté et de la délicatesse avec lesquels ils ont mené à bien ce travail épineux et fébrile.

Dimitri Perricos a toujours été une locomotive. Je savais qu'il mènerait, pour la COCOVINU, des inspections professionnelles et compétentes. Il l'a fait. Il a eu la gentillesse de lire tous les chapitres de ce livre et m'a aidé à en débusquer les erreurs, quand je me laissais égarer par mes souvenirs. Je lui en suis redevable, ainsi que de tous ses conseils avisés et de son action professionnelle. Ma reconnaissance va également à Ewen Buchanan et Jeffrey Allen, qui ne cessent de me tenir informé par e-mail de ce qui se passe en Irak depuis que j'ai quitté New York, dans le courant de l'été 2003.

Stockholm, 30 janvier 2004.

1

Désarmer l'Irak : moments de vérité ?

Invasion plutôt qu'inspection

Le dimanche 16 mars 2003, dans l'après-midi, je me trouvais dans mon bureau du 31e étage du secrétariat des Nations unies, à New York, siège de la Commission de contrôle, de vérification et d'inspection des Nations unies pour l'Irak (COCOVINU). Quelques-uns de mes plus proches collaborateurs m'avaient rejoint pour apporter la dernière touche à un programme de travail que je devais soumettre au Conseil de sécurité.

En créant notre commission par une résolution de décembre 1999, le Conseil de sécurité avait admis qu'il pouvait encore exister des armes de destruction massive (ADM) en Irak alors même qu'un gros travail de désarmement avait été mené à bien dans le cadre des inspections des Nations unies après la fin de la guerre du Golfe, en 1991. En novembre 2002 avait été lancée une nouvelle vague d'inspections afin de résoudre les problèmes qui subsistaient dans le désarmement de l'Irak.

Tandis que l'organisation d'inspection fonctionnait à plein régime et que l'Irak semblait déterminé à lui ouvrir partout les portes, et sans délai, les États-Unis paraissaient résolus à remplacer notre force d'inspection par une armée d'invasion. Après les attentats du 11 septembre 2001 à Washington et New York, une politique d'endiguement – consistant à tenir Saddam Hussein enfermé dans sa boîte – et le désarmement de l'Irak par des inspections onusiennes n'étaient plus acceptables.

Tous les gens qui m'entouraient étaient de solides professionnels venus des quatre coins du monde. Il y avait là Dimitri Perricos, probablement l'un des inspecteurs les plus expérimentés du monde. Chimiste de profession, ce Grec avait derrière lui plus de vingt ans d'expérience en matière d'inspections nucléaires internationales – en Irak, en Corée du Nord, en Afrique du Sud et dans bien d'autres pays. Il était le chef des opérations. Muttusamy Sanmuganathan, dit Sam, était originaire du Sri Lanka. Tous deux avaient longtemps été mes proches collaborateurs à Vienne, du temps où j'étais directeur général de l'Agence internationale de l'énergie atomique (AIEA). Ewen Buchanan, un Écossais, était le responsable de nos relations avec les médias et notre mémoire institutionnelle. Des années durant, il avait été expert politique et porte-parole de la précédente autorité d'inspection, la Commission spéciale des Nations unies (UNSCOM). Il y avait aussi Torkel Stiernlöf, qui avait été en poste à Bagdad et connaissait l'arabe. Il s'apprêtait à reprendre son travail au ministère des Affaires étrangères à Stockholm, après avoir été pendant six mois mon assistant exécutif. Il y avait enfin le successeur de Torkel, Olof Skoog, jeune ambassadeur de 35 ans qui avait été mis à ma disposition.

L'invasion militaire était presque annoncée et nous étions ici, aux Nations unies, afin d'esquisser une voie pacifique pour essayer de mener à bien le désarmement de l'Irak ! L'accroissement des forces militaires avait commencé dans l'été 2002 et était l'une des raisons essentielles qui avaient conduit le pays à accepter le retour des inspecteurs ; ces forces en étaient arrivées à former une armée d'invasion qui attendait maintenant d'être déployée.

Au Conseil de sécurité, tous les efforts pour trouver un accord sur ce qu'il convenait d'exiger de l'Irak dans les semaines suivantes avaient échoué. Les Britanniques avaient proposé que Saddam Hussein prenne la parole à la télévision irakienne et déclare sa détermination à désarmer et à coopérer pleinement avec les inspecteurs. Dans le même temps, l'Irak devrait s'acquitter d'un certain nombre de tâches en matière de désarmement, et ce dans un délai très bref – dix jours peut-être. (La démarche était proche des efforts britanniques qui, dix mois plus tard, allaient conduire la

Libye du colonel Kadhafi à déclarer qu'elle cessait tous ses efforts pour acquérir des armes de destruction massive et se prêtait à des inspections systématiques.) Les États-Unis et la Grande-Bretagne s'estimaient autorisés à lancer une action militaire contre l'Irak s'ils décidaient qu'il ne se pliait pas à ces exigences.

Alors que les directives de la résolution de décembre 1999 étaient parfaitement valides et prévoyaient un programme de travail couvrant une première période de 120 jours d'inspections, les États-Unis, le Royaume-Uni et l'Espagne se réclamaient de la résolution 1441 du Conseil de sécurité, adoptée le 8 novembre 2002. Dans leur esprit, celle-ci n'accordait à l'Irak qu'un délai limité et une dernière chance de coopérer en vue du désarmement sous peine de s'exposer à de « graves conséquences ». Et, pour eux, ce délai avait expiré. D'autres membres du Conseil pensaient que les inspections nécessitaient davantage de temps. À ce stade, ils n'étaient pas prêts à autoriser des « conséquences graves », autrement dit une action armée. La plupart des États étaient d'avis que cette décision était du ressort collectif du Conseil, non pas de tel ou tel de ses membres, comme le prétendaient les États-Unis et le Royaume-Uni.

Ce dimanche, George W. Bush, Tony Blair et José Maria Aznar s'étaient retrouvés pour une heure aux Açores, au beau milieu de l'Atlantique, afin de lancer un dernier appel – pour mémoire – aux membres réticents du Conseil de sécurité et de les inviter à accepter le projet de résolution sur l'Irak. Mais si Blair avait souligné qu'ils avaient consenti un effort supplémentaire pour la paix, Bush paraissait déjà décrire tous les bénéfices qui résulteraient d'une action militaire.

Pour la plupart des observateurs, la guerre était maintenant une certitude et, de fait, elle arriva. Si la probabilité m'en paraissait très grande, je me disais, même à la dernière minute, que pouvaient survenir des choses inattendues. Je me souvenais aussi comment, en juillet 1991, après des affrontements, les Irakiens avaient envoyé à l'AIEA une note admettant avoir expérimenté diverses méthodes d'enrichissement de l'uranium ; en octobre 1998, Kofi Annan, le secrétaire général des Nations unies, avait arraché à l'Irak une concession de taille, et le président des États-Unis, Bill Clinton, avait alors rappelé les bombardiers américains déjà en route pour punir l'Irak de son manque de coopération. Si, dans la situation présente, Saddam Hussein faisait un discours spectaculaire et, suivant la suggestion des Britanniques, offrait rapidement de résoudre un certain nombre de questions, l'ordre de marche et de vol pouvait être suspendu au profit d'une intensification des inspections. Saddam prononça bien un discours sur la chaîne de télévision de son fils, mais ce ne fut pas le geste théâtral que la situation eût exigé. Il assura que son pays avait *eu* par le passé des armes de destruction massive, mais qu'il n'en avait plus maintenant.

Nous étions tous attablés dans mon bureau lorsque le téléphone sonna. C'était le secrétaire d'État adjoint John Wolf qui m'appelait de Washington pour me prévenir qu'il était temps de retirer nos inspecteurs d'Irak. Il n'y aurait pas de nouvel avis, et il fallait s'attendre à une action imminente.

Les préparatifs du retrait des inspecteurs

Nous nous préparions à cette situation depuis la fin de février. Au cours des toutes dernières semaines, nous avions délibérément réduit notre personnel en Irak. Les hélicoptères que nous avions affrétés avaient déjà été évacués par leurs propriétaires. Un appareil nous attendait à Bagdad, et un autre fut affrété pour nous permettre d'aider les Nations unies dans l'évacuation du personnel chargé de l'aide humanitaire. Des jeeps et des cars seraient également mis à notre disposition si le besoin s'en faisait sentir.

Il était maintenant autour de 15 heures à New York, de 23 heures à Bagdad. Si le Dr Miroslav Gregoric, le chef de notre mission dans la capitale irakienne, en recevait tout de suite l'instruction, le premier avion quitterait la ville le lendemain matin. J'avais hâte d'évacuer au plus vite ceux dont la sécurité était de mon ressort. Mais je n'étais pas seul responsable. En tant que secrétaire général des Nations unies, Kofi Annan avait la haute main sur tout le personnel onusien en Irak. Mon collègue Mohamed El-Baradei, directeur général de l'AIEA, était responsable des inspecteurs nucléaires. Je téléphonai à l'un et à l'autre. Mohamed ne voulait pas accélérer le processus. Il ne voulait pas que le retrait prît des allures de retraite.

Alors qu'il n'avait pas besoin d'une permission du Conseil de sécurité pour donner un ordre de retrait, le secrétaire général voulait l'en informer avant de donner ses consignes. Il décida de le faire lors de la prochaine réunion du Conseil, prévue pour le lendemain matin, lundi. Autrement dit, le retrait ne pourrait commencer que mardi matin. Je n'étais pas satisfait de ce retard, mais j'imaginais que Kofi Annan avait des raisons de penser qu'il n'accroîtrait pas les risques.

Conseil de sécurité, le 17 mars : la résolution autorisant la guerre est retirée du vote

Le lundi 17, nos inspecteurs en Irak continuèrent leur travail. Ils supervisèrent la destruction de deux missiles Al-Samoud 2, portant le nombre total de ces armes détruites à soixante-douze. Ils eurent une entrevue privée avec un biologiste, entrevue qui s'ajouta à une liste de dix entretiens confidentiels de ce type. Des équipes d'inspecteurs visitèrent une laiterie à cent quarante kilomètres au nord de Bagdad et deux autres sites au nord-ouest. Je m'inquiétais des risques de contretemps dans les opérations de retrait prévues pour le lendemain matin. Nous avions déjà reçu des assurances du côté irakien, mais je me souvenais qu'en 1990 ils avaient pris des otages.

Le Conseil de sécurité se réunit à 10 heures. À ma grande consternation, Kofi Annan ne commença pas par annoncer le retrait d'Irak du personnel des Nations unies. Il était déjà 18 heures à Bagdad, et chaque heure de retard dans les instructions venues de New York rendrait les préparatifs d'évacuation plus difficiles.

Au Conseil, le ton ne fut ni combatif ni acrimonieux. La bataille était terminée. Les États-Unis, la Grande-Bretagne et l'Espagne avaient bloqué la voie des inspections, tandis qu'une majorité d'États membres avait fait échec à une résolution bénissant implicitement une intervention armée. La réunion des Açores et tous les coups de fil passés durant le week-end n'avaient entraîné aucun changement dans la position des différents gouvernements. Le Royaume-Uni annonça que le projet de résolution, qu'il avait parrainé, *ne serait finalement pas mis aux voix*. C'était une façon de reconnaître qu'il n'aurait pu être adopté. Eût-il été soumis à un vote et repoussé que le rejet eût achevé de miner la position douteuse de ses promoteurs, consistant à affirmer que les résolutions antérieures les autorisaient à recourir à la force militaire s'ils estimaient que l'Irak ne s'acquittait pas de ses obligations.

Alors même que le Royaume-Uni et les États-Unis justifiaient leur débâcle par la menace d'un veto de la France – feignant d'ignorer que la Chine et la Russie l'eussent sans doute rejointe –, la majorité du Conseil avait, *de facto*, sinon formellement, refusé de légitimer l'action armée. Londres persista à soutenir que, certes, les chances d'une solution pacifique étaient minces désormais, mais que Saddam pouvait encore prendre des initiatives pour sauver la situation. Et les États-Unis réitérèrent leur invitation à évacuer sans délai le personnel des Nations unies.

La France confirma son opposition à toute résolution qui autoriserait le recours à la force et rejeta l'idée que des membres puissent décider d'une intervention armée sans l'autorisation du Conseil. Elle demanda que la COCOVINU présentât son programme d'inspections et que le Conseil se réunît mercredi, peut-être au niveau des ministres, suivant la suggestion de la Russie, afin de l'approuver. Une date butoir serait fixée après laquelle le Conseil dresserait le bilan des inspections. Le Mexique affirma que, pour l'heure, rien ne justifiait de recourir à la force en Irak. Quant à l'Angola, il fit valoir qu'il avait l'expérience de la guerre et insista pour que l'on explorât au préalable toutes les solutions pacifiques.

La guerre justifiée par le refus irakien de désarmer. Le moment de vérité attendu

Le lundi 17 mars au soir, dans un discours télévisé, le président Bush lança un ultimatum à Saddam Hussein, lui laissant 48 heures pour quitter l'Irak avec sa famille. Le vice-président Dick Cheney ajouta qu'une offre de désarmement irakienne n'était plus recevable. Et, faisant allusion à Saddam Hussein, il ajouta : « Nous pensons qu'il a bel et bien reconstitué des armes nucléaires. » Ses propos étaient aussi fermes qu'infondés.

Le secrétaire d'État Colin Powell se montra plus nuancé. Le 17 mars, dans une conférence de presse, il expliqua que les États-Unis s'étaient interrogés sur la sincérité de l'Irak peu après l'adoption de la nouvelle résolution de novembre 2002. La déclaration de 12 000 pages que l'Irak avait soumise un mois plus tard, souligna-t-il, présentait un tableau incomplet et mensonger de ses programmes d'armements. Les États-Unis avaient coopéré loyalement avec les inspecteurs et les avaient épaulés. Malgré certaines améliorations, cependant, l'Irak n'avait pas consenti au genre de coopération exigée. La résolution que les États-Unis, la Grande-Bretagne et l'Espagne avaient finalement décidé de retirer aurait donné au pays une dernière chance, mais la France s'y était opposée en menaçant d'user de son droit de veto. Si les Nations unies devaient rester une institution importante, le Conseil de sécurité, en l'occurrence, avait failli à sa mission.

Peut-être était-il commode d'imputer à la France l'échec de la diplomatie, mais il était clair que la majorité des États membres du Conseil étaient à ce stade hostiles à une action armée, même si aucun n'avait exclu un accord sur ce sujet à une étape ultérieure. Voilà une idée bien intéressante, qui veut que lorsqu'une petite minorité est mise en échec par une forte majorité, c'est cette dernière qui n'est pas à la hauteur.

À aucun moment Colin Powell n'affirma que les États-Unis étaient en droit de lancer une attaque préventive contre l'Irak. D'un point de vue juridique, le secrétaire d'État justifia l'intervention de la même façon que Londres, en faisant valoir que l'Irak ne s'était pas acquitté des obligations de *désarmer* que lui faisaient les résolutions du Conseil de sécurité et que, de ce simple fait, les membres de celui-ci étaient en droit de passer à l'action hors de toute décision collective.

Employant la même expression que d'autres porte-parole américains, Colin Powell déclara que la fenêtre de la diplomatie se refermait et que « l'instant de vérité » approchait. L'action armée est bel et bien à l'opposé de la diplomatie, mais elle ne tient pas nécessairement lieu de vérité. On aurait davantage de raisons de soutenir que « la première victime de la guerre est la vérité ». Il ne me paraît pas bon non plus de faire de la diplomatie le contraire de la vérité – de la présenter comme mensonges ou illusion. La diplomatie emploie souvent un langage qui sous-estime les divergences afin de minimiser les fossés à combler et de rendre la conciliation moins difficile, mais le mensonge n'y a pas sa place, tout au moins lorsqu'il s'agit de bonne diplomatie.

La vérité capitale à laquelle pensaient les porte-parole américains et que la guerre était censée révéler était sans conteste l'existence de stocks d'armes biologiques et chimiques et d'autres produits interdits, ainsi que celle des hommes et des programmes associés.

Retrait du personnel des Nations unies et soumission du programme de travail au Conseil

Le mardi 18 mars, Dimitri Perricos me téléphona à 7 heures du matin pour me prévenir que notre premier avion de Bagdad s'était posé à Chypre et que le deuxième était attendu un peu plus tard. Tout s'était bien passé. Nos équipes avaient même pu emporter avec elles du matériel sensible. Les Irakiens s'étaient montrés coopératifs tout au long de l'opération. Quel soulagement ! Nos inspecteurs devaient maintenant passer quelques jours à Larnaka avant de retrouver leur liberté et de regagner leurs pays respectifs. Comme ils restaient officiellement à notre service jusqu'à expiration de leur contrat, ils seraient encore disponibles dans l'éventualité – très peu probable – où la COCOVINU serait appelée à procéder à des vérifications au cours de la future occupation. J'étais soulagé de savoir notre personnel hors de danger, mais j'étais aussi vidé, comme après une épreuve pour laquelle on a rassemblé toutes ses énergies, et déçu qu'on ne nous eût pas accordé un délai raisonnable pour accomplir la mission qu'on nous avait confiée.

Trois ans plus tôt, j'avais accepté de monter et de diriger la nouvelle organisation d'inspection. Elle était devenue une force compétente et bien équipée. Tout le monde reconnaissait qu'elle avait bien fait son travail, mais aussi qu'elle avait été un outil du Conseil de sécurité efficace et indépendant – pendant trois mois et demi. Face aux fortes pressions militaires exercées par les États-Unis et la Grande-Bretagne, nos interlocuteurs irakiens avaient fini par se montrer presque frénétiques, n'ayant de cesse que de nous soumettre des matériaux, de chercher des preuves et de trouver des personnes que nous puissions interroger. Je ne saurais affirmer que ces efforts devaient aboutir à des révélations et à des clarifications propres à nous satisfaire, nous et le monde, mais nous étions dans une phase d'optimisme.

J'avais le sentiment que l'action militaire ne s'accordait pas avec ce que le Conseil de sécurité avait décidé cinq mois plus tôt. Il n'avait pas fixé un délai de trois mois et demi pour les inspections. Certains accès nous avaient-ils été refusés ? Avait-on joué au jeu du chat et de la souris avec nous ? Non. Les inspections s'étaient-elles mal passées ? Elles n'avaient résolu aucun des problèmes de désarmement en suspens, mais, à mon sens, elles s'étaient déroulées de façon beaucoup trop satisfaisante pour qu'il fût justifié d'y renoncer et d'entrer en guerre. Alors que les Irakiens avaient fait des efforts considérables, pas toujours très efficaces, pour nous apporter des preuves de leur innocence, les États-Unis s'étaient efforcés frénétiquement, sans grands résultats non plus, de trouver des preuves accablantes de la culpabilité irakienne.

L'administration Bush critiquait depuis longtemps la politique d'endiguement, dont le dernier fondement en date était la résolution de décembre 1999 et qui reposait essentiellement sur des inspections et des contrôles, des pressions militaires et des sanctions. Dans le cas des armes de destruction massive irakiennes, elle la jugeait insuffisante. Elle avait désormais lancé une campagne éclair de *contre-prolifération* armée, qu'elle prétendait justifiée par la résolution de novembre 2002 et qui était censée être décisive dans l'élimination des ADM en Irak.

Que se serait-il passé si le gouvernement américain avait consenti à poursuivre la politique traditionnelle ?

Sans le renforcement des pressions militaires américaines dans le courant de l'été 2002, l'Irak n'aurait probablement pas accepté la reprise des inspections. Toutefois, compte tenu de cette présence militaire et du retour des inspecteurs, on peut imaginer que des pressions militaires *modérées* et continues, associées à la poursuite des inspections sans qu'aucun accès ne nous fût refusé et à la garantie de pouvoir nous entretenir avec un grand nombre de personnels techniques, auraient permis de démontrer qu'il n'existait pas d'armes de destruction massive dans le pays. Sans doute eût-il été difficile de persuader à la fois les inspecteurs et le monde, sans parler des États-Unis. Mais s'il n'y avait pas eu de résultats encourageants en juillet 2003, par exemple, à l'expiration des 120 jours, il est probable qu'une majorité d'États du Conseil de sécurité eût été prête à autoriser une action armée, laquelle aurait pu commencer, avec l'aval des Nations unies, après la chaleur de l'été – et révéler qu'il n'y avait pas d'armes.

Pour ma part, mon sentiment était le suivant : l'Irak étant incapable ou peu désireux de prouver qu'il ne possédait pas d'armes de destruction massive, on avait de bonnes raisons de ne pas faire confiance à ce pays et de ne pas lever les sanctions ; mais, la coopération avec les inspecteurs étant bien meilleure qu'elle ne l'avait été les années précédentes, je ne pensais pas qu'il fallût arrêter les inspections en dressant un constat d'échec après seulement trois mois et demi, ni que ce fût un argument pour faire la guerre.

En réalité, ce n'était pas à un renforcement de la présence militaire qu'on assistait, mais au rassemblement inexorable d'une grande armée d'invasion. À moins d'une conversion de Saddam et d'une « décision stratégique » de sa part, cela ne laissait guère de choix aux États-Unis. Mais voulaient-ils vraiment avoir le choix ?

La guerre était-elle décidée d'avance ?

Beaucoup ont suggéré que Washington avait décidé la guerre dans le courant de l'été 2002 et que les inspections onusiennes n'avaient été autorisées que pour laisser à l'armée le temps de se préparer. Un article paru le 4 septembre 2003 dans l'*International Herald Tribune*, citant le *Washington Times*, se réfère à un « rapport militaire » adressé aux chefs d'état-major et montrant que le président Bush avait approuvé la stratégie globale de guerre en Irak en août 2002. Avec le temps, avec les Mémoires de responsables politiques et la déclassification des documents, on finira par connaître la vérité.

Mon sentiment – mais ce n'est qu'une spéculation – est que, pendant l'été 2002, l'administration Bush décida qu'à la suite des attentats du 11 septembre elle devait être prête à lancer une attaque préventive contre tout ennemi identifié susceptible de représenter une menace pour les États-Unis. De ce point de vue, Saddam Hussein lui apparut comme une incarnation du Mal, comme un homme qui parvenait à déjouer avec succès les efforts de l'ONU pour retrouver et éliminer les armes de destruction massive et qui peut-être hébergeait et aidait des terroristes internationaux, enfin comme un des plus farouches adversaires de la paix avec Israël. L'administration en conclut, je crois, que George W. Bush, ayant déclaré la guerre au terrorisme, devait éliminer cette menace bien avant l'élection présidentielle. Et les États-Unis avaient les moyens militaires de le faire puisque leur engagement en Afghanistan touchait à sa fin et que l'OTAN prenait partiellement la relève.

Dès lors, que devenaient les Nations unies et les inspections ? En août 2002, le vice-président Dick Cheney déclara que les inspections étaient au mieux inutiles. Probablement cet avis était-il partagé par le secrétaire à la Défense, Donald Rumsfeld, selon qui la réalité des inspections en Irak, « c'est qu'on n'y avait jamais rien trouvé sans le concours de transfuges du régime » (*The Washington Post*, 5 décembre 2002).

Reste que le renforcement de la présence militaire américaine demandait du temps, et je présume qu'on en conclut qu'il n'y avait pas grand mal à laisser l'ONU faire une dernière et probablement vaine tentative pour désarmer l'Irak. Si ce dernier s'opposait au retour des inspecteurs, une action armée des États-Unis apparaîtrait non pas comme une simple défense de la sécurité américaine, mais aussi comme une manière de faire respecter les exigences de l'organisation mondiale. Si les inspecteurs étaient autorisés à revenir mais se voyaient de nouveau refuser l'accès aux sites ou opposer d'autres fins de non-recevoir, une action militaire américaine pourrait à la fois servir la sécurité des États-Unis et soutenir les exigences onusiennes. Et si l'Irak laissait revenir les inspecteurs pour leur livrer les armes interdites, alors tant mieux ! Saddam resterait – on pouvait le regretter –, mais ce serait un autre Saddam.

Dans ce livre, je me propose de raconter comment les événements suivirent en partie un cours prévu pour finalement dérailler. L'Irak accepta la reprise des inspections. En novembre 2002, le Conseil de sécurité adopta à l'unanimité une résolution d'inspiration américaine soumettant l'Irak à des exigences qui, si elles n'étaient pas pleinement respectées, pouvaient justifier une intervention militaire. D'aucuns suggérèrent que les États-Unis souhaitaient l'échec des inspections, s'appuyant pour affirmer cela sur le tout petit nombre de sites que leurs services secrets proposèrent à l'inspection en novembre et décembre 2002. Je ne partage pas ce point de vue. Les États-Unis, on le verra, portèrent alors un vif intérêt aux inspections et nous pressèrent de les mener tambour battant et « agressivement » – vraisemblablement dans l'espoir, ou tout au moins en prévoyant que l'Irak nous refuserait l'accès, violant ainsi la résolution et s'exposant alors à de « graves conséquences ».

Du point de vue américain, l'évolution de 2003 fut problématique. Les inspecteurs identifièrent des missiles qui dépassaient légèrement la portée autorisée et en supervisèrent la destruction, mais ils ne découvrirent aucune des armes attendues, ni aucune explication crédible à leur absence. Les Irakiens rouspétèrent mais se conduisirent relativement bien. Ils n'opposèrent même aucune résistance sérieuse à l'inspection des deux sites présidentiels – probablement à leurs yeux les lieux les plus sacro-saints du pays.

La situation qui en résulta était peut-être la pire du point de vue américain : le désarmement n'avait pas été mené à bien, mais il n'y avait pas non plus de bonne raison de lancer une action militaire. Assez naturellement, la majorité du Conseil de sécurité et une bonne partie de l'opinion publique de la plupart des pays, y compris des États-Unis, refusèrent d'approuver le recours à la force et demandèrent qu'on laissât plus de temps aux inspections. Il y eut des controverses politiques et diplomatiques entre les États-Unis et la majorité des États membres des Nations unies, au sein de l'OTAN et entre les pays européens. Il est intéressant de constater que les grandes puissances se divisèrent non pas sur la nécessité de désarmer l'Irak, mais sur la méthode à employer pour y parvenir. Finalement, j'imagine que la concentration d'une armée forte de 300 000 hommes aux abords de l'Irak et l'approche de la saison chaude rendirent l'intervention inévitable. Il aurait fallu quelque chose de plus spectaculaire que l'élimination en cours de soixante-dix missiles pour que les troupes fussent retirées. Et celles-ci ne pouvaient rester désœuvrées avec la hausse du thermomètre, ni attendre tranquillement une raison claire et probante d'envahir l'Irak. Elles devaient l'envahir.

Ma conclusion était, et demeure, que l'action armée décidée était prévisible sans être pour autant irrévocablement déterminée à l'avance.

2

L'histoire complexe des inspections

Retraite de l'AIEA. Le temps de la réflexion sur les inspections internationales

Après seize années de travail à Vienne en tant que directeur général de l'Agence internationale de l'énergie atomique (AIEA), je pris ma retraite en novembre 1997 et regagnai Stockholm. À l'AIEA, j'avais consacré l'essentiel de mon temps aux utilisations pacifiques de l'énergie nucléaire, mais je m'étais aussi intéressé de près au déroulement des inspections de l'Agence et à leurs problèmes : les violations irakiennes, qui n'avaient pas été détectées ; la mise en œuvre des inspections sous mandat du Conseil de sécurité après la guerre du Golfe, qui avaient été difficiles ; la supervision du démantèlement du programme sud-africain d'armes nucléaires ; et la découverte par l'Agence que la Corée du Nord possédait plus de plutonium qu'elle ne le déclarait, ce qui avait déclenché une crise.

Professionnellement, 1997 avait été une très bonne année : plusieurs conventions avaient été adoptées. J'eus la satisfaction de voir s'étendre et s'étoffer la trame des règles internationales dans le domaine du nucléaire. Il y eut aussi une autre initiative d'une très grande importance : après quatre années de travail, l'Agence adopta un protocole supplémentaire afin de renforcer les accords de garantie dans le cadre du Traité de non-prolifération des armes nucléaires (TNP). Une fois accepté et ratifié par les États, cet instrument contribuerait à accroître l'efficacité du régime de vérification – avancée vitale à la lumière des faiblesses apparues dans le cas de l'Irak après la guerre du Golfe en 1991.

Un peu plus tôt en 1997, ma femme, Eva, était revenue à Stockholm pour travailler au ministère suédois des Affaires étrangères après des années de service international à Genève et à Bruxelles. Nos tâches nous avaient séparés dix années durant. Il était plaisant de reprendre la vie commune. Quoique retraité, je restais impliqué dans les affaires d'énergie et de sécurité nucléaires, d'environnement mondial, de désarmement nucléaire et de non-prolifération. Avec le rang d'ambassadrice, Eva reçut la charge des questions arctiques et antarctiques au ministère. Après la chute de l'Union soviétique, disions-nous en plaisantant, c'était la seule bipolarité qui subsistât au monde. Elle aimait son travail. Et, sur un point, nos centres d'intérêt se recoupaient très directement : le statut de zone démilitarisée de l'Antarctique et le droit d'y procéder à des inspections.

Le renforcement de la confiance internationale par les inspections : les débuts, avec le Traité sur l'Antarctique (1959)

J'avais maintenant le temps de réfléchir et d'écrire sur les lois de la guerre et du désarmement. Pourquoi des États souverains avaient-ils inventé l'inspection internationale ? Quel degré d'intrusion accepteraient-ils ? Je continuais de suivre de près les inspections en Irak ainsi qu'en Corée du Nord et m'apprêtais à écrire un livre sur mon expérience au sein de l'AIEA à propos de ces deux pays.

Bien avant la Seconde Guerre mondiale avaient existé des traités interdisant l'utilisation d'armes ou de moyens de guerre spécifiques. Les déclarations de La Haye, en 1899, avaient interdit l'utilisation de balles dum-dum (qui s'aplatissaient dans le corps humain et provoquaient de terribles blessures), l'emploi de « gaz asphyxiants ou délétères » et, pour une période de cinq ans, le lancement « de projectiles et d'explosifs du haut de ballons ou par d'autres modes analogues nouveaux ». Après la Première Guerre mondiale, qui vit un usage systématique et horrible du gaz, le protocole de Genève, en 1925, interdit à la fois l'emploi de gaz et de « moyens de guerre bactériologiques ». Mais aucun de ces accords ne prévoyait de dispositif de vérification. On se disait que, si violations il y avait, elles seraient visibles. Le risque de représailles était jugé dissuasif, et sans doute est-ce pour cette raison que le gaz ne fut pas utilisé comme arme de combat au cours de la Seconde Guerre mondiale.

Le Traité sur l'Antarctique fut conclu en 1959. Il s'agissait d'un effort important afin de limiter la compétition tous azimuts entre les blocs. Bases et manœuvres militaires étaient interdites dans cette zone, de même que les essais d'armes. Aucune explosion nucléaire n'était autorisée. De mon point de vue, une clause du traité était particulièrement intéressante : toutes les régions de l'Antarctique, y compris les installations, devaient être ouvertes en permanence aux inspections des « observateurs ». Cette disposition était un premier pas modeste vers l'utilisation des inspections internationales pour s'assurer qu'aucune activité ne s'exerce en violation d'un traité de démilitarisation.

Le Traité de non-prolifération de 1968 et les inspections en Irak

Pour les États pourvus d'armes nucléaires, pendant la guerre froide, le risque de destruction mutuelle assurée (*mutually assured destruction*, ou MAD) était certainement un facteur de dissuasion contre la tentation de les utiliser entre eux. Pour les autres, on pensait que la meilleure garantie contre l'utilisation de telles armes serait tout simplement *qu'ils n'en possèdent pas.* La possession – contrairement à l'emploi – pouvant être secrète, cette règle exigeait un système d'inspection afin que les États eussent l'assurance qu'aucune nation se prétendant non nucléaire ne leur réserve un jour une mauvaise surprise. Ces inspections de « garantie » furent donc rendues obligatoires pour les États non pourvus de l'arme nucléaire rejoignant le TNP, tandis qu'il revint à l'AIEA de gérer le système. Des accords de garantie standard furent conclus conformément à un modèle approuvé par les États membres. (Ce sont des réflexions du même ordre qui aboutirent à la convention de 1993 sur les armes chimiques, interdisant leur production, leur stockage et leur utilisation tout en mettant en place un dispositif d'inspection.) Bien que le système ait constitué, voici trente ans, un formidable bond en avant et ait ouvert la voie à l'inspection dans d'autres domaines de maîtrise des armements, par exemple entre pays européens, il apparut cependant avec le temps qu'il était difficile de concevoir un régime d'inspection susceptible de satisfaire l'ensemble des parties tout en accomplissant son mandat.

Si vous voulez un système de contrôle qui vous donne un maximum d'assurance, il n'est qu'à imaginer un dispositif aux mailles très serrées et très intrusif, donnant le droit aux inspecteurs d'aller presque partout à n'importe quel moment et d'exiger toutes sortes de documents. L'inconvénient est qu'un tel système coûterait sans doute beaucoup plus que les gouvernements ne sont prêts à débourser, et qu'il obligerait les États à ouvrir les sites les plus divers et les plus sensibles à des inspecteurs, au risque de faire naître de fausses alarmes. À la fin des années 1960, quand fut conçu le premier système de garanties, les États veillaient plus jalousement sur leur souveraineté qu'aujourd'hui et n'étaient pas prêts à accepter un dispositif de ce genre. Celui de 1968 était donc peu incisif. Les inspecteurs n'avaient pas le droit de se promener de-ci de-là à la recherche d'installations ou d'activités non déclarées. Au demeurant, cela n'avait aucun sens s'ils restaient privés de renseignements venant des États membres, et à cette époque aucun circuit n'avait été mis en place pour assurer une communication. L'État inspecté pouvait aussi rejeter tel ou tel inspecteur, et beaucoup ne manquèrent pas de se prévaloir de ce droit.

Une autre faiblesse du système initial tenait à ce qu'il avait été essentiellement élaboré en pensant à des pays industriels avancés et ouverts, et visait à assurer qu'aucune quantité « significative » de matériau fissile (une telle quantité commençant à 25 kilos dans le cas de l'uranium 235 et à 8 kilos dans celui du plutonium) ne fût détournée à des fins militaires des installations nucléaires déclarées. (Des États comme l'Allemagne, le Japon ou la Suède auraient été techniquement capables de fabriquer des armes nucléaires.) Avec le temps, ce système se révéla trop faible pour permettre la découverte d'installations clandestines dans une société fermée. C'est ce que prouva le programme irakien, bien qu'il n'eût produit qu'environ deux grammes et demi de plutonium et moins d'un demi-kilo d'uranium, à un niveau moyen d'enrichissement de 4 %. Pour faire une bombe, le taux d'enrichissement doit être de 80 % et plus. Les Irakiens avaient appris à enrichir l'uranium, mais leur capacité industrielle restait très réduite.

La fiabilité des garanties contestée : l'incident de l'Osirak en 1981

En 1981, un pays montra clairement que les inspections de garantie effectuées par l'AIEA en Irak ne lui inspiraient pas confiance. Lors d'un raid spectaculaire, l'aviation israélienne détruisit le réacteur de recherche irakien Osirak, qui n'était pas encore entré en activité. Israël fut condamné au sein de l'AIEA puis, par une résolution adoptée le 19 juin 1981 à l'unanimité, le Conseil de sécurité dénonça dans son action une « menace sérieuse pour tout le système de garanties ».

Les États-Unis – sous la présidence de Ronald Reagan – s'associèrent eux-mêmes au vote condamnant Israël. Expliquant la position de son pays, l'ambassadrice Jeane Kirkpatrick déclara qu'« Israël n'avait pas épuisé tous les moyens pacifiques afin de résoudre ce conflit ». Dans le même temps, sa longue intervention indiquait clairement qu'elle comprenait l'action israélienne : « Il n'est certainement pas déraisonnable de soulever de sérieux doutes quant à l'efficacité du système de garanties du Traité de non-prolifération », observa-t-elle, ajoutant que les inspecteurs ne sont « pas des policiers ; ils peuvent seulement inspecter ce qui a été déclaré ».

Malgré cette remise en cause de la fiabilité du système de garanties, ni les États-Unis ni aucun autre gouvernement ne prirent la moindre initiative pour renforcer le système au cours des années 1980. À cette époque, des inspections plus intrusives se seraient aussi heurtées à une résistance insurmontable.

Si l'on avait des soupçons concernant l'Irak, personne n'avait jamais vu de preuves concrètes de l'existence de grandes installations industrielles afin d'enrichir l'uranium et de fabriquer des armes. Ni l'AIEA ni, semble-t-il, aucun service de renseignement n'en avait davantage eu connaissance. Chaque année, dans son rapport, l'Agence continuait de déclarer que les inspections de garanties en Irak n'avaient permis de détecter aucun détournement d'une quantité significative de matériau fissile. C'était relativement juste, mais le propos demandait à être lu sans perdre de vue les limites dans lesquelles se déroulaient les opérations des inspecteurs. Si les gouvernements en avaient sans nul doute conscience, le grand public risquait fort d'en retirer un sentiment de confiance injustifié.

Le secrétariat aurait-il pu faire plus ? Oui, il aurait pu inspecter les installations irakiennes déclarées plus souvent qu'il ne le fit – une retenue qui répondait à un souci d'économie. Il aurait pu éplucher systématiquement la presse et y trouver quelques articles concernant des importations irakiennes éveillant les soupçons. Les États auraient-ils pu être plus vigilants ? Certainement. Ils auraient pu exercer un contrôle plus strict sur les exportations et avoir de meilleurs services secrets. Toutefois, au cours de la guerre Iran-Irak, de nombreux États s'inquiétaient davantage de l'Iran fondamentaliste et estimaient probablement qu'ils avaient mieux à faire que de malmener l'Irak en lui posant des questions qui fâchent. S'il est peu probable que des mesures prises par l'Agence auraient débouché sur des découvertes, elles auraient sans doute pu déclencher des controverses utiles, tirer la sonnette d'alarme.

Le Conseil de sécurité et la mise au point d'un régime d'inspection pour l'Irak en mars 1991 : l'UNSCOM et l'AIEA

Avec le soutien sans réserve de la communauté internationale et la bénédiction du Conseil de sécurité, la courte guerre du Golfe permit de libérer le Koweit et d'en chasser l'armée irakienne. Elle se termina par un cessez-le-feu, confirmé par la résolution 687 du Conseil de sécurité, adoptée le 3 avril 1991. Ce texte institua un régime d'inspection obligeant l'Irak à déclarer tous ses stocks d'armes de destruction massive, ses installations et ses programmes. Ces déclarations seraient vérifiées par une nouvelle commission, la Commission spéciale des Nations unies (UNSCOM), pour ce qui était des armes chimiques et biologiques ou des missiles de longue portée, et par l'AIEA dans le domaine du nucléaire. L'Irak avait tout intérêt à coopérer : aucun État ne serait autorisé à importer du pétrole irakien tant que le Conseil de sécurité, sur rapport des inspecteurs, n'aurait pas conclu à l'éradication de tous les produits et programmes interdits.

Lorsque fut adoptée cette résolution, j'ignorais qu'au sein de l'administration Bush père les avis étaient partagés sur le point de savoir si c'était à l'AIEA que devaient être confiées les inspections nucléaires. Non sans raison, d'aucuns firent valoir que ne pas en charger l'Agence aurait pour effet de miner son autorité et sa crédibilité, et que celle-ci était prête à commencer son travail presque aussitôt. Certains pays étrangers avaient aussi abondé dans ce sens. Ceux qui ne souhaitaient pas impliquer l'Agence avaient sans doute plaidé qu'il faudrait une autorité d'inspection musclée et *ad hoc*, dont les pratiques seraient très différentes de celles du système de garanties de l'AIEA. Peut-être se souvenait-on du jugement de Jeane Kirkpatrick en 1981.

Le système d'inspection conçu par la résolution 687 du Conseil de sécurité était bel et bien différent des inspections de garanties. Par-dessus tout, les inspecteurs devaient avoir un accès illimité aux sites et aux personnes – et pas uniquement aux sites déclarés. Le soutien des services de renseignement nationaux à la nouvelle autorité était également envisagé. Les inspecteurs pourraient être aidés par des « yeux » dans le ciel, des « oreilles » dans l'espace et peut-être par des espions au sol. Le système ne serait pas financé par le budget régulier des Nations unies, histoire d'empêcher le comité budgétaire de l'Assemblée générale d'y fourrer son nez. La nouvelle commission devait être placée directement sous le contrôle du Conseil de sécurité, garantissant ainsi une certaine marge d'indépendance par rapport au secrétariat général.

Quant au personnel et au matériel, il viendrait des États membres, qui les fourniraient à titre volontaire. Il n'était pas question de recruter les inspecteurs et autres personnels sur une large base géographique, comme dans le reste du système onusien. Les États membres mettraient les hommes à disposition gratuitement – arrangement qui, dans les faits, faciliterait une « liaison » étroite entre ce personnel et les autorités, militaires ou non, de leur pays d'origine. Ce dispositif rendit le fonctionnement du système très tributaire des États membres prêts à fournir des renseignements, des hommes et d'autres ressources. L'UNSCOM hérita ainsi d'excellents experts et put disposer de renseignements importants, mais se retrouva dans une situation de dépendance – essentiellement à l'égard des États-Unis et de quelques autres pays. À la longue, cependant, cela devait nuire gravement à la légitimité onusienne dont la commission était censée bénéficier. L'impression devait s'imposer qu'elle était largement contrôlée à distance par quelques États.

Sous le système de garanties qui régissait les activités de l'AIEA, les informations reçues d'États membres au cours des inspections, et censées contenir des secrets industriels et commerciaux, étaient tenues confidentielles. Si ces éléments pouvaient, dans certaines circonstances, être divulgués au conseil des gouverneurs, il n'était pas question de les transmettre à quelque service secret national que ce soit en échange d'autres informations. De surcroît, aucun lien entre les inspecteurs de l'Agence et leurs éventuelles autorités nationales d'origine n'était toléré. Les premiers devaient servir exclusivement l'organisation internationale. Le modèle suivi par l'AIEA dans son fonctionnement ne cadrait pas avec ce que l'on envisageait pour les inspections en Irak. Par ailleurs, sur un plan institutionnel, rien n'empêchait l'Agence d'organiser différents types d'inspections : dans la plupart des États, il y avait des garanties de type TNP ; dans quelques-uns, comme Israël, l'Inde et le Pakistan, existait une autre catégorie de garanties bilatérales non systématiques ; et il pouvait maintenant y avoir encore une autre sorte d'inspections pour l'Irak dans le cadre des règles du Conseil de sécurité. Mais nous pensions qu'il valait mieux créer un groupe d'action spécial pour notre travail en Irak.

Suivant la résolution du Conseil de sécurité, l'UNSCOM devait être responsable de toute la logistique et apporter « assistance et coopération » au directeur général de l'AIEA. Elle devait avoir des liens avec les services secrets nationaux et – en partie sur la base des renseignements reçus – désigner à l'Agence des sites à inspecter en plus de ceux déclarés par l'Irak.

Mon collègue suédois, l'ambassadeur Rolf Ekeus, fut nommé président exécutif de l'UNSCOM. Il eut toujours un bras droit américain étroitement lié à Washington – le premier fut Robert Galluci. À l'AIEA, je nommai à la tête du groupe d'action un Italien, un de mes anciens vice-directeurs généraux, le professeur Maurizio Zifferero, qui avait une grande connaissance du cycle du combustible nucléaire ainsi qu'une longue expérience de la gestion. Dimitri Perricos, l'un des membres les plus compétents et les plus chevronnés de notre département des garanties, le rejoignit. David Kay, un Américain qui n'avait aucune expérience des inspections, mais qui écrivait bien et avait une réputation d'efficacité, prit en charge les aspects administratifs.

Le personnel de l'AIEA ayant le sentiment que l'UNSCOM cherchait à traiter l'Agence comme un chien en laisse, les frictions allèrent en se multipliant. Sans doute cette perception était-elle un reflet des rapports de force à Washington, les autorités américaines s'étant opposées à ce que l'Agence joue le moindre rôle dans les inspections. Quand je découvris que l'UNSCOM, à New York, recrutait carrément les membres d'une équipe d'inspection de l'AIEA, j'eus le sentiment qu'elle avait changé de mission : il ne s'agissait plus pour elle d'« assister et de soutenir », mais d'« insister et de contrôler ». Il y avait plus grave encore :

les deux organisations ne pratiquaient pas le même style d'inspection. Aux yeux de l'UNSCOM, les inspecteurs de l'AIEA avaient beaucoup trop l'air de parfaits fonctionnaires, alors que pour nous certains inspecteurs de la commission se prenaient pour des Rambo.

Le rassemblement et le briefing – puis le débriefing – du groupe de chaque mission d'inspection sur la base militaire américaine du Bahreïn ainsi que la conduite des équipes sur le terrain achevaient de donner à beaucoup d'inspections des allures d'opérations militaires. Nous n'étions pas seuls à avoir cette impression. Les personnels des Nations unies en poste à Bagdad pour diverses tâches humanitaires parlaient des gens de l'UNSCOM comme de « cow-boys », et ces derniers leur rendaient la politesse en les traitant de *bunny-hugger* (« fifille à son papa »). Probablement incluaient-ils dans cette catégorie la majorité des fonctionnaires de l'agence.

À aucun moment, cependant, l'efficacité ne pâtit de ces frictions. Leur seul effet fut de rendre parfois désagréable une coopération qui aurait pu être plaisante et excitante.

Les inspections de l'AIEA en Irak en 1991

Les premiers résultats des inspections nucléaires furent spectaculaires. Dimitri Perricos, qui dirigea la première inspection de l'AIEA du 15 au 21 mai 1991, en a présenté un récit détaillé et coloré à l'Institute for

Science and International Security de Washington, en août 2001. Il a raconté comment les inspecteurs avaient été préalablement avertis qu'une installation de Tarmiya avait pu être consacrée à l'enrichissement de l'uranium par centrifugation et comment ils en avaient conclu, finalement, que c'était faux. Les Irakiens affirmèrent que le site avait servi à des procédés chimiques tels que la galvanoplastie. L'endroit était en ruine. Les inspecteurs prirent des centaines de photos. De retour à Vienne – et avec le concours d'experts américains qui avaient pris part à la fabrication de la première bombe atomique –, ils conclurent qu'il s'agissait bel et bien d'un site d'enrichissement d'uranium, mais par la méthode archaïque de l'EMIS, ou séparation isotopique électromagnétique, employée près de cinquante ans plus tôt dans le projet Manhattan. Aux États-Unis, leur inventeur, Ernest Lawrence, avait baptisé les séparateurs « calutrons », parce que ses laboratoires se trouvaient à l'université de Californie, à Berkeley. Les Irakiens, devait-on apprendre plus tard, avaient baptisé les leurs « bagdadtrons »...

Dans le cadre de consultations informelles du Conseil de sécurité, le 15 juillet 1991, l'ambassadeur soviétique, Yuli Vorontsov, me demanda s'il était certain que le programme d'enrichissement irakien n'était pas pacifique. Je répondis qu'il était peu plausible qu'un pays en voie de développement consacre un milliard de dollars à enrichir de l'uranium destiné à des réacteurs nucléaires quand il ne disposait pas de tels réacteurs et quand il y avait une offre abondante d'uranium enrichi bon marché sur le marché mondial. Ma réponse sous-entendait que nous soupçonnions l'Irak de chercher à fabriquer une arme nucléaire. Par ailleurs, dans un rapport adressé ce même mois au conseil des gouverneurs de l'AIEA, j'observai qu'on ne pouvait avoir l'assurance que les trois programmes d'enrichissement jusque-là reconnus par l'Irak avaient des fins pacifiques.

La révélation que l'Irak avait secrètement enrichi l'uranium sans être détecté choqua le monde. Le conseil de l'AIEA se rallia à ma conclusion quant à la nécessité d'un renforcement du système de garanties. La chose devint aussi politiquement possible, ce qui n'avait guère été le cas auparavant.

Le rôle de David Kay

Avant que les rapports ne fussent présentés au Conseil de sécurité et au conseil de l'AIEA, en juillet 1991, s'était déroulée une deuxième mission spectaculaire. Quittant celle-ci pour assister à une réunion du Conseil de sécurité, le professeur Zifferero confia à David Kay la responsabilité de l'équipe et le titre d'inspecteur en chef. Avec l'aide décisive des services secrets, ils réussirent à la fin de juin 1991 à se montrer plus malins que leurs anges gardiens irakiens et découvrirent un parking. Là, ils identifièrent un certain nombre de camions contenant des calutrons. Les inspecteurs leur donnèrent la chasse et en photographièrent le chargement jusqu'à ce que le personnel irakien se mît à tirer en l'air. Une mission de haut niveau – dont je faisais partie, avec Rolf Ekeus en tant que président de l'UNSCOM et Yasushi Akashi, directeur du département des Nations unies pour le désarmement –, dépêchée par le Conseil de sécurité à Bagdad afin de protester contre les coups de feu, montra les photographies aux Irakiens pour les presser de déclarer leur programme d'enrichissement. Deux semaines plus tard, l'Irak admit avoir essayé d'enrichir de l'uranium par diverses méthodes. Ce fut une percée dans la reconnaissance de leur programme nucléaire.

Néanmoins, ce n'est qu'au stade de la sixième mission de l'AIEA qu'en rivalisant d'audace et de doigté, d'habileté et d'intelligence, une équipe, encore dirigée par David Kay, réussit le 23 septembre à mettre la main sur un papier décrivant le programme de fabrication d'armes nucléaires envisagé par l'Irak et à sortir ce document du pays. C'était la preuve formelle que Bagdad poursuivait bien un programme de ce genre. La seconde partie de l'inspection parvint à trouver et à obtenir une masse de documents intéressants. Ce fut alors l'incident : les Irakiens retinrent les inspecteurs pendant plusieurs jours sur un parking. Jouant habilement de leurs contacts permanents avec les médias du monde entier, David Kay et Bob Gallucci contribuèrent probablement à obliger les Irakiens à la modération.

Au retour de l'équipe à Vienne, tout le personnel se réunit le 4 octobre dans la salle du conseil. Je remis alors à David Kay la médaille de l'AIEA « en reconnaissance des qualités de chef, de la détermination et du courage hors pair dont il [avait] fait montre au cours de la sixième inspection de l'AIEA en Irak ». Quelques jours plus tard, accompagné de Kay, je rapportai ces événements au Conseil de sécurité.

Malin et effronté, David Kay devait se sentir beaucoup plus proche des « cow-boys » de l'UNSCOM et de leur style que de l'AIEA, qu'il servait. La CIA l'aurait ainsi surnommé « Ramrod » (« écouvillon », d'où l'idée d'un homme rigide et inflexible) du temps où il dirigeait le Groupe d'inspection en Irak (ISG) dans le courant de l'été 2003. Je n'ai pas été surpris outre mesure de le voir publier en janvier 2003 dans le *Washington Post* un article où il se présentait comme un « inspecteur de l'UNSCOM », à laquelle il n'a jamais appartenu. En revanche, je l'ai été davantage de lire sous sa plume, dans le même article, que « chercher l'arme du crime a toujours été une mission d'imbécile ». Après tout, depuis 1991, sa notoriété reposait précisément sur la découverte de deux excellentes « armes du crime » : les camions chargés de matériel nucléaire et les documents établissant formellement que l'Irak essayait de fabriquer une arme nucléaire.

Malheureusement, l'estime que l'Agence et moi-même avons montrée à Kay en 1991 n'était pas réciproque. Depuis plus de dix ans, il n'a guère manqué une occasion de critiquer l'Agence et ma personne, et n'a pas hésité à attribuer à Mohamed El-Baradei ou à moi-même des propos que nous n'avions jamais tenus.

Sur un point, force me fut de reconnaître en 1991 que David Kay et l'UNSCOM avaient eu un meilleur instinct que moi : la question de l'importance de la recherche de documents compromettants. Je n'y avais opposé aucun obstacle, mais j'avais le sentiment que nous étions en Irak pour chercher des armes, et que les documents n'étaient pas des armes. La richesse des documents saisis par Kay en 1991 montrait que ces recherches pouvaient être très fructueuses – dès lors que, bien renseigné, on savait où chercher. Ces éléments ne conduisirent à aucun dépôt d'armes ni, en l'occurrence, à aucune arme, mais nous donnèrent des preuves cruciales et concluantes sur le programme irakien d'armes nucléaires.

J'avais des doutes quant à l'efficacité de ces recherches, dans les ministères ou ailleurs, quand elles ne reposaient pas sur des renseignements, dès lors que les Irakiens auraient tiré la leçon de l'épisode. Il n'est pas très difficile de trouver des cachettes parfaites pour des documents ou des disquettes.

Sur un autre plan, je pensais et je persiste à penser que mon point de vue était le plus sage. Les inspecteurs doivent se garder d'humilier les inspectés. Le style « Rambo » braque plus qu'il n'intimide. L'inspection n'est pas la poursuite de la guerre par d'autres moyens. Les inspecteurs ne sont pas des occupants : ils n'ont pas à tirer ou à hurler pour se frayer un chemin. Beaucoup d'inspecteurs me l'ont confirmé : à la suite de la guerre en Irak de 2003, les scientifiques et les techniciens irakiens donnaient plus d'informations quand on s'adressait à eux calmement que lorsqu'on les rudoyait. Ce qui n'est pas une façon de suggérer que, dans un État policier brutal, l'une ou l'autre méthode aient beaucoup de chances d'arracher des informations quand la révélation pourrait valoir au témoin des tortures et la mort.

Aux yeux des Irakiens, David Kay devint un peu comme une cape rouge pour un taureau. Après qu'il eut quitté l'agence, l'ambassadeur d'Irak à New York adressa une lettre au secrétaire général de l'ONU, prétendant que Kay avait été un agent des États-Unis et que « l'AIEA l'avait renvoyé dans des conditions spectaculaires ». Ces allégations étaient à peu près aussi fausses que celles de l'Irak à mon endroit une dizaine d'années plus tard. Loin de renvoyer Kay, je l'avais récompensé et recommandé pour le nouveau poste qu'il avait décroché. J'adressai donc une lettre au secrétaire général :

> M. Kay n'a pas été renvoyé de l'Agence. Le 15 janvier 1992, M. Kay a quitté l'Agence de son propre chef pour devenir secrétaire général de l'Institut de l'uranium [...], poste auquel il s'était porté candidat bien avant septembre 1991, lorsque l'incident du parking de Bagdad attira l'attention des médias du monde entier sur son nom...

David Kay avait très certainement des contacts avec les services secrets américains dans le cadre des inspections qu'il dirigeait. Cela faisait partie du « soutien » des inspections. À l'époque, cependant, je ne pensais pas qu'il fût un « agent » américain. S'il ne venait pas du corps des inspecteurs professionnels de l'AIEA, il avait été évaluateur des projets d'assistance technique de l'Agence, relativement inoffensifs – quoique liés au nucléaire. Peut-être est-ce que je me trompais, mais je ne pensais pas qu'une institution américaine de renseignement fût prête à affecter un agent à ce poste – ni même à entretenir un correspondant à temps partiel.

Il m'est difficile d'évaluer l'impact de ses critiques incessantes de l'AIEA et de la COCOVINU ou de ses calomnies à mon endroit. Il fut limité, je crois, au sein du département d'État et du ministère de l'Énergie, qui nous connaissaient bien, l'Agence et moi, et qui par trois fois approuvèrent ma réélection au poste de directeur général. Avant les débats houleux de mars 2003, aucun responsable officiel américain n'avait critiqué l'Agence pour ses inspections sous mandat du Conseil de sécurité. Toutefois, David Kay était de mèche avec les milieux du renseignement et de l'armée à Washington, et je ne doute pas que ses points de vue et ses fables aient conforté ceux qui, dans ce camp, étaient déjà sceptiques quant au rôle de l'inspection en général et des inspections de l'AIEA en particulier. Après avoir été un inspecteur vedette, David Kay avait acquis la conviction que l'occupation militaire de l'Irak était la seule façon d'éradiquer les armes irakiennes de destruction massive.

Il n'imaginait pas à quel point la politique d'inspection et de sanction poursuivie parallèlement à des pressions militaires avait porté ses fruits.

Les inspections en Irak, 1992-1998

En décembre 1998, tous les inspecteurs furent retirés, après un automne au cours duquel l'Irak avait multiplié les obstructions, et en prévision de bombardements anglo-américains.

La longue période d'inspections de 1992 à la fin de 1998 avait donné de nombreux aperçus sur les programmes irakiens d'armements, mais n'avait permis aucune découverte significative d'armes cachées. Les techniques et outils d'inspection largement élaborés au cours de cette période, notamment à travers le prélèvement d'échantillons dans l'environnement – d'infimes particules trouvées dans les installations ou le matériel, ou même dans l'air –, permettaient de tirer des conclusions quant à la présence passée de matériaux nucléaires, chimiques ou biologiques.

Du côté de l'Agence, dont j'étais responsable, ce fut une période peu mouvementée en comparaison de 1991. Nous eûmes droit à notre part d'intransigeance irakienne, mais l'animosité à l'égard de l'AIEA n'était pas tout à fait aussi forte qu'envers l'UNSCOM. Au début de cette période, l'Agence veilla au retrait d'Irak de tout matériau fissile, dont les stocks furent alors acheminés en Russie. Elle supervisa en outre la destruction de nombreuses installations importantes, qui avaient été employées dans les programmes irakiens d'armements. L'essentiel de ce travail fut accompli avant la fin de 1992. Nos experts nucléaires acquirent progressivement une connaissance complète du programme de l'Irak, de ses infrastructures et de la façon dont le pays avait acquis les connaissances techniques pour la méthode d'enrichissement par centrifugation – devenue son axe de développement principal.

Dans le rapport établi sous ma responsabilité et soumis au Conseil de sécurité le 8 octobre 1997, l'Agence expliquait qu'elle avait acquis une « image techniquement cohérente » du programme nucléaire passé de l'Irak et qu'elle ne constatait pas de décalages significatifs entre cette image et la toute dernière déclaration de Bagdad. Elle ajoutait cependant qu'« une part d'incertitude demeure inévitable dans tout processus de vérification technique, à l'échelle d'un pays, visant à prouver l'absence d'objets ou d'activités aisément dissimulables ». À cette époque, les gouvernements s'accordaient à penser qu'il n'y avait pas de problèmes de « désarmement » significatifs à élucider dans le dossier nucléaire, mais juste quelques « questions » à clarifier.

Pour l'UNSCOM, en revanche, ce fut une période de lutte constante. Comme l'AIEA, elle supervisa la destruction de nombreuses infrastructures condamnées pour leurs liens avec les programmes d'armements. La commission assura aussi la destruction de missiles et, lors de courageuses opérations, prit part à la destruction de grosses quantités d'agents chimiques. Elle affirma en fait que plus d'armes avaient été détruites sous la supervision de ses inspecteurs qu'au cours de la guerre du Golfe. Je ne sache pas, cependant, qu'on ait jamais trouvé une quantité significative d'armes ou de matériaux nucléaires cachés, c'est-à-dire sur des sites qui n'avaient pas été déclarés. Dans le même temps, compte tenu des réticences irakiennes, on ne pouvait exclure, à la fin de 1998, qu'il existât encore des missiles et des armes chimiques ou biologiques non déclarés.

La défection de Hussein Kamel en 1995

La défection en août 1995 d'un des gendres de Saddam Hussein, le général Hussein Kamel, passé en Jordanie, eut des effets spectaculaires. Ministre de l'Industrie et ancien directeur de la Military Industrial Corporation (MIC), il avait été responsable de tous les programmes irakiens d'armements. Au cours de débriefings en Jordanie, il affirma que toutes les armes chimiques et biologiques avaient été détruites sur ses ordres en 1991. La déclaration était certainement significative, mais faute de preuves pour l'étayer on ne pouvait lui accorder le moindre crédit. Le plus important fut que le régime irakien choisit alors de mettre à la disposition de l'UNSCOM et de l'AIEA une grande masse de documents relatifs à des programmes d'armements interdits, tout en prétendant que Kamel les avait cachés sur sa propriété – sa « ferme de poulets », comme devaient dire les médias.

L'affaire Kamel est restée ténébreuse. Il est possible que, craignant qu'il ne révèle une foule de renseignements sur les programmes interdits, le régime se soit hâté de rejeter sur lui la responsabilité de la dissimulation. De l'épisode sortirent au moins deux révélations significatives, qui furent confirmées. La première est que l'Irak n'avait pas seulement eu un programme d'armes biologiques offensives – ce que l'UNSCOM avait déjà établi –, mais aussi qu'il avait bel et bien placé des charges dans ces armes, ainsi prêtes à être utilisées. La seconde est qu'en août 1990 le même Kamel avait ordonné un programme intensif de fabrication d'une arme nucléaire en utilisant du matériau fissile venant du combustible du réacteur expérimental, qui relevait des garanties de l'AIEA. Le programme avait échoué. Si importantes que fussent ces révélations pour la connaissance et la compréhension des programmes et actions passés de l'Irak, elles n'aboutirent pas à la découverte ni à la destruction d'autres armes.

En février 1996, Kamel se laissa persuader de rentrer en Irak, où le régime se vengea en le faisant assassiner.

Tricherie et retrait : le jeu du chat et de la souris de l'Irak

Un programme d'armes nucléaires a sa logique industrielle et physique propre, et les spectaculaires découvertes des six premiers mois d'inspection aidèrent l'AIEA à identifier et à éradiquer l'essentiel du programme irakien avant la fin de 1992. L'identification des programmes qui relevaient de l'UNSCOM, en particulier ceux d'armes biologiques, se révéla plus difficile face aux essais de dissimulation et de procrastination. Il était tout naturel que la Commission spéciale des Nations unies et la communauté des nations en déduisent que le régime faisait tout son possible pour dissimuler et conserver des armes interdites.

Cette résistance à la transparence et aux inspections prit des formes multiples. L'une des toutes premières consista à donner des informations lacunaires ou fausses, qui amenèrent le Conseil de sécurité à exiger des « déclarations complètes, définitives et exhaustives ». L'affaire prit un tour presque comique avec le rejet systématique de nouvelles déclarations insuffisantes (ainsi dans le domaine biologique) et la remise en chaîne de déclarations « définitives ». Une autre forme de résistance eut pour objet la surveillance aérienne, notamment le survol du territoire par des appareils américains U2 au service de l'UNSCOM. Dans certaines occasions, également, des hélicoptères irakiens menacèrent la sécurité aérienne en empêchant la prise de photographies depuis les U2. Dans d'autres cas, le régime s'opposa à l'installation de caméras téléguidées dans les usines de missiles.

Enfin, la résistance visa en partie le personnel de la commission d'origine américaine ou britannique. Cette attitude déboucha sur la crise de novembre 1997 au cours de laquelle l'UNSCOM retira la quasi-totalité de ses agents de Bagdad.

Accès refusé : les modalités concernant les sites sensibles (1996)

La forme de résistance la plus importante fut l'interdiction faite aux inspecteurs d'accéder à divers sites que, pour une raison ou pour une autre, le camp irakien jugeait sensibles : par exemple, les ministères, les sites appartenant à la Garde républicaine spéciale ou les organisations de sécurité. Parfois même, on reprocha aux inspecteurs de travailler le vendredi, jour de repos pour les musulmans.

En 1996, le Conseil de sécurité demanda au président exécutif de l'UNSCOM, Rolf Ekeus, de se rendre à Bagdad pour veiller à ce que tous les sites que la commission avait choisi d'inspecter fussent accessibles. À l'issue des entretiens qu'il eut avec Tarek Aziz, le vice-Premier ministre irakien, fut publié le 22 juin un communiqué commun. L'Irak s'engageait à assurer un « accès immédiat, inconditionnel et illimité à tous les sites que la commission et l'AIEA pouvaient désirer inspecter », tandis que la commission promettait de « tenir dûment compte des légitimes *préoccupations de sécurité* de l'Irak » (c'est moi qui souligne).

Pour l'Irak, l'intérêt de cet accord était de permettre aux inspecteurs d'accélérer leur travail et de rapprocher le jour où la commission pourrait déclarer qu'il avait satisfait à ses obligations, ce qui autoriserait le Conseil de sécurité à lever les restrictions économiques, c'est-à-dire les sanctions. Ainsi qu'il apparaît dans le rapport de Rolf Ekeus au Conseil de sécurité du 24 juin 1996, l'engagement de l'Irak avait été facilité par la prise en considération de sa sensibilité aux problèmes de souveraineté et de sécurité nationale que posait l'inspection de certains sites. Ekeus expliqua au vice-Premier ministre qu'il croyait pouvoir répondre aux inquiétudes irakiennes en précisant les « modalités d'inspection de tels sites », lesquels, dans son esprit, seraient peu nombreux. Les inspecteurs en chef devraient suivre des procédures spéciales qui tiendraient compte des légitimes préoccupations de l'Irak tout en sauvegardant pleinement les droits de la commission.

Les « modalités » retenues pour les « sites sensibles » se résumaient au fond à ceci : quand les inspecteurs se présenteraient sur un site jugé « sensible » par les Irakiens, ils devraient attendre un « délai raisonnable », le temps que puisse les rejoindre un haut responsable qui travaillerait en « coordination avec l'équipe dans l'inspection » du site en question. Quatre inspecteurs au plus seraient autorisés à entrer, et ils devraient rester sur place aussi peu de temps que possible.

Les États-Unis et d'autres membres du Conseil de sécurité eurent du mal à accepter cet accord qui, de leur point de vue, avait pour effet de limiter les droits d'inspection définis par le Conseil. C'est certainement ainsi que les Irakiens voyaient les choses. En réalité, Rolf Ekeus avait un peu mordu sur les prérogatives du Conseil afin d'éviter une crise qui aurait pu déboucher sur le recours à la force des armes. Il s'en tint sagement à une position formelle, à savoir que les « modalités » n'étaient qu'un instrument interne qu'il avait défini en sa qualité de président. L'aspect problématique était que toute concession à la mise en œuvre d'une résolution du Conseil de sécurité engageait sur une pente glissante. Cela étant, on voit mal en quoi cela représentait une catastrophe que d'imposer aux inspecteurs d'attendre une heure, parfois plus, pour entrer sur un site. Certes, on pouvait en profiter pour enlever et dissimuler des objets de petite taille comme des ampoules, des disquettes ou des documents. Mais ce n'était pas possible pour des stocks d'armes interdites ou du matériel servant à produire des armes de ce type.

Les « modalités Butler » et le mémorandum sur les sites présidentiels

À de multiples reprises, les modalités définies par Ekeus remplirent leur office. Dans divers cas, cependant, des problèmes surgirent. Un épisode bizarre est devenu une légende à l'UNSCOM : lorsque, après de nombreuses démarches, les inspecteurs furent enfin autorisés à pénétrer sur un site, ils trouvèrent rien de moins que le vice-Premier ministre Tarek Aziz qui tirait avidement sur son cigare ! On avait parfois du mal à comprendre pourquoi il fallait se chamailler des heures durant sur le nombre des inspecteurs autorisés à pénétrer dans des locaux qui en fait étaient vides.

Reste que les nombreuses inspections de sites appartenant à la Garde républicaine spéciale ou aux organisations de sécurité et de renseignement ne permirent apparemment de découvrir ni armes ni quoi que ce fût de compromettant.

Peut-être n'était-il pas déraisonnable de penser que les unités militaires préférées de Saddam Hussein étaient les plus susceptibles de posséder des armes dangereuses et interdites. On pouvait cependant se demander dans combien de cas la sélection de sites sensibles à inspecter reposait sur des renseignements et de véritables soupçons qu'il y avait quelque chose à trouver.

À cette même époque, l'inspecteur américain Scott Ritter orchestrait une campagne de l'UNSCOM visant à révéler le « mécanisme de dissimulation », c'est-à-dire la façon dont l'Irak organisait la dissimulation d'armes, de documents et de données. Derrière cette campagne semblait se cacher l'idée que, si l'on ne parvenait pas à trouver des armes, au moins pouvait-on montrer précisément comment l'Irak organisait la résistance aux inspections : ainsi serait apportée la preuve qu'il violait les résolutions. Cette ligne d'action supposait une large coopération avec les services secrets et l'interception des communications irakiennes. Nombre de ces inspections ressemblaient à de petites opérations militaires. Un article paru dans le *New Yorker* sous le titre « La guerre privée de Scott Ritter » (9 novembre 1998) en donna une description haute en couleur.

Dans le courant de l'été 1997, l'ambassadeur d'Australie aux Nations unies, Richard Butler, succéda à Rolf Ekeus à la tête de l'UNSCOM. La route était toujours semée d'embûches. La commission et le monde continuèrent de voir dans la conduite de l'Irak la preuve qu'il cachait des armes. Cette réaction était compréhensible quand des bandes vidéo montraient comment on faisait attendre les inspecteurs le temps de retirer des dossiers et de brûler des documents.

À la fin d'octobre 1997, le gouvernement irakien informa le Conseil de sécurité de diverses décisions, dont son refus de traiter désormais avec des inspecteurs de nationalité américaine travaillant pour l'UNSCOM. Il s'ensuivit naturellement une crise. La commission et l'AIEA suspendirent toutes les inspections.

Il est intéressant de constater qu'à cette occasion, comme dans la crise survenue près d'un an plus tard, les mesures irakiennes furent dirigées contre l'UNSCOM, mais pas contre l'AIEA. En octobre 1997, les autorités irakiennes firent clairement savoir qu'elles ne voyaient aucune objection à travailler avec des inspecteurs de nationalité américaine dans les équipes de l'Agence : « Tout le personnel, les inspecteurs et les experts de l'AIEA seront comme d'habitude les bienvenus. » De fait, les relations avec nous étaient moins conflictuelles. À cette date, l'Agence avait clairement indiqué qu'il restait quelques questions à résoudre dans le dossier nucléaire. Que le distinguo opéré par l'Irak fût dicté par le désir d'enfoncer un coin entre les deux organisations ou tînt au fait que l'AIEA comptait moins de membres extérieurs et ne s'était pas associée à la campagne agressive de Scott Ritter, l'Agence décida en tout cas d'agir de concert avec l'UNSCOM.

La crise trouva une issue à la suite d'une intense activité diplomatique, notamment de la part de la Russie, et de pressions militaires américaines. Lors d'une visite à Bagdad, en décembre 1997, Richard Butler rouvrit le dossier des inspections sur des sites sensibles et obtint quelques concessions concernant les modalités, par exemple sur le nombre d'inspecteurs autorisés à y pénétrer et le laps de temps accordé aux Irakiens avant de leur ouvrir les portes. Sur un point, cependant, Bagdad ne voulut pas céder : l'inspection des « sites présidentiels ». En février 1998, l'affaire s'envenima et le secrétaire général Kofi Annan dépêcha une équipe d'étude technique chargée d'établir avec précision la taille et le périmètre des huit sites présidentiels, que l'Irak avait déclarés intouchables. À la suite de cette mission et de consultations avec des membres du Conseil de sécurité, Kofi Annan se rendit à son tour en Irak, où il rencontra Saddam Hussein et Tarek Aziz.

Une issue fut trouvée à l'impasse avec la signature, le 23 février 1998, d'un mémorandum d'accord. Les inspecteurs devaient avoir accès aux huit sites présidentiels, désormais définis avec précision. Mais il fallait qu'en les inspectant l'UNSCOM respecte non seulement les intérêts légitimes de l'Irak en matière de souveraineté et de sécurité, mais aussi sa « dignité ». Suivant la procédure particulière adoptée, un groupe de diplomates de haut rang devait accompagner les inspecteurs et leur servir de « chaperons ». Et les inspections furent rebaptisées d'un nom plus digne : « entrées ».

Fin des inspections. « Renard du désert ». L'UNSCOM et l'espionnage

Après une période de relations plus faciles au printemps 1998, le climat se durcit à nouveau. Un groupe d'experts biologiques internationaux conclut en juillet que la déclaration par l'Irak de son programme d'armes biologiques n'était pas vérifiable, tandis qu'une controverse se développa autour de découvertes relatives à l'agent chimique VX. Au début du mois d'août, le Conseil du commandement de la révolution et la direction du parti Baas décidèrent d'arrêter toute coopération avec l'UNSCOM et l'AIEA en attendant que le Conseil de sécurité lève les sanctions, réorganise l'UNSCOM et la déplace à Genève ou à Vienne. Au début de septembre, puis une nouvelle fois au début de novembre, le Conseil de sécurité condamna cette décision à l'unanimité.

Pendant ce temps s'engagèrent à New York des discussions autour d'une « révision complète », qui paraissent avoir fait espérer aux Irakiens une issue au régime des sanctions. À la mi-novembre, nouveau retournement : l'Irak fit savoir qu'il était de nouveau prêt à coopérer pleinement. Avant d'entreprendre la moindre révision de ce genre, le Conseil de sécurité voulut s'assurer que la coopération était bel et bien satisfaisante. En décembre 1998, cependant, Richard Butler, directeur général de l'UNSCOM, lui soumit un rapport concluant que l'Irak ne s'était pas montré aussi coopératif qu'il l'avait promis. En prévision des bombardements anglo-américains, il ordonna le retrait de tout le personnel de l'UNSCOM engagé dans des inspections ; alors que celui-ci quittait Bagdad en hâte, une autre équipe onusienne resta en Irak.

Entre le 17 et le 20 décembre, les États-Unis et le Royaume-Uni lancèrent l'opération « Renard du désert », envoyant une centaine de missiles de croisière sur une centaine de cibles en Irak. Le 19 décembre, le vice-président irakien Taha Yassin Ramadan déclara que la mission de l'UNSCOM était terminée.

Malgré les bombardements, le gouvernement irakien n'était peut-être pas mécontent. L'effet des sanctions, qui avaient handicapé l'économie irakienne dans la première moitié des années 1990 et fait chuter le niveau de vie de la population, avait été progressivement réduit à la faveur du programme des Nations unies « Pétrole contre nourriture ». Celui-ci permettait à l'Irak de vendre toujours plus de pétrole et d'importer des quantités croissantes de nourriture et d'autres produits autorisés par la commission des sanctions de l'ONU. Les autorités irakiennes voulaient certainement se débarrasser des sanctions et être les maîtres de leurs importations et de leur économie. Chaque fois qu'elles avaient fait ce qui était à leurs yeux des concessions sur le front des inspections, c'était parce qu'on avait agité une carotte devant elles : la possibilité que l'UNSCOM déclare dans un rapport que le désarmement était achevé, permettant ainsi au Conseil de sécurité de lever les sanctions.

Il est cependant fort possible qu'au vu des déclarations américaines Saddam Hussein en soit arrivé à douter que coopérer avec les inspecteurs apporterait quoi que ce soit, et à penser que les Américains ne consentiraient à la levée des sanctions que si lui-même disparaissait. En ce cas, à quoi bon se donner la peine de coopérer ? Et, de fait, pourquoi ne pas jouer au chat et à la souris, narguer l'ONU et les États-Unis ? Lorsque les inspecteurs furent écartés du pays après l'opération « Renard du désert », Tarek Aziz aurait dit sa satisfaction : c'était assez d'avoir des sanctions. Avoir des inspecteurs par-dessus le marché, c'était trop. Du côté anglo-américain, qu'avait-on gagné ? Les deux pays avaient bombardé l'Irak afin d'imposer une meilleure coopération avec les inspecteurs, et avaient obtenu que Bagdad cesse de coopérer. Ils continuaient d'exercer une surveillance depuis le ciel, mais ils devaient tirer un trait sur la quasi-totalité des renseignements issus des inspections.

À ce stade, les autorités irakiennes commencèrent probablement à espérer que le régime de sanctions finirait par s'effriter, s'il n'était carrément levé. Il était en place depuis 1990, mais d'importantes ventes illégales de pétrole permettaient au régime d'importer ce dont les élites et ses partisans avaient besoin, ainsi que quelques produits militaires. Par ailleurs, l'opinion publique mondiale se retournait contre les sanctions, qui ne faisaient aucun tort aux autorités : les seuls à en pâtir, assurait-on, étaient les Irakiens, à commencer par les enfants.

Divers événements qui eurent lieu dans la première quinzaine de janvier 1999 à New York durent aussi réjouir le régime de Bagdad. On fit soudain grand bruit autour du fait que l'UNSCOM avait été infiltrée par des espions de divers pays, notamment des États-Unis et de la Grande-Bretagne. Membres des équipes d'inspection, ils avaient pu, assurait-on, transmettre des informations à leurs organisations d'origine sur les déplacements des dirigeants irakiens et sur les cibles militaires en Irak – facilitant ainsi les bombardements ultérieurs. Selon la presse, les services secrets s'étaient immiscés dans les activités des inspecteurs, introduisant des « mouchards » électroniques dans les opérations de l'UNSCOM, ses équipes et les installations de télésurveillance.

Au sein du Conseil de sécurité, il était généralement entendu et accepté que l'UNSCOM devait recevoir des renseignements de sources nationales pour l'aider à repérer et à éradiquer les programmes d'armes de destruction massive. Or il apparut que certaines activités menées sous couvert de l'UNSCOM échappaient à son contrôle. De fait, on suggéra que la commission avait été privée de certaines informations obtenues et concernant apparemment l'appareil de sécurité et la protection de Saddam Hussein. Richard Butler et son prédécesseur, Rolf Ekeus, nièrent tous deux avoir jamais autorisé de telles activités, qui ne profitaient en aucune façon au mandat de l'UNSCOM, lequel restait l'élimination des armes de destruction massive.

En lisant ces articles, publiés par d'infatigables journalistes d'investigation américains, je ne doutais guère que l'essentiel, en tout cas, fût vrai. Je voyais bien que le point de départ généralement accepté était que les services secrets devaient « partager » les renseignements obtenus avec les inspecteurs afin de les aider à accomplir leur mission. Peu à peu, le « partage » en question avait pris un autre sens : les services secrets « partageaient » toutes les informations de l'UNSCOM, à laquelle ils ne révélaient pas forcément tout ce qu'ils apprenaient grâce à leurs mouchards électroniques.

La publicité faite à ces affaires nuisit gravement à l'UNSCOM, en qui beaucoup voyaient un instrument largement contrôlé par les États-Unis plutôt qu'un outil du Conseil de sécurité. Tout ce que Scott Ritter put raconter dans des interviews, puis dans des livres, à propos de la domination américaine sur la commission et de sa coopération systématique avec les renseignements américains et israéliens eut un impact certain, malgré les démentis partiels de Richard Butler et de Rolf Ekeus. Des articles sortirent, suggérant que l'UNSCOM était morte. Le régime irakien, qui accusait de longue date l'UNSCOM d'espionnage, se sentit justifié.

Les cinq membres permanents du Conseil de sécurité ne savaient plus désormais dans quelle direction s'orienter. Beaucoup jugeaient l'UNSCOM à ce point discréditée qu'il fallait y mettre fin. D'aucuns estimaient que sa conduite agressive – que les Américains eux-mêmes avaient à diverses reprises cherché à tempérer – avait été contre-productive et qu'il fallait maintenant créer une commission allégée, en confiant les inspections des missiles à un service de désarmement de l'ONU et les inspections chimiques à l'organisation qui avait été précisément mise en place à La Haye à cette fin. D'autres firent valoir combien il était difficile de créer quelque chose de nouveau à partir de rien.

Les Français suggérèrent que tout avait probablement été fait pour découvrir des armes anciennes et qu'il fallait passer à une phase de surveillance et de prévention de la reprise de programmes d'armements. Ils firent également valoir qu'il convenait maintenant d'envisager la levée des sanctions. Les Russes présentèrent un document de travail informel, exposant de nombreuses idées proches de la position française. Quant aux États-Unis, ils ne voulurent ni lever les sanctions, ni se passer de l'UNSCOM, mais semblèrent ouverts à l'idée de déclarer le secteur nucléaire prêt à une transition du désarmement à la surveillance. Face à cette confusion, le Conseil de sécurité décida à la fin de janvier 1999 de mettre en place trois commissions d'évaluation, toutes dirigées par l'ambassadeur du Brésil, Celso Amorim, président du Conseil à ce moment-là.

Faisant preuve d'une remarquable célérité, Amorim et ses groupes de travail produisirent trois rapports, dont le premier concernait le désarmement. La commission conclut que « l'essentiel des programmes d'armes interdits de l'Irak a été éliminé » et suggéra que la présence d'inspecteurs était la façon la plus efficace de veiller à ce que le pays ne conserve, n'acquière ou ne reconstruise pas des armes interdites. Elle mit en garde contre l'idée qu'un système puisse apporter une certitude à 100 % et proposa de concentrer les efforts sur les tâches prioritaires restantes. Le système pouvait aller d'une surveillance de routine à une inspection très intrusive. Et la commission de prévenir : chaque information devait être exclusivement évaluée sur la base de sa crédibilité et de sa pertinence pour le mandat, tandis que les liens avec les fournisseurs de renseignements devaient être à sens unique, même si l'on admettait qu'un dialogue était nécessaire. L'efficacité était indispensable, mais il fallait faire attention aux affrontements inutiles. Quant au cadre juridique de l'UNSCOM, il pouvait être maintenu, mais sous une forme « rénovée ».

Le gouvernement irakien rejeta presque aussitôt ces idées et ajouta qu'il ne pouvait être question d'un retour des inspecteurs sans levée des sanctions. S'ensuivirent de longues négociations entre les membres du Conseil. Pendant ce temps, Richard Butler et une bonne partie du personnel de l'UNSCOM s'en allèrent. Les nombreux experts que les gouvernements avaient mis à la disposition de cette dernière en qualité d'inspecteurs n'avaient pas à être libérés de leurs obligations. Ils n'étaient venus que pour des missions spécifiques, et rentrèrent chez eux.

C'est seulement en décembre 1999 que le Conseil put adopter la nouvelle résolution 1284, qui sur de nombreux points suivait les recommandations de la commission d'évaluation.

L'« UNSCOM rénovée » devint la COCOVINU. Tandis que le système de 1991 n'avait envisagé une levée complète des sanctions qu'en contrepartie d'une élimination totale des programmes d'armes interdits, la nouvelle résolution ouvrit également la possibilité d'une suspension des sanctions en contrepartie d'une « coopération à tous égards » de l'Irak débouchant sur des progrès dans l'achèvement des principales tâches de désarmement en suspens.

Tranquillement installé à Stockholm, j'avais accueilli avec une grande satisfaction le rapport de la commission Amorim, et la nouvelle résolution me trouva dans les mêmes dispositions. Il me semblait que l'un et l'autre consacraient nombre des axes que nous avions suivis depuis neuf ans à l'AIEA :

• Les inspecteurs devaient faire l'objet d'un large recrutement et devenir des fonctionnaires internationaux qui n'auraient de comptes à rendre qu'à l'ONU. Implicitement, cela signifiait la fin du personnel mis gratuitement à la disposition de l'ONU par les grands États.

• La COCOVINU devait avoir une identité onusienne claire ; en conséquence, elle ne devait pas être contrôlée à distance par un État, mais acquérir et conserver une légitimité internationale.

• Il n'était pas question de troquer les informations tirées des inspections contre celles des services secrets.

• Si l'inspection devait être efficace et pouvait être très intrusive, elle devait éviter les affrontements inutiles.

• Enfin, la COCOVINU devait avoir tous les droits et prérogatives de l'UNSCOM.

En janvier 2000, le secrétaire général des Nations unies, Kofi Annan, se mit à la recherche de l'homme qu'il nommerait à la tête de la COCOVINU.

J'étais curieux de savoir de qui il s'agirait.

3

De la glacière à la poêle à frire

Séjour touristique en Antarctique, janvier 2000

Dans l'hôtel tout simple où nous étions descendus, à Chalten, en Patagonie, nous pouvions recevoir des coups de fil, mais pas en donner. Le 19 janvier 2000, un message arriva, me demandant de contacter le secrétaire du ministère suédois des Affaires étrangères ou notre ambassade à Buenos Aires. Impossible de rappeler. Le personnel était incapable de tarifer la communication. Je proposai un forfait de dix dollars pour un court appel à Buenos Aires. Non. Vingt dollars ? Non. Je renonçai. Nous descendîmes au bureau de téléphone public pour envoyer un fax à Stockholm : j'attendrais leur appel le lendemain.

Nous avions quitté l'hiver de Stockholm pour retrouver l'été en Antarctique, en passant par la Patagonie. Comme je l'ai dit, ma femme, Eva Kettis, avait la responsabilité des affaires de l'Arctique et de l'Antarctique au ministère suédois des Affaires étrangères. Elle voulait voir *de visu* ce dont il était question autour des tables de conférence. J'avais beaucoup entendu parler de la beauté de l'Antarctique, et j'étais ravi de l'accompagner.

Le fax fonctionna. Le lendemain matin, on m'appela et m'expliqua que les Nations unies, à New York, souhaitaient me nommer à la tête de la nouvelle organisation d'inspection, la Commission de contrôle, de vérification et d'inspection des Nations unies pour l'Irak (COCOVINU). Le ministre suédois des Affaires étrangères espérait que je pourrais me rendre disponible. Je ne cachai pas mon scepticisme : n'y avait-il personne d'autre pour assumer ces fonctions ? Il me demanda si je consentirais au moins à prendre l'appel du secrétaire général adjoint au ministère français des Affaires étrangères, qui brûlait de me donner des explications. J'acceptai. Mais en fin de journée, après notre randonnée...

Ce fut une belle randonnée dans le cadre majestueux du Fitzroy. Temps ensoleillé, forêt magnifique et beau sentier jusqu'à Laguna de los Tres. L'année précédente, j'avais subi une grosse opération de la colonne vertébrale et je trouvais merveilleux de pouvoir maintenant marcher sept heures et demie d'affilée sans ressentir la moindre douleur.

De retour à Chalten, je pris l'appel du secrétaire général adjoint au Quai d'Orsay, Gérard Errera. Il avait été représentant permanent de la France à la

Conférence du désarmement à Genève, en même temps qu'un excellent gouverneur auprès de l'Agence internationale de l'énergie atomique. Je le connaissais bien.

Il m'expliqua à quel point le Conseil de sécurité avait du mal à s'entendre sur le nom du nouveau directeur. Il estimait que j'étais peut-être le seul sur qui tout le monde pût se mettre d'accord. Ce serait pour un an, un an et demi... Je demeurai sceptique. C'est que je profitais de ma retraite et des randonnées avec ma femme... Il y avait certainement beaucoup d'autres candidats ? Je glissai quelques noms. Ne pouvaient-ils revenir vers moi que si vraiment ils ne trouvaient personne ? Bon, entendu.

Je discutai de la situation avec Eva. J'estimais que nous avions trop longtemps vécu séparément, du temps où je travaillais à l'AIEA à Vienne et qu'elle était en poste à Genève, puis à Bruxelles. Elle était maintenant plongée jusqu'au cou dans son nouveau travail, ravie de me savoir retraité et de retour en Suède. Je faisais tourner les affaires du ménage, elle s'occupait des régions polaires – pour autant que la Suède eût la moindre influence.

À ma grande surprise, Eva ne repoussa pas l'idée d'un revers de main. Elle savait mon sentiment : que l'affaire de l'Irak n'était pas terminée quand j'avais quitté l'AIEA en 1997, et qu'un style d'inspection moins agressif que celui souvent pratiqué par l'UNSCOM donnerait sans doute de meilleurs résultats. Si je me laissais tenter, elle comprendrait. Nous en restâmes là, tout en espérant que les questions se règleraient toutes seules. L'un des Français les plus célèbres, le général de Gaulle, n'avait-il pas dit que les cimetières étaient pleins d'hommes irremplaçables ? (Sa génération n'avait pas découvert que les cimetières sont aussi pleins de femmes indispensables.)

Le samedi 22 janvier, notre bus nous conduisit dans la charmante ville de El-Calafate (« la myrtille »). L'avion qui devait nous transporter à Ushuaia, la ville la plus au sud du monde, nous avait laissé tomber, et notre groupe faisait la queue à l'office du tourisme pour découvrir ce qui allait maintenant se passer. Une jeune femme m'appela par mon nom. Eva et moi pensâmes que nous faisions parti des chanceux qui auraient une place. Non, la jeune femme me fit savoir qu'un certain Kofi Annan demandait que je le rappelle. Si elle ignorait totalement qu'il était secrétaire général des Nations unies, d'autres personnes dans la queue le savaient et nous dévisagèrent curieusement en nous voyant sortir du rang pour, une fois de plus, trouver une cabine téléphonique.

Kofi Annan était encore à la recherche d'un président pour la COCOVINU. Je connaissais plusieurs noms qui avaient été repoussés. Rolf Ekeus, qui avait dirigé l'UNSCOM de 1991 à 1997, avait accepté d'être sur les rangs, mais divers membres permanents du Conseil de sécurité n'en avaient pas voulu. Pour ma part, j'avais été surpris de voir Rolf prêt à recommencer. Et j'étais certain qu'il était le candidat des États-Unis. Les Irakiens avaient-ils persuadé la Russie et la France d'user de leur droit de veto, ou ces deux pays avaient-ils le sentiment que, pendant sa présidence, et plus encore pendant celle de Richard Butler, l'UNSCOM était passée sous la domination américaine ? Je n'en savais rien. Le fait était que l'AIEA avait incarné un style d'inspection moins humiliant, mais je doutais que mon propre nom pût plaire aux Irakiens. Ils étaient furieux contre moi parce que, si chacun s'accordait à constater que sept années d'inspections de l'AIEA n'avaient laissé en suspens aucun problème nucléaire significatif, nous n'avions pas non plus recommandé la fermeture de ce dossier.

J'avais de plus en plus l'impression d'un défi à relever. Mais mon sentiment dominant restait la gêne. Je m'étais rangé ; j'avais mis fin à ma carrière. Je comptais faire de la randonnée et écrire un livre sur les efforts de l'AIEA en Irak et en Corée du Nord. Je joignis Kofi Annan, qui m'expliqua qu'ils n'avaient toujours aucun autre nom que le mien, que la tâche n'était pas facile, mais qu'il voulait savoir si, néanmoins, je serais prêt à m'en charger. Je répondis que je restais sceptique, mais que je ne l'excluais pas si vraiment ils ne pouvaient trouver personne d'autre.

Nous ne comptions pas au nombre des veinards qui eurent une place dans l'avion. Après un long trajet en bus, nous arrivâmes enfin à Ushuaia et au bateau russe affrété, l'*Akademik Joffe*, qui devait nous conduire en Antarctique avec quelques centaines d'autres touristes. Le beau temps était au rendez-vous et nous pûmes apprécier à loisir le paysage fantastique, les oiseaux, les millions de pingouins, les phoques et les baleines.

Accepter la présidence de la COCOVINU ?

Le 26 janvier, Rolf Knutsson, du cabinet de Kofi Annan, réussit à me joindre par le système téléphonique INTELMAR : le secrétaire général était sur le point de partir pour Moscou et avait besoin de savoir si j'étais disponible pour prendre la présidence de la COCOVINU. Il ajouta que j'étais le seul en lice et qu'ils étaient certains que ma nomination ferait l'unanimité au Conseil.

Je lui dis d'accord.

Pourquoi avais-je accepté de sortir de ma retraite ? J'avais la très nette impression que, si l'UNSCOM avait montré de grands talents d'analyse et, oserais-je le dire, une certaine « prouesse » sur le terrain, son attitude d'« inspecteur en guerre » et son identification avec les services secrets occidentaux s'étaient révélées à la longue contre-productives et l'avaient discréditée. Elle avait réussi à provoquer et à braquer les Irakiens sans introduire davantage de clarté. Plus d'une fois, j'avais entendu des inspecteurs dire qu'à leur avis l'AIEA obtenait davantage d'informations par un style onusien professionnel plus retenu. Il était tentant d'essayer.

Une autre raison d'accepter était qu'il est tout simplement difficile de répondre non quand le secrétaire général des Nations unies vous dit que vous êtes le seul nom sur lequel puisse se faire l'accord et que vous connaissez très bien le travail. Une troisième raison était que je me sentais bien et en forme, et que j'aime m'activer. Par ailleurs, je me disais que je ne m'engageais que pour un an, un an et demi.

Après avoir consulté le Conseil de sécurité, le secrétaire général me nomma et il fut décidé que je prendrais mon service le 1er mars 2000.

Le bateau d'exploration était un excellent endroit pour réfléchir sans être perturbé par le téléphone. Il était difficile de me joindre. À mon retour à Stockholm, le secrétaire d'État américain Madeleine Albright m'appela personnellement pour me féliciter et me promettre le soutien plein et entier des États-Unis. Je reçus aussi un message de soutien chaleureux de la part de Tony Blair.

Fait assez intéressant, un article paru dans la presse suédoise expliquait que j'étais le plus mauvais choix possible pour la présidence de la COCOVINU. Son auteur, Per Ahlmark, avait été vice-Premier ministre pendant deux ans un quart de siècle auparavant et se présentait lui-même comme « vice-Premier ministre ». Les gens imaginèrent qu'il devait y avoir une vieille querelle à vider entre lui et moi. Non, nous étions bons amis en ce temps-là et je ne l'avais guère revu depuis. Ce fut le premier d'une longue liste d'articles mesquins et insultants qu'il publia à travers le monde, y compris dans le *Wall Street Journal.* Quand il rapporta des propos que j'étais censé avoir tenus à David Kay et écrivit qu'il aurait fallu donner à ce dernier le prix Nobel de la paix pour ses inspections en Irak, je me dis que Kay l'avait généreusement alimenté en matériaux et en idées. La presse de Stockholm me demanda mon commentaire sur l'article d'Ahlmark : je répondis que la confiance du Conseil de sécurité m'importait davantage.

Arrivée à New York

J'arrivai aux Nations unies le 28 février, en « visite privée ». On me conduisit au 31e étage du secrétariat, où je serrai les mains et saluai notre personnel. Je fus horrifié de voir l'espace exigu réservé à chacun des membres. Dans l'après-midi, j'eus une demi-heure de conversation à bâtons rompus avec le secrétaire général, que j'avais eu maintes occasions de rencontrer quand j'étais à l'AIEA. Comme toujours, je le trouvai chaleureux et sage, mais aussi très bien informé de toute l'affaire irakienne. De taille modeste, son bureau a une jolie vue sur East River. Sur l'autre rive se dresse un immense panneau Pepsi-Cola aux couleurs vives.

Le lendemain, 1er mars, je me présentai brièvement, mais cette fois officiellement, à Kofi Annan. Je rendis aussi visite au président du Conseil de sécurité, qui était ce mois-là l'ambassadeur du Bangladesh, Iftekhar Ahmed Chowdhury. Je lui promis de rester en contact avec tous les membres du Conseil, et pas uniquement avec les grandes puissances, le « P5 ».

Maintenant, j'étais en charge de la COCOVINU, et j'entrai dans le bureau présidentiel. Mon assistant exécutif, Torkel Stiernlöf, occupait la pièce voisine, et Olivia Platon, mon assistante personnelle, siégeait à un grand bureau juste devant mon antre. Elle gérait son monde, à commencer par moi, et tous les documents d'une main ferme, mais avec un charmant sourire et une bonne humeur constante. Charles Duelfer, un Américain qui avait été vice-directeur général, était parti. Je lui avais téléphoné de Stockholm pour lui dire que je savais qu'il avait fort bien géré la situation depuis le départ de Butler, mais qu'à mon sentiment la commission avait besoin d'une rupture bien nette. Par conséquent, je lui avais recommandé de donner sa démission. Ce qu'il fit. Je rédigeai alors une lettre de remerciements élogieuse à l'intention du secrétaire général. Nous nous retrouvâmes pour déjeuner quelques jours après mon arrivée. J'avais demandé à Duelfer de démissionner, mais je fus ravi de le voir nommé à la tête du Groupe d'inspection en Irak, organisé par les États-Unis, en janvier 2004, lorsque David Kay remit sa démission faute d'avoir trouvé les armes de destruction massive dont il avait publiquement affirmé l'existence.

Naturellement, je réunis toute mon équipe dès le premier jour. De nombreux spécialistes que leurs gouvernements avaient mis gratuitement à la disposition de l'UNSCOM étaient déjà partis ; au total, professionnels et logistique compris, il restait une cinquantaine de personnes.

Lors d'une conférence de presse, j'expliquai que l'Irak avait tendance à considérer les inspections comme une sanction, qu'il souhaitait minimiser. Il fallait plutôt y voir une opportunité à maximiser. Le monde ne croirait pas les Irakiens, mais il croirait la commission. La coopération avec nous leur offrait donc une chance. J'ajoutai que les renseignements étaient utiles mais nécessitaient un examen critique. Il y avait aussi beaucoup de désinformation. Nous accueillerions avec joie toutes les informations, mais ce devait être largement une circulation à sens unique. En réponse à une question, j'affirmai qu'aucune organisation ne pouvait se protéger de toute infiltration mais que, si je découvrais que quelqu'un travaillait pour un organisme extérieur, je le remercierais sur-le-champ.

Organiser la COCOVINU

Il était une branche de la COCOVINU que je n'avais pas à organiser : le Collège des commissaires. La résolution 1284 (1999) avait chargé le secrétaire général de nommer des experts qualifiés appelés à se réunir régulièrement, à suivre le travail de l'organisation, à donner des directives et des conseils professionnels au directeur, notamment sur les rapports soumis au Conseil de sécurité. Beaucoup y voyaient un moyen de brider le nouveau président. Pour ma part, j'ai toujours eu le sentiment que c'était un groupe idéal pour tester des idées. Certains membres, comme l'Américain, le Britannique, le Russe et le Chinois, étaient issus de leur administration centrale. D'autres, comme le Français et l'Allemand, étaient des experts indépendants. Certains étaient spécialistes d'un domaine particulier, comme la biologie ou les missiles, mais tous connaissaient bien l'histoire des inspections en Irak. C'était un excellent groupe. Nous le persuadâmes de ne pas tenir de minutes officielles, histoire d'assurer ainsi des débats ouverts et féconds. Ses discussions aidèrent parfois nos équipes à comprendre les questions que leurs rapports allaient susciter de la part des gouvernements plutôt que de celle de leurs collègues. Ce groupe m'était très utile et j'étais plus confiant quand je savais que son soutien m'était acquis. Sam, ou Muttusamy Sanmuganathan, était le secrétaire de ce collège, et il veilla à ce que tous ses membres fussent tenus informés des développements ou documents importants.

La résolution 1284 stipulait que le président exécutif devait soumettre un projet d'organisation de la COCOVINU quarante-cinq jours après son entrée en fonction. Le 15 avril, ce projet devait donc être sur la table du Conseil de sécurité. Alors que je me trouvais encore à Stockholm, plusieurs gouvernements m'avaient envoyé des missions pour me donner conseils et schémas concernant la nouvelle autorité d'inspection. Les représentants américains, les secrétaires adjoints Robert Einhorn et David Welch, s'étaient gardés de donner le moindre conseil précis et s'étaient contentés de dire que ce projet devait être le mien « sans pression indue des pays membres ». Jayantha Dhanapala, sous-secrétaire pour le désarmement aux Nations unies, avait aussi eu la gentillesse de venir avec un utile dossier que son équipe et lui avaient préparé pour le lancement de la COCOVINU.

Les Irakiens ne donnant aucun signe de leur disposition à accepter des inspections dans un avenir proche, mes collègues et moi pûmes nous concentrer sur la rédaction du plan d'organisation, le recrutement, la formation et l'identification des problèmes de désarmement en suspens.

Organisation et administration sont des tâches qui peuvent paraître fastidieuses, et je ne saurais dire que c'est mon domaine de travail favori. Je sais cependant que, pour obtenir des résultats, il faut des gens compétents, de l'ordre et de bonnes relations humaines. Sur la scène nationale, l'opposition politique peut veiller au grain et dénoncer l'action de tel ou tel ministère. Les organisations internationales comptent peu d'ennemis naturels, mais ont pour « patrons » plus de cent États membres qui les surveillent.

J'avais été encouragé dans mon travail par les conseils reçus à Stockholm de la bouche de représentants du gouvernement américain : la COCOVINU devait être technique, non pas politisée. Je compris, bien entendu, que quand d'autres États avaient suggéré un certain contrôle de la présidence, c'était parce qu'ils avaient le sentiment que le secrétariat et le président de l'UNSCOM étaient clairement passés sous la coupe des Américains.

J'étais bien décidé à donner à la COCOVINU le profil onusien indépendant suggéré par le rapport de Celso Amorim, qui avait ouvert la voie à la résolution.

Nous écouterions tout le monde, mais n'exécuterions que les instructions du Conseil de sécurité. Un détail important devait nous faciliter la tâche : 0,8 % des recettes de la vente du pétrole irakien dans le cadre du programme « Pétrole contre nourriture » était destiné à couvrir nos frais. Les recettes dépendraient donc des cours et de la quantité de pétrole pompée par les Irakiens, mais elles pouvaient atteindre cent millions de dollars par an, ce qui nous paraissait suffisant même en tournant à plein régime. Nous aurions besoin d'une aide des gouvernements à plus d'un titre – notamment sous forme de renseignements, d'images satellites, de matériel avancé et de conseils d'experts –, mais pas de personnel ni de matériel mis gratuitement à notre disposition (avions, hélicoptères ou systèmes de communication). Nous nous attelâmes donc au plan d'organisation et aux arrangements pratiques.

• Nous refusâmes de suivre la recommandation selon laquelle le président devait être flanqué d'un assistant de chacun des cinq membres permanents du Conseil de sécurité. Et si les cinq « assistants » n'étaient pas d'accord ? Nikita Khrouchtchev avait demandé un jour la division du secrétariat des Nations unies en une troïka – pays de l'Est, pays de l'Ouest et pays non alignés –, ce qui aurait eu pour effet d'introduire le système des veto au sein même du secrétariat. Et voici qu'on nous suggérait une « pentoïka » ! L'adopter nous eût exposés au risque de politisation et de paralysie.

• De même, nous décidâmes d'éliminer le poste de vice-président exécutif, qui avait toujours été une voie de communication directe avec les autorités de Washington.

• Nous fîmes savoir à *toutes* les missions – hormis celle de l'Irak – que nous allions recruter du personnel compétent dans le domaine des armes et des missiles biologiques et chimiques et que nous leur serions reconnaissants d'encourager les candidatures. Mais nous accepterions aussi les candidatures indépendantes.

• Toute l'équipe travaillerait sous contrat des Nations unies, et c'est nous qui en rémunérerions les membres. Nous assurerions la formation de l'ensemble du personnel et disposerions d'un « fichier » de spécialistes que l'on pourrait consulter et charger de missions d'inspection à Bagdad ou à notre siège new-yorkais.

• Alors qu'il nous avait été suggéré de repartir sur des bases claires et de ne conserver aucun ancien professionnel de l'UNSCOM, nous préférâmes poursuivre une politique de renouveau dans la continuité. Les anciens de l'UNSCOM, quand ils étaient très compétents et susceptibles de nous faire profiter de leur expérience et de leur mémoire institutionnelle, pouvaient rester s'ils le désiraient.

• Nous aurions en permanence à Bagdad une équipe substantielle, capable d'organiser chaque jour plusieurs inspections parallèles. Nous ne nous servirions pas du « portail » de la base militaire américaine du Bahreïn, où se réunissaient les équipes de l'UNSCOM pour leurs briefings et débriefings avant et après les missions d'inspection.

• Nous solliciterions les services secrets des États membres, notamment quand leurs renseignements pourraient conduire nos inspecteurs à des sites soupçonnés de stocker des armes de destruction massive.

• Mais ce serait pour l'essentiel une communication à sens unique. En principe, nos découvertes resteraient confidentielles ou seraient transmises au Conseil de sécurité.

• Un agent spécial et le président seraient seuls habilités à recevoir ces renseignements. Quand on utiliserait ceux-ci dans une inspection, le chef des opérations et le chef d'équipe devraient être prévenus, comme convenu avec notre source d'information.

• Nous aurions largement recours à l'imagerie satellite, acquise par des voies commerciales ou mise à notre disposition par les États.

• En revanche, aucun mouchard électronique ne serait admis.

Le personnel

La politique de « renouveau dans la continuité » nous servit très bien. Elle nous permit d'avoir une excellente gestionnaire, l'Anglaise Rachel Davies, à la tête de notre division de l'information, responsable de toute la base de données et de l'ensemble de notre travail dans le cadre du programme « Pétrole contre nourriture ». Douée d'un esprit vif et d'un naturel enjoué, mais aussi d'une mémoire phénoménale, Rachel, qui avait servi à l'UNSCOM, me soulagea de la plupart des problèmes sur ces fronts. En principe, John Scott avait pris sa retraite du service juridique des Nations unies et de l'UNSCOM, mais il resta avec nous en qualité de conseiller et de mémoire institutionnelle. Nous nous connaissions depuis nos études à l'université de Cambridge, dans les années 1950. Nous avions tous deux participé aux séminaires du professeur Hersch Lauterpacht, devenu par la suite juge à La

Haye. Alice Hecht, Belge qui fréquentait de longue date les Nations unies, venait elle aussi de l'UNSCOM. Elle connaissait toutes les ficelles administratives et les personnes de cette immense forêt bureaucratique, et elle savait comment les faire bouger quand il le fallait. Elle était assistée de la Colombienne Nina Pinzon, l'une de ces fonctionnaires qui abattent un travail administratif prodigieux, sans lesquels les organisations géantes s'effondreraient et personne ne toucherait son salaire ou sa retraite ni ne pourrait se faire rembourser ses frais de déplacement.

Le Conseil de sécurité ayant approuvé notre organisation sans y apporter le moindre changement, nous commençâmes à recruter à grande échelle. Nous reçûmes des candidats à New York et dépêchâmes des équipes de deux ou trois anciens pour interroger des postulants à Vienne, Paris, Bangkok, Dacca, Sydney et Buenos Aires. Alors que l'UNSCOM avait été obligée d'accueillir beaucoup de fonctionnaires que leurs pays étaient disposés à détacher gratuitement, nous étions libres de notre recrutement et pûmes ainsi obtenir une composition mieux équilibrée d'un point de vue géographique.

À l'exception de la Jordanie, aucun État arabe ne désigna de candidats. Sans doute se dirent-ils que l'Irak s'irriterait de voir des frères arabes parmi les inspecteurs et s'inclinèrent-ils devant l'objection irakienne présumée.

La formation

C'est un Russe, Nikita Smidovich, qui fut chargé du programme de formation. L'homme avait été l'un des inspecteurs les plus chevronnés et efficaces de l'UNSCOM, qui elle-même n'avait cependant jamais eu le temps de former des inspecteurs. Le personnel fourni par les gouvernements était passé directement de son poste d'origine aux briefings du « portail » du Bahreïn, puis à la formation « sur le tas ». Mais la résolution portant création de la COCOVINU requérait explicitement une formation. Nous décidâmes que chacun de nos membres devait suivre un mois de formation élémentaire portant sur les objectifs du Conseil de sécurité, les inspections passées en Irak, les techniques et le matériel employés, mais aussi ce qu'on avait appris et ce qu'il restait à découvrir dans les différentes catégories d'armement. On y ajouta également des inspections simulées ainsi que quelques cours consacrés à la géographie de l'Irak, à son histoire politique, à sa culture et à ses religions. Les détracteurs de la COCOVINU ne voulaient voir dans ce programme de « femmelettes » que des « cours de bonnes manières ». Outre ces cycles de formation de base, il y eut des cours plus poussés et plus brefs, que nous prîmes soin d'organiser dans divers pays. J'intervins moi-même dans tous les domaines principaux. Et je profitai de l'occasion pour essayer de décrire par quelques adjectifs l'idée que je me faisais de la conduite des inspecteurs :

Entreprenant et dynamique – mais ni colérique ni agressif.

Ferme – mais correct.

Ingénieux – mais sans tromper.

Capable de souplesse – mais pas au point de se laisser marcher sur les pieds.

Calme – mais légèrement impatient.

Distant – sans être arrogant ni suffisant.

Chaleureux – mais pas familier.

Montrez du respect à vos interlocuteurs – et exigez qu'on vous témoigne du respect.

Souvenez-vous qu'un ton léger ou une plaisanterie peuvent parfois détendre l'atmosphère.

En juin 2001, après avoir donné un cours de formation à Ottawa, je découvris en consultant le journal *Al-Thawra* que les Irakiens lisaient tous mes cours et n'appréciaient pas tout ce qu'ils y trouvaient : « Nous disons à Hans Blix : le langage américano-sioniste qu'il parle est transparent, et jamais l'Irak ne l'acceptera, lui et ses espions. »

La préparation des futures inspections

Je me demande parfois comment nous aurions fait si l'Irak nous avait invités à commencer les inspections dès l'été 2000. Nous ne disposions d'aucune équipe formée et n'avions encore qu'une connaissance limitée des dossiers. Sans inspections, nous avions déjà les mains pleines. Nous montâmes des groupes pour analyser les problèmes en suspens dans les différentes catégories d'armes. Que pouvait-il donc rester ? Cela exigeait des recherches considérables dans les volumineuses archives de l'UNSCOM en même temps qu'une réorganisation de la base de données afin de rendre les éléments intéressants accessibles et de pouvoir les enrichir d'informations nouvelles. Certains groupes analysèrent les sites visités dans le passé et actualisèrent les dossiers avec les nouvelles informations obtenues par satellites. À quels sites devions-nous donner la priorité ? D'autres cherchèrent où acheter sans délai le matériel nécessaire. Ils se rendirent dans l'immense entrepôt des Nations unies, à Brindisi, dans le sud de l'Italie, pour voir ce qui pouvait être rapidement livré – des jeeps aux radiotéléphones portables.

Certains mirent au point des procédures de routine pour le prélèvement d'échantillons biologiques et chimiques – ce qui n'était pas un détail insignifiant en matière de collecte de preuves. D'autres élaborèrent des règles de sécurité pour la manipulation de matériaux dangereux. Les juristes définirent les règles en matière de confidentialité. Un manuel entier fut compilé pour systématiser les droits et les obligations que le Conseil de sécurité avait donnés aux autorités d'inspection en près de dix ans de résolutions. Il y avait beaucoup à faire, et l'atmosphère était généralement enjouée. Alors que les relations de l'UNSCOM avec le secrétariat des Nations unies et le 38e étage – celui du secrétariat général – n'étaient pas fameuses, surtout du temps de Richard Butler, les nôtres étaient excellentes. Nous recevions l'aide et les conseils précieux de responsables chevronnés, comme le chef de cabinet de Kofi Annan, Iqbal Riza, le responsable du département du désarmement, Jayantha Dhanapala, et le chef adjoint du département politique, Danilo Turk. Avec les gens de l'AIEA, nous n'avions pas besoin de présentations. Les contacts étroits et la coopération avec Mohamed El-Baradei et Jacques Baute, le chef aguerri de l'équipe d'inspecteurs de l'Agence en Irak, étaient un fait acquis.

De l'an 2000 au 11 septembre 2001 : le bazar irakien

L'adoption de la résolution 1284 ne signifiait pas que le Conseil de sécurité était unanime quant à la politique à suivre vis-à-vis de l'Irak. Il y avait eu quatre abstentions : la Chine, la France, la Malaisie et la Russie. Tout le monde attendait avec impatience le retour des inspecteurs sur place mais, en même temps, on observait une certaine perte de vitesse des sanctions. Reste qu'on n'avait pas trouvé d'autres méthodes plausibles pour faire pression sur l'Irak et l'amener à coopérer avec les inspecteurs. Le seul effet des bombardements anglo-américains de 1998 avait été de faire partir nos inspecteurs !

De toute évidence, la résolution 1284 était faite pour compléter, et non remplacer, la résolution 687 (1991). Elle prévoyait que les sanctions pouvaient être suspendues – plutôt que levées – moyennant une coopération marquée par un « progrès » sur des problèmes « clés » de désarmement en suspens, non pas sur l'ensemble du dossier. Le gouvernement irakien ne s'en déclara pas moins hostile à la nouvelle résolution, et affirma qu'il s'agissait d'un piège. Il ajouta que, même si les sanctions étaient suspendues, les États-Unis veilleraient à ce qu'elles ne fussent jamais levées. De surcroît, d'après la résolution, même avec une suspension l'Irak resterait assujetti à des mesures « opératoires, financières ou autres, efficaces ». Quelles étaient ces mesures et quels étaient les problèmes « clés » qui demeuraient en suspens ? L'Irak, pour sa part, protestait qu'il n'y avait ni armes de destruction massive ni problèmes de désarmement.

En 2000, l'attitude de l'Irak dans le bazar politique mondial fut partagée entre l'attentisme et le bavardage. Les inspecteurs étaient partis. L'opinion publique mondiale condamnait largement les sanctions, lesquelles, de toute façon, s'effritaient et devenaient moins pénibles. L'isolement était réduit. Les avions étrangers étaient plus nombreux à se poser en Irak. Les hommes d'affaires se rendaient à Bagdad. Les recettes du programme « Pétrole contre nourriture » représentaient des milliards de dollars ; de grosses commandes avaient été passées, permettant d'en tirer un bénéfice politique maximal ou, au contraire, d'exercer des représailles. De temps à autre, les Irakiens dénonçaient l'idée d'une reprise des inspections. En juillet 2000, Saïd Al-Sahaf, alors ministre des Affaires étrangères (et qui serait appelé à une renommée mondiale en tant que ministre de l'Information en mars 2003, décrivant la défaite imminente des attaquants de la coalition au moment même où les chars américains entraient dans Bagdad), parla de la COCOVINU qui « allait ramener les espions américains, britanniques et israéliens en Irak ». À d'autres moments, le camp irakien laissait se développer l'impression qu'il pouvait y avoir des « packages » de normalisation concernant des questions telles que la fin des zones d'exclusion aérienne décidées par les États-Unis et la Grande-Bretagne. Les inspecteurs pourraient revenir, mais les sanctions devaient être préalablement levées, et le calendrier de leur séjour devait être fixé, les sites présidentiels restant à l'écart des visites.

Les Français et les Russes semblaient penser que des concessions étaient nécessaires pour que la résolution soit mise en œuvre et que les inspecteurs retournent sur place. Ils suggérèrent un accord rapide sur les « mesures financières et administratives » appliquées en cas de suspension des sanctions afin que l'Irak sache sur quelle carotte il pouvait compter. De même souhaitaient-ils que la COCOVINU précise quels étaient, de son point de vue, les problèmes « clés » en suspens, sans attendre, comme l'envisageait la résolution, l'occasion de mener à bien un premier cycle d'inspections et d'évaluations. Ils étaient en outre impatients de voir le secrétaire général engager le « dialogue » avec les Irakiens afin de débloquer la situation. Un nouveau mémorandum d'accord couvrant un ensemble de problèmes pouvait permettre les ajustements nécessaires.

Au cours des réunions que j'eus le 22 août 2000 avec le secrétaire d'État, Madeleine Albright, et le conseiller à la Sécurité nationale, Sandy Berger, on m'expliqua que les États-Unis étaient hostiles à une « réécriture » de la résolution.

En octobre 2000 et, on aura l'occasion de le voir, en janvier 2001, le Royaume-Uni ne paraissait pas fermé à l'idée d'arrangements qui laisseraient espérer une suspension des sanctions dans les six mois.

En 2001, deux éléments en rapport avec l'Irak attirèrent l'attention avant que les attentats du 11 septembre n'occupent toute la scène. Le premier fut la réforme du système des sanctions ; le second, le dialogue entre le secrétaire général et le gouvernement irakien.

Dans un communiqué publié le 10 janvier 2001, le secrétaire à la Défense sortant, William S. Cohen, mit en garde : l'Irak avait au moins reconstruit son infrastructure d'armements et avait même sans doute commencé à produire clandestinement des agents chimiques ou biologiques. En Grande-Bretagne, un porte-parole du Foreign Office indiqua que les autorités britanniques partageaient les soupçons américains, qui n'étaient pas nouveaux, concernant la reconstruction des usines détruites par les bombardements alliés de 1998, mais qu'elles *n'avaient aucun élément solide ni aucune preuve tangible* pour étayer ces accusations. Il ajouta que, les inspecteurs des Nations unies ayant quitté l'Irak en décembre 1998, « la communauté internationale n'avait aucun moyen de vérifier ces soupçons ». À peu près au même moment, le ministre britannique des Affaires européennes, Peter Hain, déclara à l'agence Reuters : « L'essentiel est d'obtenir le retour des inspecteurs et la suspension des sanctions, et que celle-ci puisse intervenir dans les 180 jours suivant le retour des inspecteurs. »

Les 3 et 4 avril 2001, je rendis visite à Condoleezza Rice, la nouvelle conseillère à la Sécurité nationale du président Bush, ainsi qu'au nouveau secrétaire d'État, Colin Powell. Tous deux restaient attachés à la position américaine : l'Irak devait accepter la résolution 1284. Aucun ne laissa paraître le moindre signe d'un durcissement. Colin Powell évoqua un réexamen de la politique afin de mettre l'accent sur le problème des armes de destruction massive et d'arrêter l'érosion des sanctions. L'un et l'autre m'assurèrent du soutien américain à la COCOVINU, et Colin Powell me promit de se pencher sur la question de la fourniture de renseignements.

En mars 2001, le Joan B. Kroc Institute for International Peace Studies avait publié une étude sur les « sanctions intelligentes » en Irak. Cette parution coïncidait avec la recherche plus générale de sanctions dites « intelligentes » en vue d'influencer les responsables politiques sans que la population en pâtisse. En Irak, assurait-on souvent, les sanctions onusiennes avaient eu l'effet inverse. Il semble que l'étude de cet institut ait servi de trame aux efforts américains pour réformer le système des sanctions – efforts qui, le 29 novembre 2001, aboutirent finalement à l'adoption par le Conseil de sécurité de la résolution 1382. Tandis que les États-Unis durent abandonner toute idée de fermer plus hermétiquement les frontières irakiennes pour combattre la contrebande, la résolution les soulagea, eux et la Grande-Bretagne, de la responsabilité de voter au sein de la commission des sanctions des Nations unies contre toutes sortes d'importations irakiennes jugées souhaitables d'un point de vue humanitaire. Tout ce qui n'était pas interdit à l'importation dans une immense liste exhaustive était désormais autorisé, et la lourde tâche consistant à éplucher les contrats incombait désormais à la COCOVINU et à l'AIEA. Rachel Davies et sa division de l'information s'en occupèrent avec beaucoup de compétence, moyennant une légère augmentation de personnel. La réforme était significative mais, dans mon esprit, le système des sanctions avait été pendant plusieurs années un moyen d'empêcher l'exportation vers l'Irak de produits susceptibles de servir des usages militaires plutôt qu'un moyen de faire pression sur le pays et de l'amener à accepter les inspections.

J'avais trouvé des statistiques, et c'est d'elles que je tirais cette conclusion. En 1990, lorsque furent décidées les sanctions, la valeur des importations irakiennes s'élevait à 7,6 milliards de dollars. Entre 1991 et 1996, années de pleine efficacité des sanctions, elle tomba à un milliard de dollars par an. En 1997, lorsque l'Irak fut autorisé à vendre du pétrole et à importer dans le cadre du programme « Pétrole contre nourriture », cette valeur remonta à 4,2 milliards de dollars, pour passer à 8,52 en 1999, puis à 13,7 en 2000.

Le cours du pétrole avait grimpé, bien entendu, et les statistiques peuvent être trompeuses, mais les chiffres me donnèrent à penser que, si les sanctions avaient brisé la colonne vertébrale économique et industrielle du pays dans la première moitié des années 1990 et semé la misère, en 2000 elles avaient été essentiellement un moyen de contrôle, plutôt qu'un frein, pour les importations légales, alors que la quantité de pétrole que pouvait exporter l'Irak n'était plus limitée.

Les attentats du 11 septembre

Les attentats du 11 septembre 2001 eurent l'effet d'un tremblement de terre aux États-Unis. Alors que l'action était l'œuvre d'un groupe de terroristes amorphe, elle mit sur le pied de guerre l'unique superpuissance du monde. Et puisque les terroristes s'étaient servis de leur savoir-faire pour détourner et piloter des avions et n'avaient, pour toute arme, utilisé que des cutters, la question fut aussitôt posée de savoir ce qui se produirait si des terroristes ou des « États voyous » possédaient des armes de destruction massive. On en conclut, entre autres choses, que si les États-Unis avaient une raison de soupçonner la moindre menace de ce genre, ils devaient frapper les premiers – à titre préventif. En l'absence de tout mouvement terroriste menaçant en dehors d'Al-Qaida, les regards se fixèrent sur une vieille incarnation du Mal réputée pour son intransigeance : l'Irak de Saddam. Tout le monde en était arrivé à la conclusion que son programme nucléaire avait vécu, mais transfuges et satellites évoquaient la reconstruction de diverses installations et de nouvelles équipes de chercheurs. Alors qu'il n'existait pas de liens notoires entre le régime baassiste plutôt laïque de l'Irak et Al-Qaida, Saddam, assura-t-on, n'en avait pas moins des contacts avec les terroristes. Partout dans le monde, les façons de voir en furent durablement transformées, mais nulle part le changement ne fut plus marqué qu'aux États-Unis et au sein de l'administration Bush. Le 15 janvier 2004 encore, le vice-président Cheney, évoquant la menace d'un attentat terroriste aux États-Unis, aurait déclaré que la bataille, tout comme la guerre froide, pouvait durer des générations, et qu'une nouvelle espèce de mobilisation était nécessaire, avec davantage de bases outre-mer permettant aux États-Unis d'intervenir rapidement à travers la planète.

Le 10 janvier 2002, je me rendis à Washington. Les attitudes avaient changé. Colin Powell distinguait maintenant entre l'approche bilatérale et l'approche multilatérale de la question irakienne. Les Nations unies représentaient la seconde. Powell doutait que le régime irakien acceptât jamais les résolutions du Conseil de sécurité. Mais il loua le rôle et le travail de la COCOVINU. Le sous-secrétaire au Désarmement, John Bolton, expliqua que celle-ci aurait besoin du soutien unanime des cinq membres permanents du Conseil, surtout dans la phase initiale suivant le retour des inspecteurs en Irak. Les Irakiens pourraient essayer d'arracher des concessions et il n'excluait pas qu'ils veuillent à nouveau jouer au chat et à la souris. Le sous-secrétaire Douglas Feith, au département de la Défense, demanda si le risque n'existait pas que certains inspecteurs découvrent sur le tas la meilleure façon de dissimuler des choses. Voulait-il dire qu'on ne devait embaucher que des Américains, des Britanniques et quelques autres ? Et il me vint alors à l'idée que c'était par des ingénieurs allemands que l'Irak avait acquis ses techniques d'enrichissement de l'uranium…

Quant à Condoleezza Rice, elle estimait que Saddam avait tout à fait les moyens d'employer ou de transférer des armes de destruction massive. Pour l'heure, la priorité des États-Unis était de faire un sort à Al-Qaida mais, par chance, la communauté internationale se focalisait aussi sur Saddam. La guerre d'Afghanistan avait eu un effet démonstratif utile, dont le président, expliqua-t-elle, avait très vite compris l'impact. Et elle conclut, comme Colin Powell : l'administration ne pensait pas que Saddam livrerait ce qu'on attendait de lui. S'il le faisait, elle s'en réjouirait, bien entendu.

Le 28 janvier 2002, George W. Bush prononça son discours sur l'état de l'Union, dans lequel il présenta l'Irak, l'Iran et la Corée du Nord comme l'« axe du Mal ».

Le dialogue du secrétaire général

Le dialogue entre le secrétaire général et le gouvernement irakien s'était engagé parce que, au début de 2000, ce dernier avait le sentiment de dominer la situation et était convaincu de pouvoir obtenir un accord global qui permettrait, entre autres choses, la levée des sanctions. Bien que l'idée d'un « package » sous la forme d'un mémorandum d'accord eût le soutien des Français et des Russes, les Irakiens surestimaient systématiquement leurs atouts. Les États-Unis et le Royaume-Uni n'en avaient jamais accepté le principe. Dans leur esprit, toute proposition en ce sens risquait de dissoudre le compromis trouvé dans la résolution 1284. Quant aux Français, ils se rangèrent au point de vue selon lequel il serait sans doute nécessaire d'amener l'Irak à autoriser le retour des inspecteurs.

Kofi Annan subissait sans nul doute les pressions de pays en voie de développement, avant tout des pays arabes, impatients qu'on trouve le moyen de sortir de l'impasse. Mais il ne pouvait engager le dialogue « sans préalables », comme le suggéraient les Irakiens. Force lui était de prendre pour base les résolutions exécutoires du Conseil de sécurité. À ses yeux, le dialogue avait essentiellement pour but d'amener l'Irak à accepter les inspections exigées par les résolutions. Du côté irakien, il s'agissait d'utiliser le problème des inspections comme un moyen de pression pour obtenir des concessions sur d'autres terrains, comme celui des sanctions. Sagement, Kofi Annan se borna pour l'essentiel à écouter la longue liste de doléances de l'Irak.

Une première entrevue eut lieu les 26 et 27 février 2001 avec le ministre irakien des Affaires étrangères, Saïd Al-Sahaf. À ce stade, donc, les Irakiens ne voulaient pas entendre parler de la résolution 1284 ni de la COCOVINU. Kofi Annan s'entretint avec moi avant la réunion, mais je n'y participai pas. Interrogé plus tard par la presse au sujet de la commission, Al-Sahaf répondit qu'elle était un « néant ». Et Blix ? Un « détail » dans ce néant. Les journalistes voulurent savoir ce que j'en pensais. Je répondis que c'était une promotion : auparavant, les Irakiens me traitaient d'espion.

Un an plus tard, le 7 mars 2002, ce « dialogue » connut une seconde étape. Les Irakiens étaient conduits par un nouveau ministre des Affaires étrangères, le Dr Naji Sabri, dont on attribuait la promotion au fils cadet et toujours plus influent de Saddam, Qoussaï Hussein. Plus affable, voire chaleureux, il n'était guère moins porté sur la propagande que son bruyant et à peine courtois prédécesseur. Cette fois, on pensait que les Irakiens passeraient moins de temps à débiter leurs griefs et feraient peut-être même preuve d'une certaine souplesse, y compris sur le terrain des inspections. Ils ne firent aucune objection à ce que j'accompagne Kofi Annan. Le secrétaire général de la

Ligue arabe, Amr Moussa, s'était rendu chez Saddam Hussein en janvier pour évoquer les inspections. Le président irakien en avait parlé comme d'un affront.

Au cours des entretiens, Kofi Annan me donna l'occasion d'expliquer comment nous avions organisé la COCOVINU et comment nous envisagions notre tâche. J'insistai sur le fait que des inspections sérieuses serviraient les intérêts de l'Irak aussi bien que ceux des Nations unies. Négligentes, elles n'auraient aucune crédibilité. Pour ma part, je fus frappé de voir combien les Irakiens avaient l'air – ou voulaient paraître – blessés. J'en retirai l'impression non pas d'un manque de sincérité, mais plutôt de personnes vivant dans un autre univers de pensée.

Printemps 2002 : discussion publique aux États-Unis et au Royaume-Uni

À cette date, on avait commencé à parler aux États-Unis de la possibilité d'une action militaire contre l'Irak. Le 1er mars, Robert Einhorn, l'ancien secrétaire d'État adjoint pour la Non-prolifération, témoigna devant le Congrès. Il dit douter qu'un seul homme au monde puisse croire Saddam Hussein quand, dans une lettre du 7 février au Premier ministre turc, il affirmait : « Pour ce qui est des armes de destruction massive, l'Irak, qui ne possède plus aucune de ces armes et n'a aucunement l'intention d'en produire, est à l'avant-garde de ceux qui souhaitent que notre région soit libre de toute arme de destruction massive. »

Einhorn ajouta qu'« un consensus paraît se former à Washington en faveur d'un "changement de régime" en Irak, au besoin à travers un recours à la force ». Il nota que le président Bush avait bien demandé la reprise des inspections, mais les spéculations allaient bon train : on se demandait si le but n'était pas de justifier une intervention militaire au cas où Bagdad, comme prévu, refuserait l'entrée aux inspecteurs.

Le débat n'en fut pas moins vif au Royaume-Uni. Dans une interview donnée le 5 avril à NBC, Tony Blair affirma : « Nous savons qu'il a stocké *de grosses quantités d'armes biologiques et chimiques*. Nous savons qu'il a essayé d'acquérir des capacités nucléaires » (c'est moi qui souligne). Et cela deux mois et demi seulement après que le Foreign Office eut déclaré qu'il n'y avait pas de preuves solides. L'état d'esprit changeait. Le ministre irakien des Affaires étrangères, Naji Sabri, mit au défi la Grande-Bretagne d'envoyer en Irak des experts pour localiser les produits dont elle affirmait l'existence. Après un week-end au Texas, chez Bush, le Premier ministre britannique déclara le 10 avril au Parlement : « Le moment d'une action militaire n'est pas encore venu… » Puis il ajouta que Saddam pouvait éviter le courroux des États-Unis et de la Grande-Bretagne en laissant les inspecteurs des Nations unies revenir sans entrave. On est tenté de penser que Bush était tombé d'accord avec lui : il fallait d'abord essayer la voie des inspections.

Le 16 avril 2002, Walter Pincus rapporta dans le *Washington Post* les propos de Donald Rumsfeld, le secrétaire américain à la Défense, sur les inspecteurs : « Pour l'essentiel, tout ce qu'ils ont trouvé, c'est à la suite d'informations données par des transfuges qui les ont mis sur la piste. » Pincus signalait en outre qu'en janvier Paul Wolfowitz, le secrétaire adjoint à la Défense, avait demandé à la CIA d'enquêter sur mes états de service à la tête de l'AIEA entre 1981 et 1997. Sans doute une suggestion de mon ancien employé, David Kay. Interrogé à ce propos, le département minimisa l'incident et déclara que j'avais toute sa confiance. Dans un autre article (15 avril), Walter Pincus rapporta les conclusions de la CIA : Blix avait mené les inspections « en parfait accord avec les paramètres qui définissaient son action » en tant que chef de l'Agence. Selon certains fonctionnaires, Wolfowitz avait « piqué une crise » parce que le rapport me concernant ne donnait pas assez de munitions pour saper ma position et miner le programme d'inspection des Nations unies. Mais il y avait plus intéressant encore dans l'article de Pincus : Wolfowitz et ses collègues civils du département de la Défense redoutaient que de nouvelles inspections ne « torpillent » leurs projets d'action militaire visant à écarter Hussein du pouvoir. « Le cauchemar des faucons, aurait dit un fonctionnaire, c'est que les inspecteurs soient autorisés à revenir, ne se montrent pas particulièrement musclés et ne trouvent rien. Les sanctions économiques seraient assouplies et les États-Unis ne pourraient rien faire. »

Mai : nouveaux dialogues

Le dialogue entre l'Irak et les Nations unies reprit à New York du 1er au 3 mai 2002. En mars, Naji Sabri avait conclu la discussion en soumettant dix-neuf questions à l'ONU. Je lui apportai alors des réponses concrètes sur celles qui concernaient l'inspection. Mais, avant d'en venir au fait, j'expliquai qu'en mars les Irakiens avaient donné l'impression que le plus gros problème des relations entre leur pays et les Nations unies était celui des moyens pour Bagdad de retrouver la confiance du Conseil de sécurité. À mon sens, c'était sous-estimer les choses. Il y avait l'autre aspect : l'Irak devait coopérer avec la COCOVINU et l'AIEA de telle façon que le Conseil et le monde puissent être convaincus qu'il ne possédait plus d'armes de destruction massive.

Cette fois-ci, la délégation irakienne comptait deux nouveaux membres éminents : un général, le Dr Amir Al-Sa'adi, qui devint dès lors mon principal partenaire, et le Dr Jaffar Dhia Jaffar, tous deux présentés comme des conseillers du président. Jaffar était un brillant chercheur, un spécialiste du nucléaire, que Saddam avait jeté en prison, puis libéré et maintenu en vie en échange de ses services. Mohamed El-Baradei et moi-même, accompagnés de nos experts, retrouvâmes Al-

Sa'adi, Jaffar et leurs collègues dans une « sous-commission technique ». Jaffar était arrivé tardivement à New York. Il avait été retenu à Amman pour un problème de visa américain et ses bagages s'étaient perdus en cours de route. Pendant son voyage, assurait-on, il avait été abordé par un agent des services secrets qui lui avait demandé s'il était prêt à faire défection, et on avait escamoté ses bagages pour les fouiller. Quoi qu'il en soit, il était en colère, et il reprocha vertement à Mohamed El-Baradei de n'avoir pas délivré en 1998 à l'Irak une « patente de santé nette » dans le domaine nucléaire. Je comprenais sa position : en 1997-1998, il ne subsistait pas de problèmes de désarmement, uniquement des questions mineures. Mais je crois qu'il ne comprenait pas que la clôture du dossier nucléaire n'aurait pas facilité la levée des sanctions aussi longtemps que de nombreux points demeuraient en suspens dans d'autres dossiers.

Les Irakiens, on ne s'en étonnera pas, voulaient obtenir des concessions en échange de la reprise des inspections. Ils restaient attachés à l'idée de « package », alors même que son heure, si elle avait jamais sonné, était passée de longue date. Ils voulaient maintenant une sorte d'assurance qu'il n'y aurait pas de menace d'agression dès lors qu'ils acceptaient l'inspection. Ainsi, la présence d'inspecteurs serait aussi une forme de protection. Ils savaient bien que Kofi Annan n'avait aucun pouvoir en la matière et qu'il était peu probable que le Conseil de sécurité cédât.

Sur un plan pratique, l'essentiel était ailleurs : ils voulaient qu'on leur dise, avant même le retour des inspecteurs, quels problèmes de désarmement restaient à notre avis en suspens après huit années d'inspections et de clarification. Nous ne pouvions accepter cette approche car nous devions suivre la procédure définie par le Conseil de sécurité. Voilà près de quatre ans qu'il n'y avait pas eu d'inspections en Irak. Ce n'est qu'au bout d'un certain temps de présence sur le terrain que nous pourrions définir les problèmes non résolus – anciens ou nouveaux – et dire lesquels, parmi eux, étaient « cruciaux ». Bref, les Irakiens cherchaient à limiter le champ de l'investigation avant même d'y consentir. Pour notre part, nous voulions aborder les arrangements pratiques en vue d'une reprise des inspections. Les questions du droit d'accès, du vol des hélicoptères, etc., avaient suscité de nombreux différends par le passé. S'agissant de nos droits, définis dans maintes résolutions, et des autres instruments, il n'y avait rien à négocier. Nous souhaitions plutôt « pointer » un grand nombre de détails afin de régler les choses entre quatre yeux et ne pas nous retrouver plongés dans une controverse le jour même de la reprise des inspections.

Juillet : la poursuite du dialogue

Si la poursuite du débat public aux États-Unis autour d'une possible action militaire contre l'Irak dut inquiéter les Irakiens, il est impossible de savoir dans quelle mesure Saddam Hussein lui-même en fut informé. En juin, avant la reprise du dialogue, on n'observait aucun signe de fléchissement. Bien au contraire.

Visiblement, plusieurs des points que j'avais abordés les avaient piqués au vif. J'avais notamment insisté sur le fait qu'il nous fallait des *preuves* supplémentaires du côté irakien – des documents, par exemple – indiquant ce qu'étaient devenus divers stocks d'armes. On nous avait répondu qu'il n'y avait pas d'autres documents. J'en doutais. À ce moment précis, les Irakiens affirmèrent avoir découvert à Bagdad des voitures entières d'archives officielles koweitiennes volées et se dirent prêts à les restituer au Koweit. Je ne pus m'empêcher de faire observer, lors d'une consultation informelle du Conseil de sécurité, qu'ils pouvaient aussi trouver d'autres documents sur les armes. Ces propos valurent au secrétaire général de recevoir, le 10 juin, une lettre cinglante du ministre irakien des Affaires étrangères m'accusant de « bloquer les perspectives de succès ». De surcroît, écrivait le ministre, « les problèmes de désarmement en suspens ne présent[ai]ent qu'un intérêt académique et historique et [n'avaient] pas grand-chose à voir avec les réalités présentes ».

Le 17 juin, dans une nouvelle lettre à Kofi Annan en prévision de la reprise du dialogue prévue pour juillet, Naji Sabri continua de prôner une « solution globale », dans laquelle, avant toute chose, l'ensemble des « sanctions illégales » seraient levées. De toute évidence, le mot « inspection » était trop épineux pour être utilisé ici. Sabri souhaitait plutôt parvenir, dans le cadre de cette solution globale, à une « formule de transparence pour répondre à toutes les préoccupations des Nations unies concernant la vérification des allégations américaines ».

À Vienne, en un geste de bonne volonté, nous abordâmes quelques problèmes de désarmement au cours de « discussions de la sous-commission technique ». Nos homologues apprécièrent la rigueur de nos analyses, mais ils ne nous rendirent pas la pareille et ne discutèrent pas un seul des nombreux aspects pratiques que nous avions pointés – par exemple les vols en Irak, les opérations en hélicoptères, les logements, les antennes régionales de Bassora et de Mossoul. J'avais expliqué, et ils ne m'avaient pas contredit, que la reprise des inspections devait prendre un « bon départ », démarrer « sur les chapeaux de roue », mais ils continuaient de se dérober et de ne penser qu'à limiter le champ des inspections. J'avais aussi suggéré qu'une « nouvelle déclaration générale », éclairant ou résolvant certains problèmes jugés irrésolus dans le passé, était de nature à donner un nouvel élan pour peu qu'elle fût étayée par des preuves crédibles. C'est, je crois, la première fois que fut avancée l'idée d'une nouvelle déclaration. Je n'imaginais guère qu'elle nous vaudrait, cinq mois plus tard, un dossier de quelque 12 000 pages – qui, malheureusement, ne nous apporta pas grand-chose.

Les médias avaient senti un échauffement général sur la scène politique mondiale à propos de la question irakienne et avaient le sentiment que Vienne pouvait faire basculer la situation vers la paix ou vers la guerre. Des centaines de journalistes attendaient au bas des escaliers armés de leurs caméras et de leurs micros. Le 5 juillet 2002, à la fin des discussions de Vienne, nous ne constations cependant aucun progrès. Kofi Annan ne pouvait guère se permettre de fixer un autre rendez-vous, accréditant ainsi l'idée fausse que le dialogue menait quelque part. Comme, du côté de la COCOVINU, nous n'avions constaté aucun empressement de la part des Irakiens à discuter de l'organisation concrète des inspections, je n'étais pas non plus disposé à fixer la date d'une nouvelle réunion séparée de la « sous-commission technique ». On s'en tint donc à un communiqué minimaliste : le secrétaire général resterait en relation avec le Conseil de sécurité et la délégation irakienne présenterait son rapport à ses autorités de tutelle. Il avait été convenu de garder le « contact », « notamment de poursuivre les discussions sur des points techniques ».

De retour à Bagdad, le ministre des Affaires étrangères, Naji Sabri, prétendit sans détour que j'avais cédé aux pressions américaines. En refusant des discussions constructives sur le bilan des inspections depuis mai 1991, j'avais bloqué les pourparlers sur le retour des inspecteurs en Irak. Dix jours plus tard, cependant, il s'efforça de présenter les choses sous un jour plus positif. Devant les ambassadeurs en poste à Bagdad, il ajouta au riche folklore de la vieille cité en affirmant qu'« une percée [avait] été réalisée » à Vienne : le secrétaire général devait transmettre les questions de l'Irak au Conseil de sécurité. Tout espoir n'était pas perdu sur le front des inspections, bien que « le chef de la COCOVINU eût hésité à accepter la proposition de l'Irak – en raison, semble-t-il, de pressions américaines... ». Il pensait que les contacts allaient se poursuivre sur les plans politique et technique. Quelques jours plus tard, le 24 juillet, *Al-Hayat*, journal arabe publié à Londres, rapportait d'autres déclarations : le retour des inspecteurs devait être lié aux autres éléments des résolutions du Conseil de sécurité et se faire en partant de l'idée que « les recherches avaient été achevées dans la décennie passée ».

La position irakienne était déroutante. Aux États-Unis, il était de plus en plus question d'une intervention militaire. Alors même que nous étions à Vienne, le *New York Times* avait consacré un article à un plan d'invasion de l'Irak mis au point par le Pentagone. Si personne n'y fit allusion, tout le monde l'avait lu. C'était comme un coup de vent froid qui aurait dû faire fléchir les Irakiens. Or, pendant ce temps, ceux-ci persistaient à ne vouloir accepter une reprise des inspections que dans le cadre d'une « solution globale ». Saddam Hussein était-il mal informé ? Ou n'était-ce qu'une illustration des marchandages de bazar propres aux Irakiens ? À l'évidence, ils voulaient la garantie qu'il n'y aurait pas d'attaque armée s'ils acceptaient la reprise des inspections. S'ils n'étaient pas bien sûrs que la COCOVINU serait très différente de l'UNSCOM, sans doute voulaient-ils aussi la garantie que notre commission ne donnerait pas aux États-Unis des renseignements utilisables pour de futures attaques. Dans un entretien accordé le 24 juillet en Belgique, Naji Sabri évoqua ces deux éléments. Il aurait dû savoir, cependant, que jamais les États-Unis ne prendraient l'engagement de ne pas attaquer et que, même si j'étais décidé à empêcher le dévoiement de la COCOVINU, je ne pouvais donner de garantie à 100 %.

Par deux lettres successives de Naji Sabri au secrétaire général, au début d'août 2002, les Irakiens tentèrent de me faire venir à Bagdad afin d'y poursuivre des « discussions techniques ». Tout en laissant miroiter la possibilité de traiter des « arrangements pratiques », leurs propositions reposaient toujours sur la même prémisse : avant la reprise des inspections, il fallait convenir des problèmes de désarmement qui restaient en suspens. Le Conseil de sécurité n'ayant pas envisagé de limitation de l'éventail des problèmes dans le cadre d'un accord conclu entre l'Irak et la COCOVINU, mais s'étant au contraire réservé le droit de décider en dernière instance quels étaient les problèmes « clés » encore à résoudre, la procédure proposée était inacceptable. À diverses reprises, les Irakiens m'imputèrent le refus et l'expliquèrent par les pressions américaines sur moi. Ils se trompaient complètement. Je les avais trouvés évasifs à Vienne et j'avais eu le sentiment qu'ils persistaient dans une voie inacceptable. Un coup de froid ne leur ferait pas de mal et les rendrait plus demandeurs à l'égard des inspections avant la reprise de notre dialogue. Dans une lettre, l'Irak prétendit savoir que je me rendais tous les quinze jours à Washington pour consulter le département d'État. En fait, je n'y avais pas mis les pieds depuis le 18 juin et ne devais y retourner que le 4 octobre.

Le ton parut se durcir à propos des inspections. Dans une interview donnée à Bagdad le 27 août 2002, le vice-président irakien Taha Yassin Ramadan attribua la réponse négative de New York au « nouvel espion », Hans Blix, manipulé par les États-Unis. « Voici des années – ce n'est donc pas d'aujourd'hui – que nous affirmons que l'Irak ne possède pas d'armes de destruction massive et que les commissions d'inspection, qui sont en fait des commissions d'espionnage, ont accompli toutes leurs missions en Irak. Il ne reste rien en ce qui concerne la question du désarmement. »

Ce devait être une occasion perdue pour l'Irak. Ses dirigeants eussent-ils accepté purement et simplement l'inspection et réglé les détails techniques qu'ils auraient bénéficié d'un régime d'inspection un peu plus clément que celui que le Conseil de sécurité devait leur imposer quelques mois plus tard. De mon point de vue, cette issue n'était pas une mauvaise chose.

4

Des inspections, oui, mais comment ?

Mi-août à mi-septembre 2002 : invasion préventive ou inspection pacifique ?

De la mi-août à la mi-septembre mijota toute une mixture d'ingrédients, de courants et de contre-courants. Quelle était ma position ? Le 18 août, un journaliste de la BBC observa que tout indiquait que les États-Unis allaient entreprendre une action militaire contre l'Irak indépendamment du débat autour des inspections. Quel jugement portais-je sur la situation ? Que pensais-je de l'invitation reçue de Bagdad ? Y aurait-il la moindre inspection ?

Je répondis que si les Irakiens concluaient qu'une invasion était inévitable, ils pouvaient aussi bien conclure que les inspections antérieures étaient dénuées de sens. Mon sentiment était cependant que la crainte qu'ils eussent en leur possession des armes de destruction massive était un élément de poids et qu'assurer aux inspecteurs un libre accès pouvait jouer un rôle important. Que m'attendais-je à trouver en Irak ? « Je n'imagine pas du tout, répondis-je, que les Irakiens aient conservé des armes de destruction massive. Dans le même temps, il serait naïf de ma part d'en déduire qu'ils n'en ont rien fait… Aussi est-il important d'aller inspecter sur place. » Je n'avais donc aucune idée de ce que les Irakiens pouvaient avoir ? « Eh bien, nous écoutons […] ce que disent diverses organisations de renseignement, mais elles ne mettent sur la table aucune preuve, et notre travail serait d'aller aux divers endroits dont elles ont pu parler pour vérifier s'il y a quelque chose ou non. »

En septembre 2002 fut divulgué un document important : la *Stratégie de sécurité nationale des États-Unis d'Amérique.* Il approuvait la notion d'action préventive. Manifestement sous l'effet des attentats dirigés contre les États-Unis, il affirmait :

> Nous devons être prêts à arrêter ces États voyous et leur clientèle terroriste avant qu'ils ne soient capables de brandir ou d'utiliser des armes de destruction massive contre les États-Unis et leurs alliés et amis […].

Et, plus loin :

> Les États-Unis ne peuvent plus s'en remettre à une posture réactive comme nous l'avons fait par le passé.

> [...] Nous ne pouvons laisser nos ennemis frapper les premiers [...]
>
> Afin de soutenir les options préventives, nous allons
>
> • nous doter de capacités de renseignement intégrées de nature à nous donner des informations opportunes et exactes sur les menaces, d'où qu'elles viennent ;
>
> • travailler en étroite collaboration avec nos alliés afin de procéder à une évaluation commune des menaces les plus dangereuses ; et
>
> • continuer de transformer nos forces militaires afin de nous permettre de mener des opérations rapides et précises pour obtenir des résultats décisifs.

Dans ses discours des 26 et 29 août, le vice-président des États-Unis, Dick Cheney, avait clairement prôné une invasion préventive plutôt qu'une inspection pacifique. Dans le premier, il déclara :

> Le retour des inspecteurs ne garantirait en aucune façon que Saddam se soumette aux résolutions des Nations unies. Au contraire, le danger est grand qu'il nous procure un faux sentiment de sécurité en nous laissant croire que Saddam est retourné « au fond de sa boîte ».

À ses yeux, les transfuges étaient assurément une meilleure source. Selon lui, les informations recueillies auprès du gendre de Saddam Hussein passé en Jordanie et les documents obtenus dans sa « ferme de poulets » devaient rappeler « à tous que nous en avons souvent plus appris des suites de défection que par le régime d'inspection lui-même ».

Il se garda bien de signaler que lors de son débriefing, à Amman, en 1995, le transfuge en question, Hussein Kamel, avait dit avoir ordonné en 1991 l'élimination de toutes les armes de destruction massive et que, de fait, on n'avait guère trouvé d'armes sur des installations non déclarées. En revanche, Cheney ajouta : « Pour dire les choses simplement, il est hors de doute que Saddam possède aujourd'hui des armes de destruction massive [...]. »

Sa réflexion trahissait clairement l'impact des attentats terroristes contre les États-Unis. Il avança ensuite deux arguments qui devaient souvent resurgir dans les débats publics : « Le temps joue contre nous », et : « Les risques de l'inaction sont bien plus grands que les risques de l'action. »

S'agissant de l'action préventive, il précisa : « Si les États-Unis avaient pu prévenir le 11 septembre, nous l'aurions fait, sans doute possible. Si nous étions à même d'empêcher un nouvel attentat, encore plus dévastateur, nous le ferions, sans doute possible. »

Quant aux réactions de la « rue » arabe après une telle action, il dit, dans une formule qui a souvent été citée (et qui était elle-même une citation dont on peut penser qu'il l'approuvait) : « Les rues de Bassora et de Bagdad ne manqueront pas de "sauter de joie, comme les foules de Kaboul quand elles ont accueilli les Américains". »

De voyage en Europe dans la première semaine de septembre, je me rendis à Bruxelles, puis allai voir le ministre allemand des Affaires étrangères, Joschka

Fischer, dans son bus de campagne, et enfin Tony Blair à Londres. À cette date, tous paraissaient partisans d'une inspection plutôt que d'une invasion. De ma longue conversation avec Joschka Fischer, je retirai l'impression que le gouvernement allemand, comme la plupart des autres, était convaincu que l'Irak conservait des armes de destruction massive mais redoutait aussi qu'une invasion américaine en Irak ne déstabilisât toute la région.

En Grande-Bretagne, le Foreign Office parlait de donner à Saddam Hussein une date butoir pour accepter les inspections. L'idée paraissait sous-entendre qu'une action militaire serait lancée si les exigences n'étaient pas satisfaites. J'observe, dans ce contexte, que dans sa préface à un rapport de septembre 2002 Blair commençait par prôner l'inspection :

> Les inspecteurs doivent être autorisés à revenir et à accomplir leur tâche convenablement ; et [...] s'il [Saddam] refuse, ou s'il ne leur permet pas de faire leur travail comme il l'a fait dans le passé, la communauté internationale devra agir.

En Europe, mais aussi en Amérique, à l'exemple de Brent Scowcroft, ancien conseiller à la Sécurité nationale du père du président, de nombreuses voix appelèrent à la prudence. Quelques heures à peine après le discours du vice-président, le porte-parole du département d'État, Richard Boucher, expliqua : « Nous faisons notre maximum [...] pour obtenir le retour des inspecteurs en Irak. »

C'était à croire que l'administration américaine se faisait une vertu de parler de voix différentes. Les bruits de guerre de Washington, aurait expliqué l'ancien secrétaire d'État Henry Kissinger, augmentaient la probabilité que Saddam consente à des inspections systématiques, et l'objectif d'une lumière totale par les inspections n'était « pas accessible sans la menace de la guerre ». L'observation ne manque pas d'intérêt : la dissuasion par la discussion. Le 27 août, en Californie, le secrétaire à la Défense Donald Rumsfeld précisa que « le président n'a pas pris sa décision en ce qui concerne l'Irak. [...] Comme il se doit, une discussion, un débat, un dialogue se poursuit dans notre pays et dans le monde ».

Toutefois, Rumsfeld suggérant que l'administration n'était pas pressée de trancher pour ou contre une action militaire, il est tentant d'en déduire que le président s'était à cette date prononcé contre une intervention.

Tony Blair l'avait-il convaincu d'accepter une période d'action onusienne alors que l'armée, qui n'était pas encore prête pour une invasion, augmentait la pression ? Peut-être, au sein de l'administration américaine, certains espéraient-ils voir l'Irak repousser la reprise des inspections ou, s'il l'acceptait, multiplier les obstructions au point de justifier une intervention militaire. Une grosse question demeure : à ce stade, les États-Unis avaient-ils déjà fixé une date butoir pour la reprise des inspections ou le lancement d'une invasion ? Avant la saison chaude qui, en Irak, commence au mois d'avril ?

Sur la scène des Nations unies, à New York

Le jeudi 12 septembre, le secrétaire général des Nations unies et le président américain prirent l'un et l'autre la parole devant l'Assemblée générale. Kofi Annan fut le premier à intervenir et aborda les points chauds du moment. Traitant du multilatéralisme, il expliqua : « Choisir de suivre ou de rejeter la voie multilatérale ne doit pas être une simple affaire de convenance politique. Ce choix a des conséquences qui vont bien au-delà du contexte immédiat. »

Et de mettre en garde : une action militaire préventive – peut-être au nom de la contre-prolifération ? – ne serait pas forcément légitimée par le soutien des Nations unies.

> Tout État, s'il est attaqué, conserve le droit naturel de se défendre en vertu de l'article 51 de la charte. Au-delà, cependant, quand des États décident d'employer la force pour faire face à des menaces plus générales pour la paix et la sécurité internationales, il n'y a pas de substitut à la légitimité unique que donnent les Nations unies.

S'agissant de l'Irak, il ajouta : « Les efforts pour amener l'Irak à se plier aux résolutions du Conseil doivent se poursuivre. » L'acceptation des inspections dans le domaine des armements était vitale. « Si l'Irak persiste dans son attitude de défiance, le Conseil de sécurité devra assumer ses responsabilités. »

Le président Bush rappela à l'Assemblée générale des Nations unies comment, année après année, Saddam Hussein avait défié l'organisation. Il continuait à mettre au point des armes de destruction massive et menaçait l'autorité de l'ONU. Si le régime irakien souhaitait la paix, qu'il renonce sur-le-champ : qu'il révèle, retire ou détruise toutes ses armes de destruction massive. Bush promit que les États-Unis travailleraient avec le Conseil de sécurité mais que, si l'Irak restait défiant, le monde devait agir de manière concertée et décisive. Ce fut un discours énergique, qui reçut un accueil positif. Quant à nous, nous notâmes qu'un seul mot manquait : inspection.

Après ce discours, la plupart se dirent : parfait, les États-Unis ont choisi la voie multilatérale. D'autres n'en étaient pas si sûrs. Il était question d'une nouvelle résolution sur les inspections et d'aucuns pensaient que les États-Unis multiplieraient les exigences épineuses, au point que les Irakiens seraient forcés de dire non. Ce pouvait être la justification d'une action militaire.

Le dimanche 15 septembre, Kofi Annan me demanda de venir le voir aux Nations unies. Il me confia qu'il s'attendait à voir les Irakiens annoncer qu'ils acceptaient le retour des inspecteurs et voulait des discussions rapides à Bagdad ou à Vienne pour régler les détails pratiques. Formidable ! fis-je, et j'ajoutai que je souhaitais que les discussions eussent lieu à Vienne. Nous ne devions pas nous précipiter à Bagdad ni laisser croire au monde que les Irakiens avaient acquiescé de bon cœur à la reprise des inspections à seule fin de nous entendre dire que les conditions offertes n'étaient pas adéquates. C'est *nous* alors qui donnerions l'impression de bloquer les inspections ! Nous ne devions aller à Bagdad et offrir à l'Irak les bénéfices d'une inspection qu'une fois acceptées les dispositions pratiques qui nous étaient nécessaires : accès libre et total, droits d'atterrissage et quantité d'autres choses. Je savais, dis-je à Kofi Annan, que les États-Unis voulaient se débarrasser des « modalités sur les sites sensibles » que Rolf Ekeus avait adoptées, et même du mémorandum d'accord concernant l'entrée sur les sites présidentiels. De leur point de vue, c'étaient là deux façons de restreindre la liberté d'action des inspecteurs. Je refuserais de prêter aux « modalités » une valeur exécutoire, mais je ne pouvais rien s'agissant du mémorandum, approuvé par le Conseil.

Le lundi 16, dans l'après-midi, Kofi Annan reçut une lettre officielle de Naji Sabri l'informant de la décision d'« autoriser sans conditions le retour des inspecteurs des Nations unies ». C'était, ajoutait le document, « un premier pas vers l'assurance que l'Irak ne possède plus d'armes de destruction massive » et, fait tout aussi important, vers une « solution globale » à la question des sanctions et à d'autres problèmes. Le gouvernement irakien était prêt à discuter des « dispositions pratiques nécessaires à la reprise immédiate des inspections ». La lettre se référait aux appels des secrétaires généraux des Nations unies, de la Ligue arabe et d'autres, mais pas aux pressions militaires américaines ni aux bruits de guerre. J'eus l'impression, et j'en fus soulagé, que Kofi Annan avait incité les Irakiens à mentionner explicitement les arrangements pratiques.

Le mardi 17 septembre au matin, je téléphonai à l'ambassadeur d'Irak aux Nations unies, Mohamed Aldouri, pour lui suggérer d'engager aussitôt les discussions, en profitant de la présence à New York de quelques hauts dignitaires irakiens, notamment du général Hussam Amin, chef du Conseil national de surveillance, l'organisme irakien officiel chargé de suivre ce dossier. L'après-midi, dans mon bureau, la discussion fut positive. Je remis à mes interlocuteurs la liste des dispositions pratiques dont nous avions voulu discuter à Vienne ; et, comme ils n'étaient pas prêts à en discuter à New York, nous convînmes d'une rencontre à Vienne dans la semaine du 30 septembre. Cela nous laissait, à nous comme à eux, un peu de temps pour se préparer. Cet après-midi-là, le général Amin m'avait donné du « Votre Excellence ». J'avais l'impression d'avoir fait une belle carrière depuis 2001, date à laquelle Al-Sahaf, l'ancien ministre irakien des Affaires étrangères, m'avait qualifié de « détail dans un néant », et même depuis un mois, quand le vice-président irakien Ramadan m'avait traité d'« espion ».

Dès le jeudi 19, de manière officieuse, j'informai le Conseil de sécurité de nos préparatifs. Quand pourrions-nous commencer à Bagdad ? Dans environ deux mois, répondis-je. De fait, la prédiction se révéla bonne. C'était comme pour un avion qui attend sur le tarmac : avant de décoller, il faut passer en revue la *check-list* pour s'assurer qu'on est prêt à partir. Mais grâce à Dieu le temps ne nous était pas compté à ce point. Naturellement, nous nous étions préparés au décollage. Nous pouvions sans délai affréter un avion de transport et des hélicoptères, acheter une masse de matériel, etc. Pour avoir attendu deux ans et demi et consacré de gros efforts à la formation, nous avions désormais tous les hommes qui nous étaient nécessaires. Mais ils ne nous attendaient pas dans le couloir. Ils devaient prendre leurs dispositions pour quitter leur emploi normal, et cela demandait un peu de temps.

Les origines de la résolution 1441 (2002)

Le Royaume-Uni et les États-Unis ne regrettèrent pas que nos discussions avec l'Irak sur les questions pratiques fussent reportées. Ils préparaient une nouvelle résolution du Conseil de sécurité sur les inspections et, le moment venu, il faudrait en tenir compte dans nos dispositions. J'en avais conscience et je comptais soumettre ces dernières à l'aval du Conseil.

Le débat autour de cette nouvelle résolution continua dans les couloirs. Les Irakiens firent savoir qu'ils étaient contre et laissèrent entendre que l'invitation aux inspections était révocable si les conditions étaient modifiées. Ce qu'ils redoutaient particulièrement, c'était probablement une clause autorisant la force armée en cas de non-respect, ou quelque date butoir au-delà de laquelle le Conseil de sécurité devrait avoir constaté qu'il ne restait pas de problèmes de désarmement en suspens. Certains États avaient le sentiment qu'il n'y avait aucun besoin d'une nouvelle résolution et qu'on pouvait donc opérer sur la base des textes existants. Pour ma part, j'étais favorable à un nouveau document, et je n'en fis pas mystère. Alors que nous prenions un nouveau départ, dans une atmosphère beaucoup plus exigeante à l'égard de l'Irak qu'un an auparavant, quand avait été adoptée la résolution 1284, cela me semblait raisonnable ; ce serait une bonne chose que nous ayons de quoi empêcher toute reprise du petit jeu du chat et de la souris.

Dans la semaine du 23 au 27 septembre, on en sut davantage sur la teneur de la résolution envisagée et, vers la fin de la semaine, je reçus un projet qui me fit dresser les cheveux sur la tête. Il ressemblait davantage à un document du département d'État qu'à un document des Nations unies. De même que l'initiative américaine sur les « sanctions intelligentes » avait pris modèle sur l'étude d'une institution privée, ce projet semblait inspiré d'une étude du Carnegie Endowment for International Peace, qui, en avril 2002, avait organisé un atelier sur les inspections en Irak et, en août, avait consacré une publication à une « nouvelle approche ». D'ordinaire, j'avais beaucoup de respect pour cette institution, mais cette fois je ne pouvais souscrire à ses propositions.

L'ambition – louable – de l'étude était apparemment d'éviter la guerre en Irak en trouvant un compromis entre les tenants d'une invasion armée et d'une occupation de l'Irak et les partisans d'une reprise du système d'inspection onusien existant. Le résultat était une approche dite des « inspections coercitives ». Au nombre des participants à l'atelier figuraient quelques experts militaires et d'anciens inspecteurs de l'UNSCOM. Lisant le compte rendu de la réunion d'avril, certains passages n'avaient pas manqué de m'étonner :

> • La COCOVINU est un organe d'inspection faible qu'il convient de renforcer ou de remplacer.
>
> • Une *couverture* multilatérale donnerait une légitimité et procurerait un soutien international. De ce point de vue, les résolutions du Conseil de sécurité et l'unité du P5 sont cruciales. (C'est moi qui souligne.)

J'étais dérouté. Rolf Ekeus, ancien président exécutif de l'UNSCOM, avait été un membre éminent du groupe d'étude, mais il avait été aussi candidat à la présidence de la COCOVINU. Et voici qu'on lui attribuait ces propos : « La résolution 1284 souffrait d'une faiblesse criante : un système d'inspection affaibli. Il faut la jeter par la fenêtre ! » Voulait-il réellement devenir président d'une commission qu'il ne jugeait pas assez forte et dont le système d'inspection méritait d'être jeté aux orties ? La résolution 1284 avait-elle sacrifié le moindre droit dont pouvait se prévaloir l'UNSCOM ? Et Rolf Ekeus avait-il souhaité contribuer à gérer une *couverture multilatérale* apportant une légitimité ? Le rapport Amorim et certaines clauses de la résolution 1284 n'avaient-ils pas jugé nécessaire de renforcer la légitimité internationale de l'autorité d'inspection, qu'il avait été prêt à diriger, en insistant sur un large recrutement international plutôt que sur le recours à un personnel fourni gratuitement par certains États ? Si, au bout du compte, l'UNSCOM avait été non pas prolongée mais remplacée, n'était-ce pas précisément parce qu'elle avait perdu sa légitimité internationale en devenant beaucoup trop une « couverture multilatérale » ? Dans cette étude, Rolf Ekeus avait aussi signé un chapitre spécial recommandant le « soutien » des services secrets aux inspecteurs. Il avait expliqué qu'avec le concours de gouvernements qui l'épaulaient l'UNSCOM avait utilisé « divers systèmes d'écoutes internes pour soutenir les inspections », et que la tentation était grande pour les gouvernements en question d'utiliser le système à des fins qui sortaient du mandat. De fait, entre le 5 et le 15 janvier 1999, de nombreux médias américains avaient déjà largement rendu compte de ces activités. Et, jusque dans les médias suédois, des entretiens accordés le 29 juillet 2002 par Rolf Ekeus avaient montré comment ces écoutes électroniques avaient dérapé et comment l'UNSCOM était devenue une « couverture multilatérale ».

S'agissant de la première mouture de ce qui, six semaines plus tard, allait devenir la résolution 1441, j'avais de sérieuses réserves sur les traits suivants :

> • Tout membre permanent du Conseil de sécurité peut recommander à la COCOVINU et à l'AIEA des sites à inspecter, des personnes à interroger [...] et des

données à recueillir, et *recevoir un rapport sur les résultats.* (C'est moi qui souligne.)

• Tout membre permanent du Conseil de sécurité peut demander à être représenté dans une équipe d'inspection avec les mêmes droits et protections accordés aux autres membres de l'équipe.

• [La COCOVINU et l'AIEA] bénéficieront de *bases régionales et de bases opérationnelles à travers l'Irak.* (C'est moi qui souligne.)

• [La COCOVINU et l'AIEA] auront le droit d'établir des zones d'exclusion, sans vol ni circulation, et/ou des couloirs de transit au sol ou aérien [qui seront sous le contrôle de] forces de sécurité des Nations unies *ou d'États membres.* (C'est moi qui souligne.)

Que se passerait-il, me demandais-je, si les représentants des cinq membres permanents du Conseil de sécurité (le P5) dans les équipes d'inspection n'étaient pas d'accord au cours d'une mission ? On retrouvait le même problème qu'avec la « pentarchie » proposée – mais pas par les États-Unis – au secrétariat de la COCOVINU. De toute évidence, le P5 serait habilité à « recommander » des sites à inspecter, la forme de l'inspection, etc., et à recevoir ensuite un rapport. Par ailleurs, tout indiquait que les « forces » de sécurité des Nations unies pourraient être épaulées par celles d'États membres, et pas uniquement les cinq permanents. Ce n'était certainement pas la mission que j'avais consenti à diriger. Je n'imaginais pas que le P5 l'avalise.

Ce projet dans mes bagages, je pris l'avion pour Vienne afin d'y discuter de dispositions pratiques avec les Irakiens.

Les dispositions pratiques

Les discussions de Vienne durèrent deux jours : lundi 31 septembre et mardi 1er octobre. Une fois encore, la place devant le Centre international était envahie par les correspondants des chaînes de télévision et des radios. Il était déroutant de voir l'opinion s'intéresser à des problèmes tels que l'inspection sans entrave des « sites sensibles », les points d'atterrissage de nos avions à Bagdad, etc. Les médias commençaient à se dire que c'étaient les inspections ou la guerre.

Avant que ne commence la réunion officielle, lundi matin, Mohamed El-Baradei et moi-même devions remettre à la délégation irakienne – le général Amir Al-Sa'adi, le général Hussam Amin et l'ambassadeur Saïd Hassan – une courte note dans laquelle nous suggérions à l'Irak de s'abstenir de demander l'application des « modalités » et du mémorandum d'accord sur les sites présidentiels. Les discussions furent difficiles, mais jamais désagréables. Notre principale règle était de conserver les procédures utilisées avec succès par l'UNSCOM.

J'avais craint que les Irakiens, invoquant diverses raisons de sécurité, n'exigent que notre avion se pose à une centaine de kilomètres de Bagdad, comme celui de l'UNSCOM y avait été contraint. Une solution fut cependant trouvée, qui nous permit d'utiliser le grand aéroport international de Bagdad quand nous arrivions ou quittions l'Irak, ainsi que l'aéroport Rachid pour les hélicoptères. Là encore, tout se passa très bien. Nous n'eûmes guère de difficultés sur quantité d'autres points. En revanche, il fut plus difficile de se débarrasser des « modalités » de Rolf Ekeus et Richard Butler régissant l'inspection des sites sensibles ; toutefois, aidés par un contexte de fortes pressions politiques et militaires, nous eûmes gain de cause. Ainsi ne restait-il plus aucun sanctuaire et seuls étaient soumis à un accord spécial les sites présidentiels. Nous en fûmes réduits à consigner notre proposition de mettre ces sites sur le même plan que les autres. Le feu vert nous fut refusé également sur divers autres points comme les vols de surveillance, les entretiens sans « anges gardiens » ou la sécurité dans les zones d'exclusion aérienne.

Certaines observations des Irakiens n'avaient pas laissé de me dérouter. Dans ce climat de haute tension, ils avaient suggéré que les « anges gardiens », qui escortaient les inspections hors des heures de travail régulières, soient rémunérés par la COCOVINU pour leurs heures supplémentaires. Ils seraient plus « enthousiastes ». J'objectai que c'était aux Irakiens de veiller à leur enthousiasme.

De retour à New York, nous fîmes un bref compte rendu au Conseil de sécurité le jeudi 3 octobre. Les membres se dirent ravis du résultat et réclamèrent un document écrit sur toutes les conclusions auxquelles nous étions parvenus à Vienne. Nous le préparâmes et, comme à Vienne nous n'avions pas pris la peine de mettre au net une telle liste, nous l'envoyâmes aux Irakiens pour confirmation. Sur quelques points, les réponses que nous devions recevoir n'étaient pas entièrement satisfaisantes : par exemple concernant les opérations aériennes dans les zones d'exclusion, les entretiens, les vols de surveillance et les antennes régionales.

Du côté irakien, on avait maintenant le sentiment d'avoir aidé à clarifier tous les détails pratiques, que les inspections devaient commencer sans délai et, surtout, dans le cadre juridique des résolutions existantes, non pas sous quelque nouveau régime. Pour notre part, nous n'étions pas encore prêts à dépêcher des hommes et du matériel. Et nous étions aussi au courant des négociations en cours sur une nouvelle résolution. Il aurait été maladroit de commencer des inspections sous un régime pour découvrir, au bout de quelque temps, qu'il fallait le modifier à la suite d'une nouvelle résolution. La situation eût été pire encore si nous avions commencé les inspections et que les Irakiens rejetaient le nouveau régime adopté.

L'élaboration d'un projet de résolution. Discussion à Washington

Le 3 octobre au matin, Mohamed El-Baradei et moi-même avions donc fait notre exposé devant le Conseil de sécurité ; dans l'après-midi, les ambassadeurs du P5 me rejoignirent dans mon bureau pour parler de la résolution. Je leur dis mon sentiment qu'une nouvelle résolution pouvait marquer un nouveau chapitre et aider à éviter que ne reprenne le jeu du chat et de la souris. Le lendemain, nous étions invités au département d'État, à Washington. À la réunion principale participaient bon nombre de sommités américaines : Colin Powell, Condoleezza Rice, Paul Wolfowitz, ainsi que des hommes en uniforme comme le général Peter Pace, vice-président des chefs d'état-major des armées, des personnes du Conseil de la sécurité nationale et de la vice-présidence. Pour ma part, j'étais venu accompagné de Dimitri Perricos et de mon assistant exécutif, Jarmo Sareva, diplomate finlandais chevronné et imperturbable qui avait succédé à Olof Skoog. L'AIEA, quant à elle, était représentée par Mohamed et par le chef de son groupe Action, Jacques Baute, spécialiste du nucléaire, par une conseillère juridique, Laura Rockwood, ainsi que par le chef de son antenne new-yorkaise, Gustavo Zlauvinen.

Colin Powell me demanda de présenter mes vues sur la façon de renforcer le régime d'inspection. Je me réjouis des efforts accomplis et me fis un plaisir d'avancer quelques commentaires et suggestions :

• On ne pouvait dire que les droits des inspecteurs dans le régime existant étaient faibles ou devaient être confirmés. Par exemple, les inspecteurs pouvaient entrer au siège des forces de sécurité et dans les ministères. Depuis 1994, pourtant, on avait trouvé des informations mais peu de matériel. Malgré les transfuges et les satellites, leurs secrets étaient bien gardés.

• Nous étions demandeurs de nouvelles dispositions qui nous aideraient à empêcher que reprenne le jeu du chat et de la souris et à obtenir des informations crédibles.

• Juridiquement, nous pouvions commencer les inspections sans aucune résolution nouvelle, mais il serait plus pratique d'attendre de savoir si un nouveau texte allait nécessiter des dispositions pratiques supplémentaires. Il pouvait aussi régler quelques problèmes que nous n'avions pas réussi à démêler à Vienne.

• Le consensus au sein du Conseil de sécurité était vital. Gérer les inspections avec la moitié du Conseil de notre côté et l'autre contre nous serait dommageable.

• Une clause prévoyant le recours à la force en cas de non-respect serait précieuse. L'Irak n'avait bougé que sous la pression militaire ; il fallait la maintenir. Il faisait fi des sanctions économiques.

• Pourquoi les Irakiens avaient-ils demandé – et essuyé un refus de notre part – un délai d'au moins 15 minutes avant de laisser entrer les inspecteurs dans des « sites sensibles » ? Était-ce suffisant pour cacher des armes ? Était-ce une question de dignité ?

• Nous serions ravis que les sites présidentiels soient placés sur le même plan que les autres.

• Nous n'aimions pas l'idée d'attacher des escortes aux inspections. En cas d'incident entre des unités irakiennes armées et nos escortes en armes, cela pourrait faire l'effet d'un fil tendu en guise de traquenard et forcer la main des gouvernements. Ce serait une sorte de demi-occupation sans réel pouvoir. Mieux valait avoir des forces dans la région, mais hors d'Irak.

• J'étais favorable – pour l'avoir moi-même avancée – à l'idée d'exiger une nouvelle déclaration. Le système reposait sur le principe « ils déclarent, nous vérifions », et pas simplement « ils ouvrent leurs portes et nous fouillons ». S'ils avaient quelque chose d'autre à cacher, sans doute pouvaient-ils trouver une nouvelle « ferme de poulets », mais avaient-ils encore des armes de destruction massive ? Al-Sa'adi l'avait nié, ajoutant qu'elles seraient des armes d'autodestruction.

• Nous devions pouvoir accéder librement aux personnes et réclamions le droit de conduire des entretiens privés. En revanche, recevoir des transfuges dans nos locaux de Bagdad serait problématique : comment les faire sortir ?

• Les cinq membres permanents du Conseil de sécurité – comme les autres États – étaient actuellement en position de faire aux inspecteurs toutes les « recommandations » qu'ils souhaitaient concernant les sites à inspecter ou les personnes à interviewer ; en revanche, les rapports devaient être adressés au Conseil, non aux différents États, et le renseignement devait fonctionner essentiellement à sens unique.

• Avoir des « représentants » du P5 dans les groupes d'inspection des Nations unies serait imprudent et marquerait un renversement de l'approche consacrée par la résolution 1284, qui s'était donné pour objectif de renforcer l'identité onusienne des équipes en question. Probablement les représentants du P5 rendraient-ils compte à leurs autorités de tutelle des sites militaires visités ? L'UNSCOM avait été trop proche des gouvernements et avait fini par perdre son identité et sa légitimité onusiennes.

• Le Conseil de sécurité était libre de déterminer le modèle d'inspection de son choix. En juin 1950, il avait recommandé aux États membres de mettre des forces à la disposition d'un commandement unifié américain pour livrer la guerre de Corée (résolution 84). Libre à lui de confier le travail d'inspection au P5, mais alors l'inspection ne devrait pas être considérée comme une opération de l'ONU.

Mohamed El-Baradei souligna à son tour que l'unité du Conseil de sécurité était vitale pour amener l'Irak à coopérer, et que préserver la légitimité requérait une identité onusienne. S'ensuivit une vive discussion avec Condoleezza Rice et Paul Wolfowitz, qui défendirent des lignes assez dures. Le second me demanda si je ne croyais pas que l'Irak avait des armes de destruction massive. Je répondis que j'avais lu le document récent publié par le gouvernement britannique – celui qui affirmait que l'Irak pouvait déployer des ADM dans un délai de 45 minutes. Je l'avais trouvé bon, mais j'avais été frappé de voir qu'il ne cessait de dire « les renseignements suggèrent… » ou « les renseignements disent… ». Ce n'étaient pas des preuves.

Après la réunion, Colin Powell, Condoleezza Rice, Mohamed El-Baradei et moi-même poursuivîmes la discussion un moment. Colin Powell laissa entendre que les États-Unis pourraient fournir plus de renseignements s'ils avaient la certitude que l'information ne serait pas compromise. Une plus forte présence au cœur de la COCOVINU pourrait arranger les choses. Je répondis que nous serions transparents quant à notre façon de traiter les renseignements reçus des États-Unis, mais qu'il n'était pas question pour nous de devenir une extension de la CIA. Je me demandais s'il comprenait que, si je devais faire entrer un Américain dans mon cabinet pour s'occuper des renseignements, tout le monde déclarerait aussitôt : « Voici que les États-Unis investissent la COCOVINU. » Peut-être se demandait-il de son côté si je comprenais l'importance d'une telle présence pour le Pentagone.

Ce fut comme toujours une discussion courtoise et professionnelle. Pour finir, Colin Powell nous raccompagna jusqu'à la sortie où nous attendaient quantité de journalistes et où nous fîmes quelques commentaires. Je lui dis au revoir et montai dans une grosse Volvo que l'ambassadeur de Suède, Jan Eliasson, avait envoyée me chercher pour prendre un verre chez lui. En partant, je me dis que Colin Powell avait dû avoir des pensées aimables à mon endroit ce jour-là. Non seulement je partais en Volvo, sa marque de voiture préférée, mais j'avais aussi apporté des arguments solides contre diverses lignes du projet de résolution qui avaient dû troubler le département d'État. La plupart de ces lignes furent retirées par la suite. Probablement les membres du Conseil de sécurité avaient-ils joué un rôle à cet égard, mais sans doute y avais-je contribué.

Colin Powell à New York, le 17 octobre. Igor Ivanov à Moscou, le 22 octobre

Une quinzaine de jours après la grande réunion de Washington, Colin Powell était à New York. Il me demanda de venir le voir à l'hôtel Waldorf Astoria. Les signaux que je recevais alors de la presse et de mes interlocuteurs étaient contradictoires. Pour certains, les États-Unis faisaient semblant de s'intéresser aux

Nations unies, et les plans de guerre étaient déjà bouclés. Pour d'autres, le projet de résolution avançait. Selon moi, la pression militaire croissante et la préparation d'une intervention armée n'excluaient pas nécessairement la volonté d'obtenir une solution pacifique. Si c'était cela que voulaient les États-Unis, il faudrait des inspections musclées. Le projet de résolution dont nous avions débattu à Washington était extrême et il était douteux qu'il puisse même rallier une majorité au Conseil de sécurité. D'après ce que j'avais su de la suite des négociations, les États-Unis avaient abandonné les clauses absurdes – et inapplicables – sur les inspections onusiennes dirigées par les cinq membres permanents du Conseil de sécurité. Ils étaient aussi prêts, m'étais-je laissé dire, à s'accommoder d'une clause embrouillée sur les conséquences d'un non-respect qui leur permettrait de décider une action unilatérale s'ils le jugeaient nécessaire.

Je quittai les Nations unies pour retrouver Colin Powell, une demi-heure, en tête à tête. Il me dit que les États-Unis voulaient sérieusement une solution sans forces armées et me fit comprendre combien il importait maintenant de renforcer nos plans et notre appareil d'inspection. Les États-Unis nous aideraient de toutes les façons possibles. Je lui expliquai que nos préparatifs étaient très avancés, mais me gardai de lui promettre des progrès rapides au-delà de ce que nous avions prévu.

Quelques jours après mon entrevue avec Colin Powell, j'étais à Moscou pour une conférence sur la non-prolifération. Igor Ivanov, le ministre des Affaires étrangères, m'invita à venir le voir. Sans doute n'avait-il pas reçu les toutes dernières moutures de la résolution envisagée, mais je le vis réagir plus vigoureusement encore que je ne l'avais fait à la lecture de la première version. Tout en souscrivant à nombre de ses commentaires, j'attirai son attention, comme je l'avais fait avec les Américains à Washington, sur certains aspects et clauses que je croyais pouvoir être utiles.

Visite à la Maison-Blanche, le mercredi 30 octobre 2002

Le lundi 28 octobre, dans la matinée, Mohamed El-Baradei et moi-même évoquâmes devant le Conseil de sécurité les aspects pratiques du projet de nouvelle résolution. Pour ma part, je me félicitais de cette exigence d'une nouvelle déclaration et de la clause qui nous ouvrirait l'accès aux sites présidentiels sur les mêmes bases que les autres sites. En revanche, j'avais des doutes et des réserves sur quelques dispositions. Pourquoi indiquer que nous devions choisir comme inspecteurs les meilleurs experts disponibles ? N'était-ce pas ce que nous faisions ? À part moi, je me disais que cette clause anodine, apparemment redondante, devait être le fruit de suggestions faites par des personnes convaincues que le système passé de l'UNSCOM, avec des experts mis gratuitement à sa disposition par les grands États occidentaux, était supérieur au système onusien de recrutement sur une large base géographique. Je n'allais pas me battre à ce sujet, mais cela me contrariait. Voulait-on un système d'inspection onusien ou une couverture des Nations unies pour une opération occidentale ?

Dans la soirée, Colin Powell m'appela. Nous parlâmes de la résolution et il me dit qu'il serait bon que je rencontre le président. Dans la journée du mardi, tout fut organisé : Mohamed El-Baradei et moi-même serions reçus mercredi par George W. Bush à Washington.

La Maison-Blanche commence à s'activer de bonne heure. Le jour dit, à 8 heures 30, une camionnette vint nous chercher à l'hôtel pour nous conduire à l'aile ouest. Cette fois, je n'eus pas à passer par les diverses procédures élaborées normalement nécessaires pour y pénétrer.

Alors que les autres membres de notre équipe patientaient en attendant de nous retrouver, on nous conduisit d'abord, Mohamed et moi, jusqu'au vice-président Cheney. C'est lui qui parla le plus clair du temps, donnant l'impression d'un chef de l'exécutif solide et sûr de lui – même trop sûr de lui. En parlant du monde en général, son point de départ était toujours les intérêts des États-Unis en matière de sécurité, assura-t-il. Quant aux inspections, on ne pouvait les poursuivre éternellement si elles ne donnaient pas de résultats. Les États-Unis étaient « prêts à discréditer les inspections en faveur du désarmement ». Une manière assez directe, me dis-je, de nous faire comprendre que si nous ne trouvions pas bientôt les armes de destruction massive que possédait l'Irak – les États-Unis étaient convaincus de ce point, sans savoir où elles pouvaient être cachées –, les Américains seraient disposés à dire que les inspecteurs étaient inutiles et à se lancer dans le désarmement par d'autres moyens. J'observai qu'il y avait des limites à ce que les inspections pouvaient faire, nous le savions, et qu'il était difficile de trouver des objets enfouis sous terre ou mobiles si nous n'avions pas de renseignements. Néanmoins, on pouvait contrôler les industries et les installations militaires, avoir nos entrées partout et surveiller le pays. De toute évidence, cet entretien n'était pas conçu comme un échange de vues. Peut-être visait-il simplement à nous prévenir.

Nous fîmes quelques pas pour nous rendre chez le président, qui nous accueillit très chaleureusement et se dit honoré de nous recevoir. Ses manières contrastaient fortement avec la façon mesurée qu'avait son vice-président de parler et de bouger. Il nous fit l'impression d'un jeune homme, se déplaçant avec agilité et changeant souvent de position sur son siège. Il nous expliqua que les États-Unis voulaient sincèrement la paix. Affectant une certaine modestie, il ajouta que, contrairement à ce qui se disait, il n'était pas un Texan mal dégrossi et que les États-Unis n'étaient pas non plus des va-t-en-guerre. Ils laisseraient le Conseil de sécurité débattre d'une résolution, mais pas très longtemps. Il évoqua la Société des nations. Puis il ajouta que les États-Unis nous faisaient confiance, à El-Baradei et à moi-même, et nous soutiendraient de toutes leurs forces. Je répondis que nous étions sensibles à ce soutien, qui était essentiel à la réussite de l'entreprise.

Ce ne fut pas une conversation sur le fond, et vraisemblablement tel n'était pas son objectif. J'en conclus qu'il s'agissait plutôt de nous démontrer – surtout avec Dick Cheney, Condoleezza Rice et Paul Wolfowitz apparemment d'accord avec Colin Powell – que les États-Unis, pour l'instant tout au moins, étaient attachés à une approche multilatérale et souhaitaient sincèrement avancer avec l'ONU. C'était une façon d'affirmer qu'ils étaient maintenant avec nous, malgré les propos peu amènes que Dick Cheney et d'autres membres de l'administration avaient tenus sur les inspections. Par la suite, le porte-parole de la Maison-Blanche, Ari Fleischer, déclara que le président entendait souligner à quel point son pays était désireux de travailler avec les inspecteurs pour s'assurer qu'ils étaient capables de désarmer Saddam Hussein. Plus tard, selon l'agence Associated Press, un officiel ajouta que, « emboîtant le pas à Blix, l'administration assouplit son exigence selon laquelle les chercheurs irakiens ayant travaillé sur des programmes d'armements devaient être interrogés hors du pays. La révision approuverait ces entretiens, sans insister sur eux ». En réalité, l'attitude américaine ne devait pas changer sur ce point. Le moment venu, Colin Powell déclara que la disposition était une autorisation, non pas une instruction. Reste qu'il est peu de points sur lesquels la divergence entre les États-Unis et nous fut aussi persistante.

Quittant le bureau du président, nous nous rendîmes dans celui de Condoleezza Rice, où Colin Powell et Dick Cheney nous quittèrent. Au début, l'entretien se déroula seulement entre Mme Rice, son bras droit, Mohamed et moi. Et cette fois il y eut un véritable échange de vues. Elle nous dit comprendre que nous tenions à conserver notre légitimité onusienne et que tel était aussi le souci des États-Unis. Elle parut même saisir notre point de vue, selon lequel les renseignements devaient en principe circuler à sens unique. Elle nous expliqua que son pays avait quantité d'idées sur la façon dont nous devrions faire notre travail et sur les moyens de nous « aider ». L'une d'elles ne laissa pas de nous inquiéter : les États-Unis, dit-elle, avaient maintenant décidé de confier la lourde tâche de désarmer l'Irak aux Nations unies. Aussi fallait-il un « accord philosophique sur la façon de s'y prendre », peut-être des lettres d'accord sur certains arrangements pratiques. Je ne relevai pas la suggestion. Je pensais que, s'il pouvait y avoir des « arrangements », y compris par écrit, entre nous et les gouvernements qui nous soutenaient, par exemple en nous prêtant du matériel ou en nous fournissant des services, comme les U2, un « accord philosophique » était une autre affaire. Notre base « philosophique » résidait dans les résolutions du Conseil de sécurité et il ne pouvait être question de la compléter par des accords bilatéraux. Par la suite, les Américains essayèrent en effet de s'entendre avec nous sur la meilleure façon de mener à bien notre tâche, mais, comme on le verra, nous repoussâmes nombre de leurs avances et il n'y eut jamais le moindre accord à ce sujet.

Après une discussion assez serrée entre nous quatre, Paul Wolfowitz et nos collègues venus de New York nous rejoignirent dans le petit bureau de la conseillère à la Sécurité nationale. La question fut posée de faire sortir des chercheurs d'Irak et de les interroger à l'étranger. Wolfowitz expliqua que ce serait une sorte d'assignation à comparaître. Il suffisait de dire aux Irakiens qu'ils devaient accepter que nous les fassions sortir. Je soupçonnais, répondis-je, que ces hommes nous diraient qu'ils ne voulaient pas quitter leur pays, sachant que des parents y resteraient exposés à des représailles. Ou suggérait-il que nous adressions des assignations à des gens comme Tarek Aziz ?

Où se situaient les États-Unis sur la voie du désarmement par les inspections ? Peut-être n'était-ce pas la bonne question. Il y avait eu et il y avait toujours différentes positions. Peut-être certains espéraient-ils que l'on ne parviendrait pas à s'entendre sur une résolution. Le président avait prévenu que les Américains n'attendraient pas longtemps les Nations unies et avait évoqué la SDN. D'autres pensaient sans doute que les Irakiens ne tarderaient pas à refuser de satisfaire à certaines des obligations que leur imposait une résolution, surtout si celle-ci pouvait être rendue particulièrement draconienne. Quelle que fût la position des diverses factions, nous savions cependant ce que nous avions à faire et, pour l'instant, les États-Unis soutenaient les inspections.

Deux jours après ma visite à Washington, le 1er novembre, l'ambassadeur d'Irak aux Nations unies, Mohamed Aldouri, me rendit visite. Je lui fis part de mon sentiment : on nous avait invités à Washington pour nous dire que les États-Unis avaient choisi la voie de l'ONU et s'engageaient de tout leur poids dans le processus d'inspection. Bush avait déclaré qu'il préférait de beaucoup une solution pacifique, mais restait ferme quant à l'absolue nécessité de désarmer l'Irak. J'ajoutai que la patience américaine avait sans doute des limites et qu'il était souhaitable de prendre un bon départ. Il fut ensuite question de la déclaration, et l'ambassadeur se dit très préoccupé, soupçonnant qu'il s'agissait du « véritable déclic caché ». Et s'il n'y avait rien à déclarer ? Je répondis que la déclaration devait être plausible et crédible. Que l'Irak examine donc ses stocks et ses entrepôts. Plaisantant avec lui et faisant allusion à la « ferme de poulets » truffée de documents du général Kamel, le transfuge, je lui dis qu'ils pouvaient trouver un ranch de chameaux. Il partit en riant jaune.

Novembre 2002 : adoption de la résolution. Les idées américaines en matière d'inspection

Le 8 novembre, le Conseil de sécurité adopta la résolution 1441. La délégation syrienne ayant été autorisée à la dernière minute à la voter, elle fut adoptée à l'unanimité. Le texte était sans détour : bien que l'Irak fût en infraction par rapport à des résolutions antérieures, on lui accordait une dernière chance. Il était sommé de coopérer activement, sans délai ni conditions, avec les inspecteurs. Tout nouveau « manquement » conduirait le Conseil à « examiner la situation ainsi que la nécessité du respect intégral » – ce qui, en langage diplomatique, signifiait qu'une action armée devenait alors possible. Il subsistait néanmoins de graves différences d'interprétation, notamment entre la France et les États-Unis. La France ne donna son consentement que dans l'idée qu'il fallait un rapport des inspecteurs pour constater un « manquement aux obligations en matière de désarmement ». Je suis certain que plusieurs autres membres du Conseil de sécurité partageaient cet avis. Ils n'entendaient pas signer un chèque en blanc. Mais ce sont les Français qui montèrent en ligne. Pour les Américains, cette contrainte n'était pas inscrite dans le texte.

À la satisfaction générale, les divergences d'interprétation passèrent au second plan : le Conseil s'était exprimé d'une seule voix et avait montré sa force. Si le texte avait été légèrement édulcoré en comparaison de la première mouture anglo-américaine, qui avait envoyé des ondes de choc, il s'agissait encore d'une résolution draconienne qu'aucun État n'eût acceptée à moins d'être sous la menace directe d'une attaque armée. Pour faire bonne mesure, elle déclarait que toutes les dispositions pratiques que Mohamed El-Baradei et moi-même avions énumérées dans notre lettre conjointe aux Irakiens avaient valeur de loi. Il n'était plus nécessaire de discuter avec eux ! Ce fut la première – et probablement la dernière – fois de ma vie qu'une lettre de ma plume se vit conférer valeur de loi universelle.

L'Irak allait-il accepter la résolution dans le délai d'une semaine qui lui était accordé ? Peut-être certains, du côté américain, espéraient-ils que non. Le 13 novembre, cependant, l'Irak répondit par une longue lettre oscillant entre la colère et la lamentation, pour finalement conclure qu'il allait « s'occuper » de la résolution.

Du jour où l'Irak avait déclaré qu'il acceptait les inspections, nous avions accéléré les préparatifs. Une question qui aurait pu être problématique avait été réglée très rapidement : la base depuis laquelle nous nous rendrions dans le pays. L'UNSCOM avait pris l'habitude de réunir ses équipes au Bahreïn pour les acheminer de là jusqu'à Bagdad. Nous y avions encore les locaux, mais les discussions sur le renouvellement de l'ancien accord entre le Bahreïn et l'UNSCOM avaient traîné en longueur. Je ne crois pas que les difficultés soulevées par le Bahreïn étaient une façon de dire non, mais le temps pressait et je choisis d'essayer une autre option. Je me tournai vers Chypre. L'île avait une longue expérience des missions onusiennes et, de fait, son ministre des Affaires étrangères et son représentant à New York, l'ambassadeur Sotos Zackheos, nous aidèrent à trouver un accord pour faire de Larnaka notre base et le point de chute de notre avion. La plupart de nos agents qui devaient se rendre à

Bagdad venant de pays occidentaux, la solution était commode. Le moment venu, nous lui découvrîmes aussi un avantage supplémentaire : la route aérienne Larnaka-Bagdad nous épargnait le problème de la traversée des zones d'exclusion aérienne anglo-américaines.

Si dès le commencement, au début de 2000, les États membres nous avaient aidés, ils nous avaient largement laissé le soin de préparer les futures inspections avec les conseils de notre Collège des commissaires. Nous comptions envoyer quelque deux cents personnes à Bagdad et former en outre des équipes d'une dizaine d'inspecteurs chacune – des équipes de biologistes, de chimistes ou de spécialistes de missiles ainsi que des équipes pluridisciplinaires. Si, pour une mission donnée, nous avions besoin d'un effectif plus important, nous pourrions toujours associer plusieurs équipes ordinaires. Nous avions prévu un certain nombre d'hélicoptères avec une quarantaine de personnes pour les piloter. Nous avions également passé commande d'ordinateurs, de matériel de communication, y compris des lignes sûres, et ainsi de suite. Nous connaissions bon nombre de sites que nous voulions inspecter et savions quelles questions nous souhaitions poser.

Les États-Unis ayant décidé de soutenir les inspections, nous comptions sur eux pour nous tendre une main secourable ; très vite, cependant, nous en arrivâmes à craindre que leur étreinte ne fût un peu trop généreuse. Par des voies diverses, nous avions appris comment ils pensaient maintenant – un peu tard – que nous devions faire notre travail. Déjà, des membres de l'administration expliquaient à la presse américaine que nous allions suivre leurs recettes. Dans le *New York Times* (10 novembre 2002), Steven Weisman expliqua que les inspecteurs prévoyaient de « tester très vite les intentions de Saddam Hussein en exigeant une liste complète des sites d'armements et en vérifiant si elle correspondait avec une liste de plus de cent sites prioritaires établis par les experts occidentaux ». Vraiment ?

Le même journaliste expliqua que, « au sein de l'administration, beaucoup préféreraient de loin une rebuffade claire et nette de la part de Saddam Hussein plutôt que de le voir coopérer. [...] Il importe d'aller vite, disent les experts militaires, parce que les mois plus frais de l'hiver, qui se termine en février-mars, sont le moment optimal pour une attaque contre l'Irak ». Toutefois, exiger un accès rapide à des sites hautement sensibles semblait un peu problématique : « Les experts [américains] disent que les inspecteurs ne sauraient aller vite au point de donner l'impression d'une provocation délibérée envers l'Irak. » Les conseillers venus de Washington à New York ne nous dirent pas tout cela, mais ils avaient beaucoup de conseils à nous donner – pour certains utiles.

Une idée était l'approche dite « du haut vers le bas ». Nous devions lancer des inspections au plus haut niveau, dans les ministères par exemple, et demander à nos experts d'examiner les ordinateurs pour découvrir ce qui se passait et où trouver les choses.

Quelqu'un observa qu'il n'était pas nécessaire de nous apprendre à gober un œuf ! Pour ma part, j'en tirai la conclusion que les États-Unis eux-mêmes ne savaient pas où se cachait ce qu'ils cherchaient. Qui plus est, j'aurais cru que les Irakiens avaient compris en 1991 que les ministères n'étaient pas un lieu sûr pour les documents ou les archives dès lors qu'il y avait des inspecteurs dans les parages. Je ne pouvais non plus me défaire d'un léger soupçon, confirmé par l'article cité plus haut, qu'il y avait là une arrière-pensée : à défaut de documents intéressants, au moins fallait-il essayer de provoquer les Irakiens – voire d'obtenir qu'ils nous refusent l'accès. Nous n'excluions pas de viser au sommet, mais nous avions d'autres priorités ; par ailleurs, si nous étions ravis qu'on nous recommande des sites, nous choisissions nous-mêmes et, pour des raisons évidentes, il n'était pas question de dire à qui que ce fût sur quels sites se portaient nos choix.

Une autre suggestion était d'inonder les Irakiens de si nombreuses inspections qu'ils ne pourraient plus réellement nous contrôler. À cette fin, nous aurions dû doubler les effectifs de nos inspecteurs à bref délai. Ce qui n'était pas réellement envisageable. Aux yeux d'un géant militaire capable de mobiliser des centaines de milliers d'hommes dans le Golfe en l'espace de quelques mois, nous devions paraître ridicules. Toutefois, nos plans, auxquels nous devions nous tenir pour ne pas nous retrouver en plein chaos, n'étaient pas prévus pour un tel accroissement. Matériel, logement, transport : il aurait fallu tout revoir. Nous voulions aussi former nous-mêmes la totalité de nos hommes. Je répétais que nous devions apprendre à marcher avant de courir. Et que de toute façon nous ne réussirions pas à déborder nos anges gardiens. L'espèce était nombreuse en Irak. Au cours de l'une de mes visites à Bagdad, je déplorai que, dans certaines inspections, il y eût dix accompagnateurs pour un inspecteur, et le Dr Al-Sa'adi reconnut que le rapport normal devait être de un pour un. Ils avaient de la réserve.

Nous admettions tout à fait que, pour que les États-Unis consentent à nous donner des renseignements, ils devaient avoir l'assurance que ceux-ci seraient utilisés en toute sécurité. Leur méthode préférée eût été d'avoir des hommes de confiance dans notre organisation. Nous ne pouvions l'accepter. Notre indépendance était partie intégrante de la légitimité que le Conseil de sécurité avait réclamée. Notre responsable du renseignement était Jim Corcoran, professionnel canadien connu de nombreux services. Nous avions confiance en lui, et il expliquerait aux Américains comment nous veillerions sur la sécurité des renseignements. À ce jour, je n'ai eu aucun signe qu'il ait été fait mauvais usage des renseignements reçus.

Nous repoussâmes aussi les demandes de « partage » de nos renseignements avec quelque service secret que ce fût, ainsi que les propositions d'opérations conjointes. Ces activités, nous le savions, avaient donné de bons résultats au début des années 1990, mais, ce faisant, les services secrets avaient progressivement investi l'UNSCOM au point de précipiter sa chute. Nous étions disposés, bien entendu, à fournir assez d'informations aux services secrets pour leur permettre de savoir ce dont nous avions besoin et à assurer un certain « feedback » sur les résultats acquis du fait des renseignements obtenus. Par exemple, comment devions-nous agir si nous trouvions quelque chose sur un site qu'ils nous avaient indiqué ? Il ne serait jamais facile de faire la part des choses. Ce que nous savions, en revanche, c'était que la ligne avait été très mal tracée dans le cas de l'UNSCOM. Quand on sait le nombre de renseignements qui se sont révélés erronés, peut-être est-ce une bénédiction qu'ils ne nous en aient pas donné davantage. Nous allions en effet découvrir que les sites indiqués par les services secrets ne recelaient pas d'armes de destruction massive.

En public comme en privé, aucune question ne fut davantage débattue que l'idée de faire témoigner à l'étranger des Irakiens soupçonnés de posséder des informations intéressantes. J'ai déjà évoqué ce problème. Alors que les entretiens, d'une manière générale, étaient un outil important, je n'ai jamais jugé que l'idée de faire sortir des gens d'Irak était réaliste. À un moment, j'ai même pensé qu'on voulait simplement faire de nous une agence onusienne qui faciliterait les défections jugées souhaitables et réalisables par les services secrets américains. Je déclarai publiquement que notre tâche n'était pas d'organiser des enlèvements ou des défections. Quand je fis valoir au cours d'une réunion qu'il pouvait y avoir un « accident » si les Irakiens s'apercevaient que nous essayions de faire monter quelqu'un dans notre avion, j'eus droit à cette réponse d'un expert américain : « De toute façon, la plupart de ces types se sont consacrés à la production d'armes de destruction massive. » Cette réflexion ne m'incita pas à suivre la voie proposée. Je parlai de cette idée à d'autres gouvernements et à d'autres services secrets : nulle part elle ne trouva d'écho. Les États-Unis étaient prêts à promettre l'asile à l'informateur ainsi qu'à sa famille – si elle était d'une taille raisonnable, soit une dizaine de personnes – sous réserve que son nom figurât sur une liste américaine. Si le gouvernement irakien ne voulait vraiment pas le laisser partir, les États-Unis lui diraient que, certes, il pouvait s'en aller avec ses enfants et ses frères et sœurs, mais il avait bien une tante à Kirkouk ou un oncle à Bassora, n'est-ce pas ?... Toutefois, peut-être n'était-ce qu'une provocation dans l'espoir que l'Irak regimberait et qu'on pourrait ainsi constater une violation de la résolution 1441.

Paris – Larnaka – Bagdad – Londres – New York, 15-23 novembre 2002

Le 15 novembre, je quittai New York pour Paris, accompagné de Torkel Stiernlöf, redevenu mon assistant exécutif, et d'une équipe de CNN. À Paris, nous eûmes de rapides entrevues avec Dominique de Villepin et ses conseillers, dont l'ancien représentant, très capable, de la France aux Nations unies, Jean-

David Levitte, qui partait pour Washington. J'eus également l'occasion de rencontrer le ministre mexicain des Affaires étrangères, Jorge Castaneda, dont le père, qui avait également occupé ce poste et était un excellent spécialiste de droit international, avait été un vieil ami. Nous nous rendîmes ensuite à Bagdad en faisant escale à Larnaka.

Le dimanche 17, à notre arrivée à Bagdad, c'était la cohue générale dans l'aéroport. Une estrade avait été dressée, où nous étions censés prendre la parole, mais il nous fut impossible d'y accéder tant la foule de journalistes qui nous entourait était nombreuse. J'expliquai à la presse que nous n'étions venus que pour une seule raison : le monde voulait la garantie qu'il n'y avait pas d'armes de destruction massive en Irak. Si l'on avait eu cette assurance en 1991, l'Irak se fût épargné une décennie de sanctions. J'espérais que cette fois serait la bonne. Je promis que nous allions assurer des inspections « efficaces ». Sans quoi elles ne seraient pas crédibles.

Nous fûmes confortablement logés au dernier étage de l'hôtel Al-Rachid. Le lundi 18, le Dr Al-Sa'adi ouvrit les discussions avec une pointe d'insolence, déclarant que les Irakiens avaient espéré notre venue un mois plus tôt, dès qu'ils avaient accepté les inspections. Je répondis que nous aurions aimé venir beaucoup plus tôt encore. Après ces piques, nous commençâmes à discuter de la façon dont nous allions organiser notre coopération dans le cadre des résolutions qui s'imposaient à eux comme à nous. Il fallait concilier les délais fixés par la résolution 1284 de décembre 1999 avec ceux de la nouvelle résolution. De leur côté, cependant, le principal souci était la déclaration exigée de l'Irak en vertu du paragraphe 3 de la résolution 1441.

Pour ma part, il y avait plusieurs détails pratiques que je tenais à régler. Nous souhaitions dès maintenant le concours des Irakiens pour installer un bureau à Mossoul, dans le nord du pays ; nous voulions davantage de place pour nos bureaux de l'hôtel Canal ; et il y avait encore divers points à aplanir concernant les cartes d'identité de notre personnel. Je désirais aussi qu'on s'entende pour qu'il n'y ait pas de cirque médiatique au cours des inspections. Cette fois, il était patent que l'Irak voulait que les médias suivent les allées et venues des inspecteurs. Qu'il laisse donc entrer autant de journalistes qu'il le voulait sur son territoire, cela ne nous regardait pas. Sur les sites inspectés, en revanche, nous ne tolérerions pas la moindre présence médiatique. Pour permettre à nos interlocuteurs irakiens de se préparer, je les prévins aussi que nous allions demander une liste de toutes les personnes ayant par le passé travaillé sur des programmes d'armements.

Le mardi 19, nous eûmes d'abord un entretien avec le ministre des Affaires étrangères, Naji Sabri, puis d'autres réunions avec nos partenaires irakiens. Après un rapide exposé au corps diplomatique sur le démarrage des opérations, nous rencontrâmes toutes les agences des Nations unies qui avaient des bureaux à l'hôtel Canal et ailleurs à Bagdad. Je tenais à leur démontrer que nous faisions partie du système onusien et que nous allions coopérer avec lui. Leurs objectifs étaient humanitaires, mais le nôtre – éliminer les armes de destruction massive – ne l'était pas moins. Nous étions logés à la même enseigne. Lors d'une conférence de presse organisée au siège des Nations unies – par nous, cette fois-ci, pour qu'un minimum d'ordre fût assuré –, j'annonçai que la première équipe d'inspecteurs arriverait vers le 25 et que la première inspection était prévue pour le 27. Interrogé à propos de la déclaration et de la difficulté pour l'Irak de rendre des comptes concernant de si nombreux produits sur de si longues périodes, jc répliquai que « produire du gaz moutarde n'est pas la même chose que produire de la marmelade. On garde trace de la quantité produite et de ce qu'on en fait ».

Avant de regagner New York, nous fîmes escale à Londres. Tony Blair m'avait demandé de venir le voir. Il se montra aimable mais, apparemment, il ne comptait pas voir l'Irak déclarer grand-chose. Il appartiendrait aux inspecteurs, craignait-il, de chercher, et il y avait un risque que les Irakiens recommencent à jouer au chat et à la souris.

La première inspection eut bien lieu le 27 novembre, soit vingt-cinq jours avant la date fixée par la résolution. En l'espace d'une semaine, nous en avions réalisé vingt, dont celle du palais Al-Sajoud, site présidentiel au bord du Tigre. Quand Dimitri Perricos se présenta sur place avec son équipe d'inspecteurs, on refusa de les laisser entrer tout de suite. Perricos commença à s'énerver – la colère monte assez facilement au nez de cet inspecteur grec chevronné, qui a été le pilier de l'AIEA en Irak en 1991 et plus tard en Corée du Nord. Au bout de dix minutes, il retourna vers sa jeep, téléphone en main. Aussitôt les portes s'ouvrirent. Les inspecteurs purent entrer et examiner ce qui était en fait un luxueux palais pour les hôtes du président. Par routine, les inspecteurs photographient tout ce qu'ils voient, histoire de pouvoir vérifier, une autre fois, qu'il n'y a pas eu de changement. Ils cherchent divers types de matériel et, souvent, prélèvent des échantillons de sol, de liquides ou de poussière à analyser. Dans cette maison d'hôte, il n'y avait pas d'archives, pas de classeurs ni de stocks d'armes chimiques ou biologiques, pas de matériel sensible à marquer, mais des quantités de marmelade dans les réfrigérateurs…

Il était hors de doute que les innombrables sites et bâtiments présidentiels pouvaient abriter des labos ou des entrepôts illégaux, surtout s'ils étaient à l'abri des recherches. De fait, l'inspection de ces sites avait été une question sensible tout au long de la période de l'UNSCOM : du point de vue irakien, y pénétrer portait atteinte à la souveraineté et, ce qui était peut-être plus important encore, à la dignité du chef de l'État, c'est-à-dire du président lui-même. Un mémorandum d'accord avait cependant tranché la question ; et la nouvelle résolution avait réglé définitivement le problème en décrétant que ces sites ne jouissaient d'aucun privilège spécial. Il n'y avait plus ni sanctuaires ni sites privilégiés.

Après notre inspection du palais Al-Sajoud, le vice-président Ramadan déclara que nous avions cherché à les provoquer, à les pousser à se rendre coupables d'un manquement à une résolution selon lui « truffée de mines ». Il déplora aussi que nous ayons refusé la présence de journalistes au cours des inspections. Cependant, Dimitri Perricos affirma que nous obtenions des résultats. Par exemple, on s'était assuré de l'existence d'une douzaine d'obus irakiens au gaz moutarde dans une installation située en plein désert et déjà connue.

Le rythme des inspections s'accélérait effectivement. Plus de personnel et plus de matériel, c'était aussi plus d'inspections sur davantage de sites. Tout se passait remarquablement bien, mais ce n'était qu'un début. Les hélicoptères de transport et de surveillance n'étaient pas encore là, les laboratoires destinés à analyser les échantillons prélevés sur les sites pour déterminer s'ils contenaient la moindre trace d'agents chimiques ou biologiques pas encore installés. Alors que certains membres de l'administration Bush assuraient que nous manquions de personnel, à Noël nous comptions sur la présence à Bagdad d'une centaine d'inspecteurs.

Mais, dans la capitale, nul ne s'affairait davantage que les Irakiens : ils préparaient la déclaration qu'ils devaient soumettre avant le 8 décembre.

5

La déclaration de décembre

Une clause essentielle de la résolution 1441 exigeait que l'Irak remît une « déclaration à jour, exacte et complète sur tous les aspects de ses programmes de développement d'armes » interdites, ainsi que sur « tous les autres programmes chimiques, biologiques et nucléaires servant à des fins autres que la production d'armes ou les équipements militaires ».

La description détaillée de ce que l'Irak devait signaler, sans omettre aucun « aspect », était aussi longue que le délai accordé était bref – trente jours. Une lourde sanction était prévue dans l'éventualité où cette exigence ne serait pas entièrement satisfaite : « De fausses informations ou des omissions [...] constitueront une nouvelle violation patente des obligations de l'Irak », qui pourrait conduire à de « graves conséquences », autrement dit à une intervention armée.

L'objectif de la nouvelle déclaration

La notion de déclaration volontaire est aussi fondamentale en matière de contrôle d'armements que dans le domaine fiscal. En principe, l'inspecteur en désarmement ou l'inspecteur des impôts n'a pas à vérifier ce que vous possédez. Vous savez quelles informations il réclame, et vous en disposez : c'est donc à vous de rassembler toutes les données pertinentes, et de les lui soumettre pour examen. Vous déclarez, l'inspecteur vérifie. Il est vrai que, dans bien des cas, les inspecteurs des impôts ne se contentent pas de s'assurer que vos calculs sont justes. Ils cherchent à contrôler, par différents moyens, que vous avez bien déclaré tout ce qui devait l'être. Les inspecteurs en désarmement n'agissent pas autrement. Ils peuvent ainsi demander des renseignements à des pays exportateurs, examiner des images satellites à la recherche de signes révélant la construction de nouvelles usines d'armements ou le développement d'installations anciennes, ils peuvent se rendre sur des sites que leur ont indiqués non seulement l'État soumis à inspection, mais également des transfuges ou des services secrets. La déclaration n'en demeure pas moins fondamentale. Et elle l'a été dans le cas de l'Irak.

Après la guerre du Golfe, en 1991, il avait été prévu que l'Irak présenterait des déclarations détaillées, que les inspecteurs les vérifieraient et que tous les produits et entreprises prohibés seraient éliminés, sous le contrôle des inspecteurs. Le Conseil de sécurité lèverait ensuite les sanctions économiques infligées à l'Irak et ne maintiendrait qu'une surveillance à long terme destinée à empêcher toute relance de la production d'armes interdites. Les choses ne s'étaient pas passées aussi bien que prévu. L'analyse des déclarations avait, certes, donné des résultats non négligeables, et l'on avait enregistré un certain succès dans la localisation des programmes et dans la destruction d'armes et d'installations. Mais alors que les inspecteurs s'efforçaient de repérer les sites et procédaient à des interrogatoires, on avait également joué au chat et à la souris pendant huit ans. Les déclarations étaient erronées et lacunaires. On en avait donc réclamé de nouvelles, aboutissant ainsi à une succession de déclarations « complètes, définitives et exhaustives » – dont personne ne pouvait croire qu'elles l'étaient. Tout cela ressemblait fort à un jeu de dupes.

Dans ces conditions, était-il raisonnable d'exiger, à l'automne 2002, une nouvelle déclaration exhaustive avant la reprise des inspections ? J'étais d'avis que oui. Pendant l'été 2002, au moment où Kofi Annan discutait, à Vienne, avec les Irakiens, j'avais laissé entendre à ces derniers qu'une telle déclaration pourrait être utile si l'on voulait prendre un « nouveau départ ». Je me disais que, si les Irakiens acceptaient une reprise des inspections – et à cette date le « si » était de taille –, ce serait dans l'espoir d'obtenir un résultat positif, ce qui les obligerait à revenir sur leurs déclarations et leurs méthodes passées. Une nouvelle déclaration devrait dresser la liste de tous les stocks d'armes et d'autres produits interdits et révéler toutes les activités proscrites. Si leur souci était de ne pas perdre la face, ils pourraient toujours prétendre, j'en étais convaincu, que tel ou tel général avait dissimulé le matériel en question.

En faisant figurer la demande de nouvelle déclaration dans la résolution du Conseil de sécurité, les États-Unis avaient peut-être une autre idée en tête. Comme la plupart des États, ils croyaient dur comme fer que l'Irak possédait des armes et d'autres articles qui auraient dû être déclarés. Si les Irakiens en convenaient, fort bien. Mais l'administration Bush ne s'attendait certainement pas à ce que l'Irak obtempère. Ce qu'elle voulait, c'était un moyen de prouver qu'il violait les directives du Conseil de sécurité. Réclamer une déclaration contenant des informations exhaustives et n'accorder à l'Irak que fort peu de temps pour la préparer permettrait de déclencher le piège, conduisant à des violations flagrantes, lesquelles justifieraient à leur tour de « graves conséquences ». Ce calcul, s'il a véritablement existé, n'aura pas été très efficace. Les États-Unis ont pourtant cherché à faire valoir, juste avant la guerre notamment, que certains articles découverts (mais qui n'avaient pas été dissimulés) auraient dû faire l'objet d'une déclaration. Bien plus tard, David Kay, l'inspecteur en chef des États-Unis dans l'Irak occupé, a accusé ce dernier d'avoir violé la résolution sous prétexte qu'il n'avait pas déclaré certains équipements à double usage. Mais je dois avouer que ma vision optimiste des choses ne s'est pas concrétisée non plus. J'espérais en effet que la déclaration permettrait aux Irakiens de faire de nouvelles révélations et de prendre un nouveau départ. Or elle n'a réglé aucune question majeure en matière de désarmement. En revanche, elle a produit une masse de travail et de paperasse considérable, une sacrée pagaille, et une bonne dose de ressentiment.

Comment l'Irak pouvait-il répondre de manière satisfaisante à la demande de nouvelle déclaration ?

Au cours des discussions informelles qui s'étaient déroulées au Conseil de sécurité avant l'adoption de la résolution de novembre, j'avais souligné qu'un pays doté d'une importante industrie pétrochimique risquait d'avoir du mal à fournir en trente jours une description complète de tous ses programmes chimiques à objectifs pacifiques. Une telle exigence me paraissait démesurée. Mon objection rencontra une certaine bienveillance. Le texte ne fut pas modifié, mais l'ambassadeur américain admit que, pour cette partie de la déclaration, on pouvait tolérer un certain retard.

En novembre 2002, après l'adoption de la résolution, je me rendis à Bagdad avec Mohamed El-Baradei pour préparer le terrain en vue des premières inspections. Nos homologues irakiens nous demandèrent alors comment nous pouvions raisonnablement attendre d'eux toutes les informations réclamées en aussi peu de temps. Il n'était pas facile de leur répondre. S'il restait effectivement de nombreux articles interdits et si les Irakiens en avaient connaissance, ils n'auraient certainement pas grand mal à les déclarer. Le cas échéant, le monde se flatterait évidemment d'avoir eu raison et d'avoir prouvé que l'Irak avait bel et bien menti par le passé. Par ailleurs, des doutes continueraient à peser sur l'exhaustivité de la déclaration. Une telle évolution permettrait cependant d'espérer découvrir un jour le fin mot de l'affaire et éloignerait les risques d'intervention armée.

Si, en revanche, il ne restait pas grand-chose, voire rien à déclarer, les Irakiens auraient bien du mal à trouver et à présenter des preuves solides à l'appui de leurs allégations. Sans ignorer les difficultés que pouvaient rencontrer les Irakiens, nous n'avions pas l'intention, ni Mohamed ni moi-même, de leur offrir le plus petit conseil susceptible de leur fournir de nouvelles échappatoires. Aussi avons-nous répondu que nous n'étions pas habilités à donner la moindre explication au nom du Conseil de sécurité. Nous avons tout de même précisé qu'il nous semblait que ce dernier accorderait certainement la priorité à la déclaration des armes de destruction massive. Que l'Irak fouille ses entrepôts et ses stocks. S'il ne déclarait rien, on lui réclamerait une documentation plus complète. Pour les programmes n'entretenant que des liens très lointains avec l'armement, peut-être pourrait-il dresser une liste en précisant les sites concernés, et noter qu'il était prêt à fournir de plus amples informations sur simple demande.

Comment le Conseil de sécurité peut-il éviter de favoriser la prolifération ?

La résolution 1441 du Conseil de sécurité demandait à l'Irak de remettre sa déclaration à la COCOVINU, à l'AIEA et au Conseil. Qu'y avait-il là d'extraordinaire ? Rien sans doute, si ce n'est que cette déclaration était censée contenir un certain nombre de « recettes » – des informations précises sur la fabrication de certaines armes de destruction massive. Les déclarations antérieures de l'Irak n'avaient pas été remises au Conseil, mais uniquement aux inspecteurs. Cette fois, c'était le président du Conseil de sécurité qui devait réceptionner le texte, dont il distribuerait des exemplaires aux quinze membres, sans exception. Tous pourraient ainsi, entre autres, apprendre à fabriquer l'agent VX, l'arme chimique la plus moderne et la plus meurtrière qui soit, et s'initier aux méthodes employées par l'Irak pour mettre au point l'arme nucléaire. Par ailleurs, un document remis à quinze États avait d'excellentes chances de se retrouver rapidement sur Internet. Le Conseil, qui s'était fixé pour mission d'empêcher la prolifération des armes de destruction massive, risquait ainsi de se trouver devant la perspective atroce de la favoriser !

Cela faisait un certain temps que nous cherchions à attirer l'attention de différents membres du Conseil sur ce problème. Mais il ne fut abordé qu'au cours d'une réunion informelle, le vendredi 6 décembre – deux jours avant la remise des documents. Il y fut beaucoup question de différentes conventions faisant obligation aux États – dont, bien sûr, les membres du Conseil de sécurité – de ne pas contribuer à la prolifération.

On me demanda si, après examen des textes, la COCOVINU et l'AIEA pourraient, au nom du Conseil, en retrancher les passages les plus dangereux. Pourquoi pas, répondis-je, si le Conseil nous demande de le faire. Après discussion, nous nous mîmes officieusement d'accord sur la solution suivante : la COCOVINU et l'AIEA étudieraient de près les textes présentés par l'Irak et exerceraient un droit de censure. Une fois ce travail achevé – ce qui prendrait forcément un certain temps –, la version expurgée serait remise à tous les membres du Conseil.

La nouvelle de cet accord provoqua une levée de boucliers de la part des États-Unis. Des inspecteurs de l'ONU se permettraient de décider de ce que Washington avait le droit de lire ?! Les esprits étaient en ébullition. Pourquoi, nous demanda-t-on, ne pas transmettre, dès son arrivée à New York, le texte contenant les fameuses « recettes » au P5, les cinq grandes puissances, membres permanents du Conseil de sécurité, dont on pouvait penser qu'elles les connaissaient déjà ? Les dix membres élus n'auraient qu'à attendre la version expurgée, convenant mieux à ces esprits « innocents ». Le samedi matin, je refusai de faire une croix sur l'accord de la veille et de remettre, dès le dimanche, la déclaration irakienne au P5. Je rappelai que j'étais au service de l'ensemble du Conseil de sécurité. Celui-ci m'avait donné des directives lors de sa dernière réunion et je m'y tiendrais. Je ferais cependant ce que le président du Conseil, agissant au nom de celui-ci, me demanderait de faire.

On assista pendant tout le week-end à un chassé-croisé d'appels téléphoniques. Colin Powell et d'autres ministres des Affaires étrangères travaillèrent sans dételer. Il s'agissait de convaincre tous les membres non permanents d'accepter qu'on ne leur remette pas le texte intégral de la déclaration irakienne. Le président du Conseil – l'ambassadeur et ancien ministre colombien de la Justice Alfonso Valdivieso – se trouvait dans une position délicate, tout comme, j'en suis sûr, le président de son pays, à Bogota. Il m'annonça finalement qu'on était parvenu à un accord : les cinq membres permanents conseilleraient la COCOVINU et l'AIEA sur les passages qu'il convenait, selon eux, de retrancher. Ce qui imposait bien sûr qu'ils se voient distribuer le texte dès son arrivée. Les dix membres élus attendraient quelque temps pour obtenir la version expurgée avec le concours du P5. Un des membres du Conseil, la Syrie, s'était farouchement opposée à cette disposition, mais on l'ignora. Elle refusa plus tard de commenter un texte que certains membres avaient pu lire intégralement alors que d'autres n'en avaient vu qu'une version censurée. Cette décision de faire deux poids deux mesures provoqua le ressentiment durable de tous les représentants des dix membres élus, vexés de se voir traités en États de second rang. L'ambassadeur de Russie, Sergueï Lavrov, résuma bien les choses en déclarant que la procédure avait été mauvaise, mais le résultat satisfaisant.

Distribution de la déclaration irakienne aux membres du Conseil de sécurité

La remise de la déclaration irakienne ne fut pas une mince affaire. Le document était attendu à Vienne et à New York le dimanche 8 décembre, et les Irakiens nous avaient fait remarquer que s'ils devaient l'apporter eux-mêmes à New York cela leur ferait perdre plusieurs des précieuses trente journées mises à leur disposition pour monter le dossier. À la différence des Irakiens, rien ne nous empêchait de partir de Bagdad par avion, et certains membres de notre équipe devaient justement quitter l'Irak le dimanche 8 décembre. Nous avons donc proposé de prendre livraison du texte à Bagdad le samedi 7 décembre et de l'apporter nous-mêmes à New York, le dimanche. Un de nos collaborateurs, Surya Sinha, un excellent juriste qui avait toujours fait preuve d'un grand discernement dans les opérations auxquelles il avait participé, assura le transport des sacs contenant les documents de Bagdad à New York. Il était accompagné et assisté par un agent de sécurité des Nations unies, Eric Brownwell, un homme expérimenté. Tous deux étaient jeunes et solides, des qualités indispensables si l'on songe que la déclaration qu'ils avaient dans leurs bagages à main couvrait quelque 12 000 pages. Ce précieux chargement fut transporté de Bagdad à Chypre dans notre avion personnel le dimanche matin puis, sans le moindre incident, via Athènes et Francfort, jusqu'à New York. À l'aéroport, nos deux hommes furent accueillis par les services de sécurité des Nations unies et conduits directement au siège de l'ONU.

Nous avions été avertis, Dimitri Perricos et moi, qu'il faudrait que nous nous trouvions dans nos bureaux, au siège de l'ONU, pour prendre livraison des sacs. À 20 heures 25, quand nous arrivâmes au complexe des Nations unies, le hall était plein de cameramen et de journalistes. Faute de sacs à photographier, ils durent se contenter de nous. N'ayant pas grand-chose à leur dire, nous fûmes fort soulagés de voir surgir Surya et Eric quelques minutes plus tard, fatigués mais portant les sacs tant attendus, d'aspect assez banal, qui furent immortalisés sur-le-champ par des dizaines d'appareils photo. L'acte suivant, qui échappa à la curiosité des journalistes interdits de séjour à l'intérieur du secrétariat, fut l'arrivée dans notre bureau de deux autres jeunes gens. Ils étaient chargés de prendre le relais et de transporter le sac adressé au Conseil de sécurité jusqu'à sa prochaine destination. Il s'agissait de M. Bye, un secrétaire de la mission britannique, un homme sympathique et compétent, et de M. Duffy, un secrétaire de la mission américaine, tout aussi sympathique et compétent. La Grande-Bretagne étant chargée ce mois-là de la coordination au sein du P5, M. Bye devait se voir remettre la version non expurgée de la déclaration au nom des cinq membres permanents. Quant à M. Duffy, il avait pour mission d'organiser le transport de la déclaration par hélicoptère jusqu'à Washington, où des copies de l'intégralité des 12 000 pages seraient rapidement réalisées pour être distribuées au P5.

Le maître de cette cérémonie exceptionnelle, le président du Conseil de sécurité, Alfonso Valdivieso, n'était pas encore arrivé. Nous l'attendîmes devant les sacs, posés par terre au milieu de mon bureau comme de grosses pépites d'or. Finalement, le représentant permanent de la Colombie et ses conseillers arrivèrent – épuisés, me sembla-t-il, après avoir passé trente-six heures postés à côté du téléphone et avoir entretenu d'innombrables conversations, pas forcément très agréables. En présence de collaborateurs de la COCOVINU, je plaçai symboliquement la main du président sur le sac adressé au Conseil, qu'il me chargea de confier au représentant du P5, M. Bye. Flanqué de son collègue américain, M. Bye disparut avec le sac, à la satisfaction des grandes puissances et à la fureur rentrée des dix membres élus du Conseil.

Je ne me suis jamais renseigné sur la capacité logistique de Washington à reproduire 12 000 pages en cinq exemplaires, ou plus. Mais au vu de la facilité avec laquelle les fuites de documents en tout genre se produisent dans cette ville, une telle aptitude me paraît tout à fait avérée. Les possibilités des Nations unies, en revanche, étaient limitées, et nous ne l'ignorions pas. Heureusement, nous avions du personnel capable de résoudre ce genre de problèmes. La COCOVINU avait été chargée de déterminer, dans un délai très bref, ce qu'il convenait de retrancher. Si nous voulions nous mettre à la tâche sans tarder, il nous fallait plusieurs exemplaires du texte pour en distribuer différentes parties à un certain nombre de collaborateurs, qui se consacreraient immédiatement à sa lecture, à son analyse et, dans certains cas, à sa traduction de l'arabe. Nous disposions en la personne d'Igor Mitrokhine, ex-officier de l'armée russe qui avait fait partie de l'UNSCOM, d'un analyste et d'un ancien inspecteur très qualifié dans le secteur chimique. C'était en même temps un homme doté d'un remarquable sens pratique. Le lundi soir, le service commercial qu'il avait engagé à New York pour effectuer les copies sous sa surveillance lui avait remis les exemplaires nécessaires, et notre personnel était au travail.

Analyse de la déclaration. Mon rapport au Conseil le 19 décembre 2002

Le corps du texte de la déclaration couvrait quelque 3 000 pages, 5 000 autres représentant des documents annexes en arabe. Les capitales du P5 nous transmirent en temps voulu leurs suggestions en matière de censure, tout en nous assurant qu'il ne s'agissait là que de recommandations et que notre jugement l'emporterait. Cela n'avait peut-être rien de surprenant. Après tout, la nécessité de nous « conseiller » n'avait été qu'un subterfuge destiné à mettre les cinq membres permanents – et surtout Washington – en possession immédiate du texte intégral de la déclaration irakienne. Nous n'en fûmes pas moins soulagés de constater que nous n'aurions pas à perdre un temps précieux à essayer de concilier des points de vue différents sur les passages à retrancher. Au demeurant, à en juger par les avis donnés, les divergences n'étaient pas très importantes.

Le texte « expurgé » prit sa forme définitive dans la soirée du lundi 16 décembre, au terme d'une semaine de travail. Le lendemain, des copies en furent réalisées pour chacun des quinze membres du Conseil. Il avait été jugé inutile de distribuer une grande partie des annexes en arabe. Le texte reproduit pour chaque destinataire comptait tout de même près de 3 500 pages et fut mis à la disposition de tous les membres dans nos bureaux, le mardi 17 décembre au soir. Il ne restait donc aux dix membres non permanents qu'un jour pour en prendre connaissance avant que je n'en fasse le commentaire, le 19 décembre, lors d'une réunion informelle du conseil. C'était évidemment trop court pour qu'ils puissent le transmettre à leurs capitales.

La précipitation imposée aux Irakiens se reflétait dans leur document, dont le plan n'était pas irréprochable. Certains éléments y figuraient à deux reprises, l'un se retrouvait même à cinq endroits différents. Le simple volume de ce document devait certainement mettre les Irakiens à l'abri de toute accusation de mauvaise volonté, ce qui ne m'empêchait pas d'y déceler une certaine agressivité. Vous nous réclamez trop d'informations ? Tenez, prenez ça et débrouillez-vous. Ces liasses de papier contenaient, pour une large part, la copie de déclarations adressées à l'UNSCOM au cours des années qui avaient précédé le départ des inspecteurs à la fin de 1998. Les informations nouvelles – dont certaines étaient tout à fait utiles – concernaient pour l'essentiel le développement des missiles et des travaux de biologie effectués à des fins pacifiques entre 1998 et 2002. De toute évidence, les Irakiens n'avaient pas vu dans cette déclaration la possibilité de prendre un nouveau départ et de révéler des vérités longtemps dissimulées. Ce document tenait davantage du rabâchage de données anciennes, non vérifiées. Fallait-il y voir une nouvelle dérobade ? Après nous avoir ainsi livré quelques documents inédits et certaines pièces qu'ils avaient refusé de transmettre à l'UNSCOM, les Irakiens prétendaient avoir désormais les mains vides. Nous doutions de leur sincérité, mais nous ne pouvions rien prouver.

Prenant la parole devant le Conseil le 19 décembre, je notai que le chapitre consacré aux recherches biologiques était, pour l'essentiel, le remaniement d'une déclaration présentée à l'UNSCOM en septembre 1997. Dans le domaine chimique, le texte reposait sur une déclaration remontant à 1996, moyennant quelques mises à jour. La partie consacrée aux missiles reprenait largement le contenu d'une déclaration de 1996, actualisée, là encore. Je fis savoir au Conseil que l'examen préliminaire de la déclaration irakienne n'avait pas fourni dc documents ni de preuves permettant de résoudre des problèmes de désarmement encore en suspens. En même temps, je relevai que, bien que plusieurs gouvernements aient affirmé disposer d'éléments convaincants contredisant la déclaration irakienne, la COCOVINU ne pouvait, faute de preuves, ni confirmer ni réfuter les allégations irakiennes. J'ajoutai que l'ouverture des portes en Irak – plutôt satisfaisante, il fallait en convenir – ne suffisait pas. Les déclarations devaient être étayées par des documents ou par d'autres éléments de preuve. C'était le seul moyen de les vérifier. Je terminai mon exposé en expliquant que l'accroissement de l'arsenal d'instruments mis à la disposition de la COCOVINU ne pouvait pas garantir la découverte de l'intégralité des articles et des activités que l'Irak était susceptible de nous cacher. Toutefois, grâce à l'autorité considérable accordée à la COCOVINU et au soutien d'un Conseil de sécurité uni, ces outils rendraient toute tentative de dissimulation plus difficile.

L'ambassadeur américain, John Negroponte, affirma que l'Irak n'avait pas su saisir la chance qui lui était offerte, que cette déclaration était une insulte au Conseil de sécurité et que l'absence de données devait être considérée comme une somme d'omissions. Il releva, plus particulièrement, le manque d'informations sur les installations mobiles et sur l'acquisition d'uranium, et fit observer que ce document niait toute relation entre les avions sans pilote (UAV) et la dispersion d'agents biologiques. Il en concluait que l'Irak était toujours en infraction matérielle et ne respectait pas ses obligations. (Après l'occupation de l'Irak, il s'est avéré que les installations mobiles auxquelles faisait allusion l'ambassadeur Negroponte étaient sans doute destinées à la production d'hydrogène et non à des armes biologiques. Quant à l'allusion à l'acquisition d'uranium, elle s'inspirait manifestement d'un contrat dont on a pu établir depuis qu'il s'agissait d'un faux. De même, il semblerait que les UAV aient été chargés de missions de surveillance et non de la dispersion d'agents biologiques.) L'ambassadeur français nota que la déclaration contenait peu d'informations nouvelles et que les inspections n'en étaient qu'à leur phase préliminaire. Son homologue russe souligna que les États-Unis n'avaient présenté aucune preuve à l'appui de leurs allégations, et son collègue mexicain affirma qu'il ne voyait rien dans ce texte qui pût prouver que l'Irak était en possession d'armes de destruction massive – mais rien non plus qui pût prouver le contraire.

L'accroissement des forces des inspecteurs de l'ONU… et de l'armée américaine

L'analyse de la déclaration se poursuivit après la réunion du Conseil du 19 décembre. L'accroissement du potentiel de la COCOVINU se confirma avec l'arrivée de nouveaux inspecteurs formés, de matériel et d'hélicoptères. Nous espérions disposer avant la fin de l'année d'une centaine d'inspecteurs en Irak – plus qu'il n'était prévu à l'origine, mais beaucoup moins que ne l'avaient souhaité les États-Unis. Nous voulions nous développer dans l'ordre et éviter toute pagaille.

Malgré l'absence de toute déclaration mensongère évidente et flagrante, l'ensemble des capitales – dont Paris et Moscou – avaient été déçues par le manque de nouveaux éléments de preuve significatifs. Kofi Annan m'appela le 21 décembre à l'issue d'une réunion sur le Proche-Orient qui s'était tenue à Washington. Colin Powell lui avait confié qu'il était satisfait de la manière dont la COCOVINU et l'AIEA avaient traité la déclaration irakienne. « Blix est fiable comme une Volvo », avait-il déclaré. Sachant qu'un des passe-temps préférés du secrétaire d'État américain était de bricoler des moteurs de cette marque, je le pris comme un compliment.

Pendant ce temps, l'accroissement des effectifs de l'armée américaine se poursuivait, à un rythme bien plus soutenu que celui des inspections. On attendait près de 100 000 hommes d'ici à la fin du mois de janvier. Malgré leur présence militaire de plus en plus menaçante, les Américains attendaient vainement que les Irakiens « craquent » et passent aux aveux. Il n'y avait toujours pas de casus belli, ce qui ne pouvait que les préoccuper. Je trouve la note suivante dans mon journal intime, à la veille du Nouvel An :

> L'année a été agitée. Le régime d'inspection ne doit pas être un prélude mais une alternative à l'intervention armée, et c'est sous cet angle qu'il faut le considérer. Je ne crois pas que les États-Unis soient décidés à faire la guerre, bien que toutes les mesures qu'ils prennent aillent dans ce sens. Ils essaient d'effrayer les Irakiens. Et si les Irakiens ne coopèrent pas sans réserve, les États-Unis risquent de décréter que le régime d'inspection ne sert à rien. Cette importante accumulation de troupes exerce certainement un effet d'entraînement. Bush peut-il éviter de laisser sauter le ressort sans perdre la face ? Il lui faudra une action manifeste de la part des Irakiens pour maintenir le ressort en place.

L'évolution de janvier

Le mois de décembre 2002 avait été marqué par l'accroissement considérable de notre potentiel d'inspection et par une certaine coopération irakienne. La

COCOVINU s'était ainsi vu accorder un accès rapide à tous les sites qu'elle souhaitait inspecter. Janvier 2003 allait être un mois d'espérance en baisse et de tension en hausse.

À la COCOVINU, nous avions l'impression que l'attitude positive de l'Irak en matière de procédure s'accompagnait bien souvent d'une position moins accommodante sur les questions de fond. Certaines de nos demandes liées à l'inspection furent prétexte à marchandage, les Irakiens essayant de nous extorquer quelque contrepartie. C'est ainsi que, lorsque nous exprimâmes la volonté d'utiliser des avions américains U2 à des fins de surveillance, l'Irak nous demanda de l'aider à doter certains de ses aéroports de radars plus modernes. On ne peut certainement pas parler d'envie manifeste, générale et spontanée de saisir cette nouvelle occasion pour coopérer avec les inspecteurs et tenter de faire la lumière sur le passé. Nos équipes, dans l'ensemble, furent reçues correctement, mais avec une certaine méfiance, et plusieurs points parfaitement insignifiants firent l'objet de récriminations publiques. Sans aller jusqu'à dire que nous recommencions à jouer au chat et à la souris, il faut admettre que le règlement des questions d'armement progressait peu. Cela me paraissait pourtant indispensable si nous voulions éviter la guerre.

Du côté américain, l'accumulation des moyens militaires se poursuivait et l'on s'attendait de plus en plus à un recours à la force. Pourtant, bien que les États-Unis eussent affirmé que la déclaration irakienne était insuffisante et que l'Irak ne respectait pas les conditions de la résolution 1441, ils semblaient décidés à attendre le rapport que nous devions présenter, Mohamed El-Baradei et moi-même, au Conseil de sécurité le 27 janvier, soixante jours après la première inspection.

Pour préparer la réunion du 27 janvier, le Conseil de sécurité nous avait demandé de faire un « pré-point » informel de la situation. Cet exposé eut lieu le 9 janvier.

La réunion du Conseil de sécurité du 9 janvier 2003

À présent, tous les membres du Conseil de sécurité avaient eu le temps d'étudier la déclaration irakienne. Mohamed El-Baradei et moi étions là pour proposer des commentaires fondés sur une analyse plus solide que celle que nous avions pu faire en décembre.

Dans les remarques que j'avais rédigées, je notai qu'on ne nous avait refusé l'accès à aucun site et que nous n'avions trouvé aucune « preuve flagrante » – une expression couramment utilisée pour désigner des articles ou des activités absolument interdits. Je reconnus que j'avais été déçu et que notre impression générale était celle d'une déclaration « riche par son volume, mais pauvre en informations nouvelles sur les questions d'armement et dépourvue concrètement de nouveaux éléments de preuve dans ce domaine ». Je me demandais, sans pour autant poser la question sous cette forme, si nous en étions revenus aux parties de bras de fer d'autrefois et à l'obligation de soutirer la moindre explication aux Irakiens.

La COCOVINU n'affirmait pas, expliquai-je, que l'Irak possédait des articles interdits ou se livrait à des activités prohibées. Pour autant, l'absence de toute découverte sur les sites inspectés ne garantissait pas l'inexistence, ailleurs, d'articles ou d'activités de ce genre. Le cas échéant, ils devaient être déclarés et éliminés sous notre contrôle. C'était une position que j'allais répéter à maintes reprises et qui contrastait avec les affirmations catégoriques des États-Unis et de la Grande-Bretagne, convaincus de l'existence de produits interdits, susceptibles d'être utilisés du jour au lendemain. Il était encore temps d'agir. En tout état de cause, les inspecteurs ne pouvaient refermer ce dossier sous prétexte que les Irakiens étaient incapables de prouver la véracité de leur réponse négative.

Il n'était pas rare, à ce moment-là, que les médias me demandent quelle était mon intuition à propos des armes irakiennes. J'ai toujours refusé de répondre, me contentant de déclarer qu'en tant que président exécutif de l'organisation d'inspection je n'étais pas chargé d'exprimer mon intuition, mais de présenter des constatations fondées sur les résultats des inspections ou sur leur analyse. En examinant d'un regard de juriste les matériaux que nous avions devant nous, je ne pouvais exclure l'éventualité que les Irakiens aient détruit armes et documents et qu'il ne reste que peu de chose, sinon rien. Mon intuition, que je gardais pour moi, était que l'Irak possédait encore des produits interdits, poursuivait ses activités prohibées et possédait des documents susceptibles de le prouver.

L'absence de preuves

Sans citer explicitement le secrétaire américain à la Défense, Donald Rumsfeld, j'étais assez d'accord avec lui pour penser que « l'absence de preuve n'est pas une preuve d'absence ». Et c'est avec un certain plaisir que je me rangeais à son point de vue. Je trouvais en effet la formule à la fois astucieuse et exacte. Par ailleurs, il n'était pas si fréquent que je sois du même avis que Rumsfeld. Celui-ci réclamait des preuves concrètes pour se convaincre de l'absence d'armes interdites en Irak. Eh bien, nous étions tous comme lui, et peu de gens se laissaient abuser par l'argument irakien emprunté au droit pénal selon lequel la présomption d'innocence était de mise tant que la preuve de la culpabilité n'était pas faite. Qui aurait eu l'idée d'accorder la présomption d'innocence au régime de Saddam Hussein ?

Un procès criminel est une chose, le régime d'inspection en est une autre. Cette méthode devait permettre au monde de se convaincre que l'Irak s'était effectivement débarrassé de toutes ses armes de destruction massive. Un individu qu'un tribunal acquitte faute de preuves recouvre la liberté, mais pas forcément la confiance de la société. Pour être réintégré dans la communauté internationale, l'Irak devait la convaincre qu'il ne possédait pas d'armes interdites. Pour ce faire, il fallait qu'il présente des preuves aux inspecteurs. S'il refusait, ces derniers ne s'empresseraient pas de conclure qu'il détenait toujours des armes. Mais cette éventualité ne serait pas exclue, et le monde ne pourrait pas avoir confiance. D'un autre côté, un certain nombre de personnes n'hésitaient pas un instant à présumer l'Irak coupable, en raison de la conduite passée du régime. C'était une autre affaire, et je n'étais pas prêt à les suivre sur ce terrain. Je refusais toute présomption, dans un sens ou dans l'autre.

Au cours de mes entretiens avec les Irakiens et dans mes discours, j'expliquais que les éléments de preuve pouvaient être de nature extrêmement diverse – budgets, lettres de crédit, archives de production et de destruction, interviews dignes de foi avec des personnes sérieuses. Mais de simples assertions et déclarations de la part du gouvernement n'avaient pas valeur de preuve. Bien que le camp irakien eût effectivement mis la main sur quelques documents inédits et en eût présenté certains qu'il avait refusé par le passé de montrer à l'UNSCOM, ces nouveaux indices, dans l'ensemble, n'apportaient pas grand-chose. Au cours de la dernière période d'inspection, l'Irak nous fournit enfin des noms de personnes dont le témoignage aurait pu nous être utile – trop tard pour que nous puissions nous en servir.

Le camp américano-britannique était prêt à formuler ses conclusions : la non-présentation de documents pertinents était synonyme d'« omissions ». Or la résolution stipulait que celles-ci, à l'instar des fausses déclarations, devaient avoir des conséquences draconiennes. Sentant peut-être que leurs arguments n'étaient pas à toute épreuve, les Américains et les Britanniques n'insistèrent pas lourdement pour que l'on en conclue à une nouvelle « infraction matérielle » de la part de l'Irak. Une idée me trottait dans la tête : et si – hypothèse absurde ! – l'Irak ne possédait effectivement pas d'autres documents probants ? Nier la possession de documents que vous n'avez pas constitue-t-il une « omission » ?

L'échéancier des résolutions

Dans mon exposé du 9 janvier, j'affirmai comprendre parfaitement la volonté du Conseil de disposer de rapports plus fréquents, et rappelai innocemment qu'en application de la résolution 1284 (1999), qui avait établi la COCOVINU et défini sa mission, le prochain rapport trimestriel de la commission n'était prévu que pour le 1er mars 2003. Le régime d'inspection n'avait pas commencé le 8 novembre 2002, date de l'adoption de la résolution 1441, et ne prendrait pas fin avec l'exposé du 27 janvier. Conformément à la résolution antérieure, la COCOVINU était dans l'obligation de se présenter en mars devant le Conseil, et de lui exposer un programme provisoire dressant la liste des problèmes clés de désarmement encore en suspens.

Les commentaires que mes remarques inspirèrent à l'ambassadeur américain Negroponte étaient très clairs : les États-Unis n'avaient pas l'intention d'attendre aussi longtemps. Le Conseil, déclara-t-il, discutait actuellement de la « dernière chance » de l'Irak, celle que lui avait accordée la résolution 1441. Il n'était pas question de s'abandonner au tempo paisible de la résolution 1284. Il avait les yeux braqués sur les horloges de Washington, réglées d'après la dernière résolution et dont les aiguilles tournaient rapidement.

À la COCOVINU, nous cherchions à respecter l'ensemble des résolutions du Conseil de sécurité, dont les rythmes étaient parfois difficilement compatibles. Sans s'exclure mutuellement, les deux résolutions – celle de décembre 1999 et celle d'octobre 2002 – représentaient des perspectives différentes et proposaient des manières distinctes de peser sur l'Irak. À la fin de 1999, le Conseil de sécurité avait été divisé sur la question irakienne. Il était également las, au terme de neuf années qui n'avaient pas apporté le moindre espoir de solution satisfaisante. Les sanctions économiques, qui auraient dû inciter l'Irak à entreprendre le désarmement demandé, faisaient l'objet de critiques de plus en plus virulentes tant de la part des gouvernements que de l'opinion publique. Le Conseil avait donc décidé de chercher une autre issue à l'impasse, tendant une nouvelle carotte au gouvernement irakien. On ne lui demandait pas de faire la lumière sur toutes les questions de désarmement du passé. Il suffirait qu'il s'explique sur certaines affaires clés. La solution de ces problèmes encore en suspens, assortie d'une période de coopération sincère, entraînerait la suspension des sanctions. Les missions d'inspection et de surveillance se poursuivraient jusqu'à ce que le Conseil en décide autrement. Si les inspecteurs relevaient un manque de coopération, les sanctions seraient automatiquement rétablies, affirmaient les textes. C'était une application de la philosophie de l'endiguement : on mettrait en place des inspections et une surveillance efficaces et prolongées et l'on se montrerait prêt, pouvait-on espérer, à réagir promptement à la moindre incartade de l'Irak.

La nouvelle résolution, en revanche, avait été adoptée un peu plus d'un an après les attentats terroristes du 11 septembre 2001 contre les États-Unis. La lassitude de 1999 avait fait place à la colère, et les États-Unis avaient renoncé à toute marge de tolérance. Le moindre manquement aux exigences rigoureuses du texte devait être rapporté sur-le-champ ; il pouvait constituer une « infraction matérielle » et conduire à une intervention armée. Le temps de l'endiguement et des incitations était passé ; l'heure était à la politique du gros bâton.

Nous pensions que l'accroissement des forces militaires américaines rendrait les Irakiens plus coopératifs. Mais c'était au Conseil de décider s'il convenait de manier le bâton ou de poursuivre les inspections, en espérant qu'à brève échéance l'association de ces deux méthodes entraînerait l'élimination attestée de toutes les armes de destruction massive.

Dans une note consignée dans mon journal intime le soir qui suivit les discussions du Conseil, le 9 janvier, je me faisais la réflexion suivante :

> Les États-Unis vont peut-être se trouver en difficulté. Si l'on nous refuse l'accès à certains sites ou si nous tombons sur un stock de VX ou de bacille du charbon, l'infraction matérielle sera facile [à établir]. Mais s'il ne se passe rien de spectaculaire, les États-Unis auront du mal à rallier un grand nombre de pays à l'idée d'une intervention armée. Je doute fort que, s'ils essayaient de faire passer une résolution autorisant le recours à la force, les États-Unis obtiendraient ne fût-ce que la majorité. S'ils n'arrivaient pas à faire passer une telle résolution et décidaient de faire cavalier seul, ils auraient beaucoup plus de mal à obtenir le soutien de l'opinion américaine et ne seraient peut-être pas autorisés à se déployer à partir de la Turquie ou de l'Arabie Saoudite.

Rencontre avec Condoleezza Rice à New York, 14 janvier 2003

Le 14 janvier, Condoleezza Rice, conseillère du président américain à la Sécurité nationale, se rendit à New York. On me demanda si je voulais bien la rejoindre pour m'entretenir avec elle. En règle générale, ce sont les représentants des différents gouvernements qui viennent voir les fonctionnaires du secrétariat, de même que, dans les différentes capitales, les ambassadeurs se déplacent pour rendre visite aux ministres du pays où ils se trouvent. J'avais reçu de nombreux ministres des Affaires étrangères, et même un Premier ministre, dans mon petit bureau sans charme situé au 31e étage du bâtiment du secrétariat des Nations unies. Malgré une belle vue sur le superbe immeuble de Chrysler, ce bureau était tellement exigu qu'un ministre irakien m'avait déclaré un jour qu'on n'y avait « même pas la place de crier ».

En cette occasion, on avait craint que la venue de Condoleezza Rice au siège des Nations unies ne donne lieu à bien des spéculations. Aussi préférait-on que je traverse la rue pour la retrouver dans le bureau de l'ambassadeur Negroponte. Ce que je fis. C'est une belle pièce, de dimensions moyennes – bien plus grande que mon bureau –, avec vue sur l'ONU. Deux canapés disposés face à face ainsi que deux fauteuils y sont destinés aux entretiens personnels. On y sert souvent le thé. Mes précédents entretiens avec Mme Rice m'avaient appris qu'elle préférait s'appuyer sur des arguments rationnels plutôt que sur l'autorité de sa fonction. C'est une attitude que j'ai toujours appréciée. Condoleezza Rice est une intellectuelle et nos discussions ont toujours été d'une grande franchise. Nos désaccords éventuels n'ont jamais donné lieu au moindre incident déplaisant.

Le calendrier que j'avais présenté au Conseil en vertu de la résolution de 1999 n'inspira pas à Mme Rice une réaction aussi tranchée qu'à John Negroponte. Peut-être ne souhaitait-elle pas dévoiler ses intentions, ou n'estimait-elle pas que l'échéancier américain était déjà ferme et définitif. Cette dernière explication me paraissait la plus probable. Il me sembla en effet que Condoleezza Rice n'excluait pas la possibilité que le régime irakien « craque » sous la pression militaire américaine et révèle les stocks d'armes en sa possession. C'était du reste ce que j'espérais. À cette étape, j'avais l'intuition que l'Irak possédait encore des armes de destruction massive et n'avait pas su saisir, dans les 12 000 pages qui nous avaient été remises, la possibilité qui lui était offerte de les déclarer. Une accentuation de la menace militaire se montrerait-elle plus efficace ? Je n'avais rien contre un scénario d'inspections étayées par des pressions. Mais jusqu'où pourrait aller cette partie de bras de fer ?

Je transmis à Condoleezza Rice les dernières nouvelles en provenance du front des inspections. Par le passé, nous avions eu l'impression que les services secrets américains ne manifestaient guère d'empressement à nous livrer des informations sur les sites à inspecter. J'avais déclaré dans des interviews que certains services de renseignement me faisaient penser à des bibliothécaires assis sur leurs livres et refusant de les prêter. Nous n'avions plus à présent de tels griefs, lui dis-je. Il nous fallait des renseignements sur les sites, et nous en obtenions quelques-uns. Nous allions du reste passer à l'action dans deux cas.

Je lui appris également que nous avions découvert que l'Irak avait importé illégalement des moteurs de missiles ; mais ces derniers ne constituaient pas, en soi, des armes de destruction massive. Les Irakiens avaient fait des essais de missiles dépassant la portée autorisée de 150 kilomètres. Sans en avoir la preuve, nous les soupçonnions d'avoir l'intention de se relancer dans la production d'armes interdites. Nous n'avions pas encore trouvé d'accord avec eux pour assurer la sécurité des vols des U2 américains. La liste que les Irakiens nous avaient remise, révélant l'identité de personnes engagées dans des programmes de production d'armes interdites, contenait moins de noms que ceux que nous avions déjà dans nos archives. Nous allions réclamer un complément. Nous avions mené quelques interviews utiles sur le terrain, mais les conditions dans lesquelles se déroulaient les entretiens privés à Bagdad restaient inacceptables et nous n'avions pas encore trouvé le moyen de conduire les gens à Chypre sans les mettre en danger, eux et leurs familles. Sur ce dernier point, Mme Rice, comme bien d'autres membres du camp américain, ne comprenait guère nos scrupules et me fit remarquer que c'était sans doute le seul moyen d'obtenir des déclarations honnêtes. Je lui exposai mes réserves : même si un chercheur quittait le pays accompagné de douze membres de sa famille, il pouvait avoir un oncle, quelque part en Irak, dont la vie était menacée. En outre, si la télévision montrait des images d'Irakiens quittant leur pays sous la pression des Nations unies, notre réputation risquait d'en pâtir.

À la suite de nos différents entretiens à New York, il arriva à plusieurs reprises que les médias laissent entendre que Mme Rice avait donné au fonctionnaire international que j'étais des directives on ne peut plus claires sur la conduite à suivre : par exemple, faire sortir des chercheurs irakiens de leur pays pour les interroger. Cette vision des choses me déconcertait. En effet, si Colin Powell et elle, en maintes occasions, me firent connaître leur opinion, ce ne fut jamais de façon péremptoire. Nos conversations furent toujours empreintes de respect et de courtoisie réciproques.

Le comportement de l'Irak

Peu après mon entrevue avec Condoleezza Rice, nos inspecteurs firent deux découvertes majeures. Au cours de la visite d'un important dépôt de munitions que l'Irak avait déclaré et qui avait déjà été inspecté plusieurs fois, ils mirent la main sur une caisse d'ogives destinées à contenir des agents chimiques. Elles étaient vides, mais auraient dû être déclarées. Une question cruciale se posait : était-ce la partie émergée de l'iceberg, ou s'agissait-il de simples vestiges de l'imposant programme d'armes chimiques d'autrefois ? Les Irakiens constituèrent presque immédiatement une commission de fonctionnaires chargée de rechercher d'autres armes éventuellement « oubliées ». Quelques-unes furent effectivement retrouvées, certaines par eux, d'autres par nous. La nomination de cette nouvelle commission reflétait-elle une volonté sincère de coopération ou n'était-ce que du bluff ? Nous n'en savions rien.

La seconde découverte concernait une cache contenant des documents scientifiques sur les procédés d'enrichissement de l'uranium par laser et sur les dispositifs de guidage par laser de vieux modèles de missiles. Elle avait été trouvée au domicile d'un chercheur en physique nucléaire. Notre équipe avait eu du mal à en obtenir l'accès, et cette intrusion dans un logement privé avait donné lieu à des manifestations de rue. La situation aurait pu être bien plus grave encore sans la présence dans notre équipe d'une excellente inspectrice, Kay Mersh. En effet, au moment de l'opération, il n'y avait que des femmes dans la maison du chercheur, et nous aurions été très ennuyés de commettre un impair en confiant la perquisition à des hommes. Restait à savoir si la présence de ces documents dans une résidence privée s'inscrivait dans un schéma de dissimulation de plus grande ampleur, comme le suggéraient les services de renseignement, ou s'il s'agissait, comme le prétendait le camp irakien, du cas isolé d'un chercheur ayant rapporté chez lui des documents qu'il aurait mieux fait de conserver à son bureau. Les Irakiens nommèrent une nouvelle commission, dotée de pouvoirs considérables, qu'ils chargèrent de rechercher et de saisir des documents pertinents dans tout le pays. Là encore, étaient-ils sincères ou n'était-ce que du vent ?

Les documents en question ne contenaient aucune information qui ne fût déjà en possession de l'AIEA. Par ailleurs, nous estimions, le Dr El-Baradei et moi-même, que la nomination de deux commissions pouvait être une mesure positive. Si, effectivement, les Irakiens possédaient des armes ou des documents cachés et jugeaient qu'il était devenu trop risqué de les conserver, peut-être préféreraient-ils sauver la face en les découvrant eux-mêmes et en nous les remettant. Nous ne cherchions pas à les humilier, nous voulions des informations. Rétrospectivement, je dois reconnaître que les deux commissions n'ont jamais présenté la moindre découverte, à l'exception de quatre nouvelles ogives chimiques, dont l'existence a été rapidement révélée.

Les Irakiens se montraient étonnamment susceptibles dans leurs jugements sur la conduite des inspecteurs. Un jour, le chef du Conseil national de surveillance, le général Hussam Amin, se plaignit par écrit de ce que, tout « en déambulant d'une manière arrogante et avec une ostentation inconvenante », un inspecteur avait déclaré : « On dirait bien que vous n'avez rien de chimique ni de biologique, mais il y a comme une odeur dans l'air. » Le général Amin concluait pourtant sa lettre au chef de notre bureau de Bagdad en l'assurant que, « malgré tout, nous continuerons à coopérer avec vous ; cette conduite [la démarche arrogante, etc.] n'aura pas d'incidence sur le niveau de notre coopération ».

Les Irakiens protestaient souvent contre les questions indiscrètes des inspecteurs, qu'on ne pouvait interpréter, disaient-ils, que comme des provocations ou des tentatives d'espionnage. L'un de nos hommes avait réclamé le numéro de téléphone d'une base aérienne, son organigramme, etc. Une autre fois, un inspecteur désireux de connaître l'identité des actionnaires de la zone franche de Nineveh se fit proprement rembarrer. Nous espérions qu'il ne s'agissait pas de l'amorce d'une position plus générale, et que le camp irakien ne commençait pas à prétendre juger de la recevabilité de telle ou telle question. C'eût été inacceptable. C'était à nous de décider de leur pertinence.

De notre côté, nous comprenions fort bien que les étroites relations que plusieurs inspecteurs de l'UNSCOM avaient entretenues autrefois avec certains services secrets nationaux (américains notamment), auxquelles s'ajoutait l'éventualité d'une intervention armée prochaine des États-Unis, avaient de quoi rendre les Irakiens chatouilleux. Ils n'appréciaient pas les interrogations qui ne portaient pas exclusivement sur les armes de destruction massive, surtout si elles concernaient la défense conventionnelle. Nous étions également prêts à admettre que l'intégralité des questions posées par une centaine d'inspecteurs n'était pas forcément d'une pertinence à toute épreuve. Nous l'expliquâmes aux Irakiens, tout en leur assurant qu'il ne s'agissait pas d'espionnage. Nous ne transmettions aucune information à aucun gouvernement, et à notre connaissance aucun inspecteur ne le fit jamais. Nous l'aurions immédiatement renvoyé. Bien sûr, nous essayions d'aider nos inspecteurs à définir les questions pertinentes. Et bien que les autorités irakiennes, jusqu'au niveau du vice-président Taha Yassin Ramadan, ne cessèrent de crier à l'espionnage, elles n'en firent jamais toute une affaire. J'avais l'impression que les Irakiens profitaient de la moindre occasion pour grossir un dossier de doléances dont ils pourraient faire usage le jour où ils décideraient de mettre fin aux inspections.

Ces dernières donnèrent tout de même lieu à quelques manifestations, assez peu menaçantes il est vrai. Elles se déroulèrent devant notre bureau de Bagdad, sur le site d'un hôpital et pendant l'inspection dc la maison particulière où nous avions trouvé des documents concernant la recherche nucléaire. La récrimination la plus absurde, qui fut montée en épingle et fit l'objet d'un important battage médiatique, concernait certains inspecteurs qui étaient allés, en touristes, visiter une mosquée de Bagdad. Ils avaient été fort bien reçus par le cheikh et avaient suivi une visite guidée, en toute innocence. Or, peu après, un imam appela tous les membres du clergé musulman du monde à dénoncer l'« inspection » de la mosquée ; le chef du Conseil national de surveillance prétendit que les inspecteurs avaient posé des questions sur la présence éventuelle d'abris souterrains, sur les relations entre la mosquée et le gouvernement, etc. Je doutais de la bonne foi de nos interlocuteurs et les soupçonnais d'exploiter délibérément des susceptibilités religieuses.

Dans le point sur la situation que je présentai au Conseil de sécurité le 27 janvier, j'expliquai qu'« en Irak ce genre de manifestations et d'explosions de mécontentement ne risquent guère de se produire sans que les autorités en prennent l'initiative ou les encouragent. Elles ne facilitent évidemment pas un travail déjà difficile, dans lequel nous nous efforçons d'être efficaces et professionnels en même temps que corrects. Si nos interlocuteurs irakiens ont quelque grief à exprimer, ils peuvent le faire sur un ton plus calme et moins déplaisant ».

À la fin du mois de janvier, il nous avait été impossible d'obtenir satisfaction sur deux points majeurs : l'opération de reconnaissance aérienne que nous voulions effectuer avec des U2 américains et les interviews que nous souhaitions mener à Bagdad.

Les vols de surveillance des U2 et d'autres appareils de reconnaissance

Les discussions que nous avions eues à Vienne, Mohamed El-Baradei et moi-même, avec les Irakiens à propos des U2 et d'autres appareils de reconnaissance, à la fin du mois de septembre 2002, n'étaient pas allées très loin. Pourtant, l'UNSCOM, la commission dont nous avions pris la succession, s'était servie de ces avions, dont les vols faisaient l'objet de procédures de routine parfaitement définies. Pour le moment, la COCOVINU achetait des photos satellites commerciales de nombreux sites. Ces photographies en haute résolution nous donnaient d'excellentes informations, que nous pouvions comparer aux renseignements contenus dans notre importante base de données. Cependant, les avions volaient à plus faible altitude que les satellites et possédaient certaines capacités dont ces derniers étaient dépourvus. Nous tenions donc à pouvoir en disposer. De plus, la présence d'un U2 américain, d'un Mirage français, d'un AN-30 russe et d'un drone français ou allemand apporterait la démonstration visible du soutien politique que nous accordaient les grandes puissances.

Le droit d'organiser ces vols était inscrit sans équivoque dans la résolution de novembre. Après nous être assurés que les États-Unis étaient d'accord pour faire voler des U2 en notre nom et que les Français et les Russes acceptaient également de mettre leurs avions spéciaux à notre disposition, nous prîmes contact avec les Irakiens pour les informer des procédures que nous souhaitions appliquer. Ils ne repoussèrent pas nos plans, ce qui eût été contraire aux termes de la résolution, et ne posèrent pas de conditions précises : sans doute avaient-ils compris qu'ils étaient censés accepter la résolution de façon « inconditionnelle ». Ils émirent en revanche une réserve de nature différente : la poursuite des attaques quotidiennes des États-Unis et de la Grande-Bretagne dans les zones d'exclusion aérienne posait, affirmèrent-ils, des problèmes. Les unités de défense aérienne irakienne étaient obligées de réagir en légitime défense contre ces agressions, qui n'étaient pas sanctionnées par le Conseil de sécurité. Pour protéger nos avions, nous serions obligés d'obtenir la suspension des bombardements alliés dans les zones d'exclusion aérienne pendant les vols de nos appareils de reconnaissance. En outre, toujours pour éviter de mettre nos avions en danger, l'Irak aurait besoin de notre aide pour équiper Bassora et Mossoul de radars civils modernes.

Si un U2 au service de la COCOVINU était abattu, les États-Unis y verraient immanquablement une provocation irakienne. D'un autre côté, les Irakiens ne pouvaient ignorer que la destruction d'un U2 américain, tout en marquant une revanche sur l'humiliation imposée par les zones d'exclusion, entraînerait vraisemblablement le déclenchement d'une guerre qu'ils préféraient certainement éviter. Sans doute jouaient-ils au poker avec nous pour essayer de nous extorquer quelque chose, bien que leur jeu fût médiocre. Mais comment évaluer le risque d'« accidents » provoqués par des équipes de défense aérienne irakienne à la gâchette un peu facile ?

J'avais l'impression que les États-Unis auraient accepté d'envoyer des U2 même sans avoir obtenu d'assurance de la part des Irakiens touchant la sécurité des vols, mais nous tenions à minimiser les risques d'attaque, et les discussions s'éternisèrent. De toute évidence, mon interlocuteur n'était pas en mesure de définir la position de l'Irak sur cette question. Les décisions se prenaient au plus haut niveau et étaient étroitement liées à l'opposition irakienne aux zones d'exclusion aérienne. Le régime espérait faire de la question des U2 un moyen de pression efficace. Cette tentative était vaine : la question des avions de reconnaissance avait en effet été réglée par la résolution. Il me sembla pourtant que la résistance irakienne fléchissait légèrement lorsque nous fîmes part de notre intention d'utiliser des avions français et russes, en plus des appareils américains. Peut-être l'affront paraissait-il moindre si la présence d'avions américains était diluée par l'intervention d'appareils de pays moins hostiles à l'Irak.

Il fallut attendre le mois de février pour régler cette question. Les zones d'exclusion aérienne resteraient en place, Bassora et Mossoul n'obtiendraient pas de radars. Nous appliquerions les mêmes procédures que l'UNSCOM. Avant que nous ne soyons contraints de suspendre nos inspections en Irak, un certain nombre de vols d'U2 américains eurent effectivement lieu à haute altitude. Un seul Mirage français effectua un vol de reconnaissance à plus basse altitude. L'AN russe, qui devait voler encore plus bas et pouvait se livrer à des observations de nuit, arriva sur place trop tard pour participer à la moindre opération. Les Russes avaient d'abord réclamé un paiement en échange de la mise en service de leur avion, une exigence que nous avions rejetée dans la mesure où les autres avions étaient mis à notre disposition gratuitement. Ce refus ne tenait pas à des difficultés financières – toutes nos factures étaient payées par l'argent du pétrole irakien –, mais nous avions toujours cherché à limiter nos dépenses. Au terme de quelques discussions et d'une intervention politique au plus haut niveau à Moscou, l'ambassadeur Lavrov m'apprit que le gouvernement russe s'était engagé à mettre l'avion à notre disposition sans frais. Un autre problème se posa alors : où stationner l'appareil ? Les Koweitiens n'en voulaient pas. Sans doute l'immense concentration de forces américaines sur leur territoire leur suffisait-elle. La Syrie finit par accepter d'héberger l'avion russe, mais à cette date l'affaire avait tellement traîné qu'il était trop tard.

Le problème des interviews à Bagdad

La COCOVINU dut également faire face à l'opposition des autorités irakiennes sur un autre droit que nous avait accordé la résolution de novembre : celui de mener des interviews. La première fois que Mohamed El-Baradei et moi avions abordé le sujet pendant les négociations de Vienne, à la fin du mois de septembre 2002, c'est-à-dire avant l'adoption de la résolution, nos homologues irakiens nous avaient déclaré qu'ils ne voyaient aucune objection à ce que nous nous entretenions avec des chercheurs irakiens et d'autres employés. Ils ajoutèrent innocemment que, bien sûr, les individus concernés devaient être libres d'accepter ou non ces entrevues. Par le passé, affirmèrent-ils, on avait connu des cas où les interviewés avaient été intimidés par les interrogateurs de l'UNSCOM et ne s'étaient pas toujours bien fait comprendre. Aussi préféreraient-ils peut-être s'exprimer en présence de représentants des autorités irakiennes, qui pourraient dissiper tout éventuel malentendu. Une telle démarche n'était pas plus inhabituelle que celle d'un individu qui souhaite s'assurer de la présence d'agents consulaires de son pays quand il doit déposer dans un État étranger.

Nous fîmes remarquer que certaines interviews menées par l'UNSCOM s'étaient déroulées devant une véritable foule d'« observateurs » officiels irakiens et que, de toute évidence, les témoins avaient été intimidés par ces personnes-là bien plus que par les inspecteurs. D'après ce qu'on nous avait dit, les observateurs n'hésitaient pas à interrompre les personnes interviewées en prétendant que leur mémoire était défaillante ou qu'ils avaient mal compris la question.

Les discussions peu concluantes que nous avions eues sur ce point à Vienne avaient été réglées par la résolution des Nations unies stipulant que nous devions avoir le droit « d'accéder à tous les fonctionnaires et autres personnes », autrement dit de les interroger en l'absence de tout observateur irakien. Le problème n'était pas entièrement résolu pour autant. Quand nous commençâmes à envoyer des convocations pour des entretiens à Bagdad, certains témoins refusèrent de se présenter à nos bureaux. D'autres réclamèrent la présence d'observateurs irakiens ou exigèrent de pouvoir enregistrer l'interview. Après examen, nous conclûmes que ces deux types de requêtes étaient très probablement dictés par les autorités irakiennes et qu'il convenait donc de les rejeter. Mais comment obliger les gens à venir nous parler contre leur gré ? Pouvions-nous simplement ordonner au Conseil national de surveillance de nous amener les personnes que nous souhaitions interroger et de s'assurer qu'elles accepteraient de nous parler sans témoin ni magnétophone ? Certains fonctionnaires américains étaient favorables à cette solution. En cas d'échec, l'Irak aurait commis une violation de la résolution. Un État totalitaire n'aurait évidemment aucune difficulté à nous amener des témoins de force. Mais les Nations unies pouvaient-elles se permettre de s'appuyer sur un pouvoir de cette nature ? Sans aller jusqu'à dire que telle était notre intention, nous fîmes comprendre aux Irakiens que nous considérerions comme un fait très grave de ne pas pouvoir exercer le droit que nous avait accordé le Conseil de sécurité. En outre, s'ils n'avaient rien à cacher, ces entretiens, fîmes-nous remarquer, ne pouvaient que servir leur cause. L'absence de fonctionnaires irakiens et de magnétophones accroîtrait en effet leur crédibilité.

Avant la fin de janvier, le camp irakien avait promis d'« encourager » les témoins à donner suite à nos demandes d'entretien et, après une période durant laquelle nous renvoyâmes chez eux les interviewés qui réclamaient la présence d'un « ami » ou d'un magnétophone, nous parvînmes à mener un petit nombre d'entretiens en tête à tête. Certains furent instructifs, mais nous ne nous fîmes jamais d'illusions sur le degré de liberté de parole dont jouissaient ces personnes.

L'idée de faire sortir d'Irak des chercheurs ou d'autres individus susceptibles de disposer d'informations intéressantes afin de les interroger à l'étranger avait été controversée dès sa mention dans la première version de la future résolution de novembre, et elle le resta jusqu'à la suspension des inspections. Bien que la résolution eût présenté cette mesure comme un droit, et non comme une obligation de la COCOVINU, les États-Unis insistèrent de plus en plus énergiquement pour que nous en fassions usage. D'autres États membres étaient pourtant aussi sceptiques que nous. L'obstination des États-Unis était-elle vraiment motivée par la conviction que nous pourrions obtenir des informations significatives de cette manière-là ? Espéraient-ils assister à la défection de certains individus, ou provoquer un refus du régime irakien ? Les interviews de chercheurs irakiens menées pendant l'occupation donnent à penser que certains n'auraient pas accepté de quitter leur pays, alors que d'autres n'auraient pas osé le faire. Il s'agit d'un des rares cas où j'aie ressenti le poids de la pression américaine.

Bilan de la mi-janvier et discussion avec Kofi Annan

Nous avions été invités à Bagdad, Mohamed El-Baradei et moi, pour faire le point et régler quelques problèmes pratiques en suspens avant notre exposé du

27 janvier devant le Conseil de sécurité. Notre visite était fixée aux 19 et 20 janvier. Mais, au préalable, nous prîmes part à un certain nombre de discussions de première importance.

Juste avant de quitter New York, je m'entretins longuement avec Kofi Annan. Nous évoquâmes le calendrier des deux résolutions du Conseil de sécurité et notâmes que c'était ce dernier plus que la COCOVINU qui se trouvait en présence de deux horloges au tempo différent. Mon rapport du 27 janvier sur les questions de désarmement encore irrésolues, sur les importations illégales et sur l'état de la coopération irakienne ne marquerait pas la fin du travail de la commission.

C'était au Conseil d'examiner nos rapports et de faire des choix. Je confiai à Kofi Annan que selon moi les termes de l'alternative étaient le désarmement par les inspections *ou* le désarmement par la guerre. La poursuite des inspections, soutenues par la pression militaire et suivies d'une surveillance à long terme, pourrait soutirer la vérité à l'Irak, conduire à un désarmement attesté et éviter toute relance de programmes d'armements. Il ne serait sans doute pas facile de maintenir durablement une pression suffisante pour éviter tout écart de conduite de la part de l'Irak. On ne pouvait évidemment exclure le risque qu'un jour ce pays mette les inspecteurs à la porte par une démarche spectaculaire et visible, ou limite leurs activités, ce qui pouvait se faire progressivement. À longue échéance, la lassitude du Conseil ne ferait qu'augmenter ce risque. L'administration américaine n'était pas favorable à une politique d'endiguement. Le choix entre inspections et intervention armée ne se posait pas seulement aux membres du Conseil de sécurité mais également à l'Irak. Avec El-Baradei, je ferais savoir à Bagdad qu'il convenait d'agir sur-le-champ et de cesser de nous opposer des obstacles mesquins comme les accusations d'espionnage.

Je profitai de l'occasion pour confier à Kofi Annan mon désir que Dimitri Perricos devienne mon adjoint. Je voulais obtenir son accord et son soutien sur ce point. Dimitri avait acquis une immense expérience en participant aux inspections de 1991 en Irak, aux inspections et à la controverse avec la Corée du Nord et au démantèlement du programme nucléaire de l'Afrique du Sud. Il dirigeait notre division des opérations, était actuellement responsable de l'ensemble du personnel de planification des inspections à New York et du personnel chargé des opérations sur le terrain. Il avait accompli un travail remarquable, avec une incroyable énergie. Ce n'était pas un homme facile et il n'était pas rare qu'il intimide les gens par ses arguments incisifs. Il n'hésitait pas à me contredire, mais je dois reconnaître qu'il me ménageait plus que d'autres. Personne ne l'avait jamais vu manquer de compétence, de jugement ni de dynamisme. Je disais souvent qu'il possédait toute l'impatience qui me faisait défaut. Non content de le respecter, je l'aimais et je l'aime toujours beaucoup. Je fus heureux que Kofi Annan approuve mon choix. Dimitri méritait pleinement cette position, qui ne pouvait que renforcer son autorité, notamment dans ses relations avec le camp irakien. Lorsque je quittai mes fonctions à l'été de 2003, Kofi Annan prit l'excellente décision de le nommer président exécutif par intérim.

6

Bagdad, aller-retour

Le 17 janvier au matin, escortés par une nuée de motards, nous nous rendîmes à l'Élysée, Mohamed El-Baradei et moi, pour rencontrer le président Chirac. L'image que je me faisais de celui qui s'était alors affirmé comme le principal adversaire d'une intervention armée en Irak était celle d'un professionnel de la politique, d'un homme énergique, dont la rhétorique imprégnée de grands principes était parfois contrainte de s'effacer devant les tractations quotidiennes de la vie politique française. À mon arrivée, mon admiration pour lui n'avait rien de démesuré. Mais je repartis de Paris avec le sentiment que l'attitude du président français dans l'affaire irakienne n'était peut-être pas dictée par la volonté de se poser en symbole de paix ni par le souhait, compréhensible de la part d'un homme politique, de quelque nationalité qu'il soit, de contenter une forte majorité de son électorat. Il m'a plutôt semblé que sa position reflétait la conviction que la menace irakienne ne justifiait pas une intervention armée.

Dans mon exposé, je reconnus que la situation était tendue. La coopération irakienne – l'accès rapide, etc. – relevait davantage de la procédure que du fond. Jusqu'à présent, on ne pouvait pas dire que l'Irak avait sincèrement cherché à résoudre les questions de désarmement en souffrance. Plusieurs services de renseignement, dont celui de la France, étaient convaincus qu'il restait des armes de destruction massive en Irak, mais nous n'en avions aucune preuve. L'existence de laboratoires mobiles et d'installations souterraines n'était pas exclue. C'étaient des pistes à explorer. Peut-être les Irakiens avaient-ils conservé une quantité relativement faible d'armes de destruction massive. En tout état de cause, il nous faudrait davantage de temps pour élucider un certain nombre de points.

M. Chirac déclara que la France ne disposait pas de « preuves sérieuses » de la présence d'armes interdites en Irak. Ayant rencontré et entendu des membres des services secrets français, c'est avec le plus vif intérêt que je notai qu'il ne partageait pas leurs conclusions sur ce point. Il arrive, reconnut-il, que les services de renseignement « s'intoxiquent mutuellement ». Personnellement, il ne croyait pas que l'Irak fût en possession d'armes de destruction massive. Les inspections qui avaient eu lieu jusqu'en 1998 avaient, selon lui, révélé beaucoup de choses et abouti, en fait, au désarmement de l'Irak. Ce qui prouvait l'efficacité de cette méthode. À l'heure actuelle, la guerre était la pire des solutions. Elle ne pouvait qu'alimenter les sentiments anti-occidentaux du monde musulman. La France n'avait pas l'intention de se laisser entraîner dans un conflit armé. Seul le Conseil de sécurité était habilité à prendre cette décision.

Mohamed El-Baradei déclara que la présence d'inspecteurs ne pouvait que dissuader l'Irak de relancer un programme d'armements. L'institution même des inspections internationales serait en péril si on les supprimait en Irak, au lieu de leur accorder le temps nécessaire pour porter leurs fruits. La présomption d'innocence ne pouvait évidemment pas jouer en faveur de ce pays, mais il fallait laisser place à l'incitation au lieu de se contenter de manier le bâton. L'Irak devait adopter une attitude plus positive et accepter de coopérer entièrement et activement. La pilule était peut-être amère, mais il lui faudrait l'avaler. El-Baradei était préoccupé par les accusations d'« espionnage » lancées par l'Irak contre les inspecteurs, par les freins qu'il mettait aux interviews privées et par l'absence de mise en place d'une législation nationale interdisant la production d'armes prohibées.

Avant que nous ne descendions parler à la presse, Chirac expliqua que, selon lui, Saddam Hussein était « enfermé dans un bunker intellectuel ». Son entourage n'osait pas lui dire la vérité. Une guerre entraînerait inévitablement son élimination. Il était indispensable qu'il fasse quelques gestes positifs. C'était peut-être désagréable, mais beaucoup moins qu'une guerre.

Dans le couloir que nous empruntâmes pour rejoindre une conférence de presse animée, je remarquai un petit pilier provisoire dont un côté arborait une publicité pour Coca-Cola. Dans le palais présidentiel ! Je ne pus résister à l'envie de demander à Chirac si c'était une œuvre de pop'art française. La présence de ce symbole américain ne sembla guère le surprendre et il m'expliqua, parfaitement à l'aise, qu'il y avait eu une fête d'enfants à l'Élysée. Et c'est avec une attitude tout aussi détendue qu'il m'écouta répondre en français aux journalistes pendant la conférence de presse. Mais je ne saurais dire si cette décontraction était feinte ou réelle.

Après une brève entrevue au Quai d'Orsay avec Dominique de Villepin, ministre des Affaires étrangères, nous prîmes congé. Mohamed partait pour Larnaka, via Vienne, le siège de son agence, tandis que je devais faire étape à Londres pour rencontrer le Premier ministre, Tony Blair. J'éprouvai quelque inquiétude en constatant que l'heure de mon départ, au centre de Paris, ne précédait que de quarante minutes le décollage de mon avion, et fus surpris par la rapidité avec laquelle nous traversâmes la capitale avant de foncer sur l'autoroute au milieu de motards qui avaient l'air de se croire sur une piste de cirque. Je dois avouer que cette habitude d'assurer les déplacements des personnalités aux dépens des usagers ordinaires ne me plaît pas beaucoup, sauf s'il s'agit d'une question de sécurité. Mais, cette fois-ci, c'était inévitable.

À l'aéroport d'Heathrow, les services de renseignement britanniques nous firent passer par des voies rapides et nous conduisirent à une voiture. Ils profitèrent du trajet jusqu'à Checkers, la résidence de campagne du Premier ministre britannique, pour nous livrer un certain nombre d'informations.

À notre arrivée, Tony Blair nous accueillit chaleureusement. Malgré mes protestations, il insista pour se changer avant notre entretien – il était en jogging. On nous apporta du thé accompagné de crumpets. Je n'en avais pas vu depuis mes études à Cambridge, une cinquantaine d'années plus tôt. Un délice ! C'était un bon début, un peu moins formel que ma rencontre avec le président Chirac.

Je commençai par un exposé assez proche de celui que j'avais présenté à Paris. Il fallait obtenir une coopération plus active des Irakiens. Les informations contenues dans leur volumineuse déclaration du 8 décembre n'apportaient aucune solution aux problèmes de désarmement. Nous n'avions pas encore trouvé comment organiser des interviews sans que les témoins se sentent en danger. Nous avions découvert des moteurs de missiles importés illégalement et, tout récemment, onze ogives vides destinées à contenir des agents chimiques, ainsi qu'une cache de documents relatifs aux recherches nucléaires au domicile d'un particulier. Autant de faits que nous allions devoir examiner de plus près. Mais tant que nous n'en aurions pas tiré de conclusions, je préférais ne pas monter l'affaire en épingle. Nous n'entrâmes pas dans les détails. Le

Premier ministre souligna tout de même qu'il jugeait essentiel de pouvoir mener des entretiens privés avec des Irakiens. Je me demandai s'il y voyait vraiment un moyen efficace et réaliste d'obtenir des informations ou s'il estimait – comme les Américains – que le régime irakien risquait fort de regimber sur ce point, ce qui permettrait de l'accuser de violation de la résolution – d'infraction matérielle, autrement dit.

Tony Blair nous dit que l'idée d'une « échéance prolongée » l'inquiétait. En l'absence d'incident particulier et si les découvertes des inspecteurs étaient d'« ordre inférieur », on se trouverait devant un dilemme. La pression militaire était un argument de poids pour convaincre l'Irak de coopérer – j'étais d'accord –, mais les États-Unis ne pouvaient pas se permettre de maintenir des troupes inactives dans la région pendant de longs mois. L'Irak avait le devoir de coopérer activement et de faire des révélations. On ne pouvait tolérer qu'il se fasse tirer l'oreille. Par ailleurs, quel message recevrait un pays comme la Corée du Nord si, au terme de plusieurs mois de coopération tout à fait insatisfaisante avec nos inspecteurs, le monde faisait machine arrière et se refusait à faire suivre d'effet le signal clair qu'il avait adressé à l'Irak par l'intermédiaire du Conseil de sécurité, et qu'il avait encore renforcé par une menace militaire sérieuse ? Dans l'éventualité d'un manque persistant de « coopération honnête » de la part de l'Irak, il faudrait peut-être se résoudre à prendre de graves décisions aux alentours du 1er mars.

Je me demandais si ces propos se faisaient l'écho d'un accord conclu entre les États-Unis et la Grande-Bretagne ou si le Premier ministre espérait que, informé de sa vision des choses, je présenterais un tableau suffisamment noir à mes homologues de Bagdad quelques jours plus tard pour inciter le régime à s'engager dans une coopération plus active. À l'écoute de ses commentaires, je fus également frappé par la place qu'occupait dans ses réflexions la conscience de la nature atrocement brutale, malfaisante même, du régime de Bagdad.

La terreur que faisait régner le régime de Saddam était effectivement notoire et parfaitement documentée, ne fût-ce que par les rapports officiels présentés devant l'Assemblée générale des Nations unies. Pourtant, lorsque les administrations Clinton et Bush avaient prôné un « changement de régime », la raison invoquée n'avait jamais été que pareil régime ne pouvait être toléré sur la planète. Ces gouvernements avaient toujours allégué, en revanche, que c'était le meilleur moyen de s'assurer de l'éradication de toutes les armes de destruction massive. S'ils avaient mis en avant le côté despotique du pouvoir irakien pour préconiser une intervention armée, on n'aurait pas manqué de leur demander s'ils avaient l'intention de déposer *tous* les régimes de terreur. Mais peut-être Blair et Bush, deux hommes profondément religieux, se sentaient-ils renforcés dans leur détermination politique par le sentiment de ne pas combattre uniquement la prolifération, mais le Mal. En l'absence de toute découverte d'armes de destruction massive dans l'Irak occupé, ces deux dirigeants se concentrèrent évidemment sur l'argument de la terreur, qui leur tenait peut-être à cœur, mais dont ils n'avaient guère fait état avant l'intervention militaire.

En répondant à Tony Blair, je ne fis aucun commentaire sur son allusion à la nature criminelle du régime de Saddam et me contentai de reconnaître que l'on ne pouvait exclure le risque d'une longue période de « coopération hypocrite » de la part de l'Irak. En revanche, si nous obtenions une coopération entière et active, les progrès pourraient être relativement rapides – une question de quelques mois.

Après notre entretien, Tony Blair nous proposa très gentiment, à Torkel Stiernlöf, mon assistant, et à moi-même, de nous faire visiter certaines pièces de la maison. Il nous montra la toile de Rubens que Churchill avait cherché à améliorer de quelques touches de pinceau, une intervention que l'on n'avait découverte qu'au moment de la restauration du tableau. Globalement, la rencontre fut tout à fait chaleureuse et alla droit au but. La question des services de renseignement ne fut pas abordée ce jour-là. Elle le serait au cours d'entretiens ultérieurs.

À la réunion de Bagdad via Larnaka

Le samedi 18 janvier, le lendemain de mon entrevue avec Tony Blair, nous prîmes l'avion pour rejoindre El-Baradei à Larnaka. Cette ville de Chypre servait en effet de point de départ à la navette que nous avions mise en place avec Bagdad. Je descendis à l'hôtel Flamingo Beach un établissement plaisant et modeste, où nous avions installé un bureau régional et qui se trouvait à une distance commode de l'aéroport. Le nom de l'hôtel – *flamingo* signifie « flamant rose » en anglais – était des plus appropriés, car une multitude d'oiseaux de cette espèce peuplait le petit lac voisin. J'appris qu'ils doivent leur couleur rose aux mollusques rouge vif qui constituent la base de leur alimentation. Si j'ignorais cela, je savais, en tant qu'amateur de tapis d'Orient, que nombre d'entre eux tirent leur teinture rouge vif de ces mêmes coquillages.

Les inspections puis la guerre en Irak furent une véritable manne pour le propriétaire du Flamingo Beach. Les touristes se font généralement rares à Chypre en hiver. Et voilà qu'à partir du mois d'octobre 2002 une véritable avalanche de fonctionnaires et d'inspecteurs de l'ONU s'abattit sur son hôtel ! La période où une kyrielle d'inspecteurs allaient et venaient entre Bagdad et Chypre ne dura que peu de temps après la suspension des inspections, en mars, mais notre bureau resta en place, tout comme les fonctionnaires qui en assuraient le fonctionnement. En outre, un grand nombre d'autres organisations des Nations unies, actives en Irak après la guerre, logèrent une partie de leur personnel au Flamingo Beach.

J'arrivai à Bagdad avec Mohamed El-Baradei le dimanche 19 janvier. Après avoir traversé la ville poussiéreuse et lasse, nous nous installâmes à l'hôtel

Rachid, un établissement confortable, veillant soigneusement à ne pas piétiner le président Bush senior, dont le portrait ornait un tapis délibérément placé dans l'entrée. Notre première réunion au ministère des Affaires étrangères eut lieu l'après-midi même. La délégation irakienne était dirigée par le Dr Amir Al-Sa'adi, que nous connaissions bien grâce à de précédents entretiens.

J'annonçai en introduction que nous arrivions avec des impressions toutes fraîches des Nations unies à New York, de l'Union européenne à Bruxelles et de visites à Moscou, Paris et Londres. Le son de cloche avait été le même partout : l'heure était grave. Nous devions présenter un point de la situation au Conseil de sécurité le 27 janvier et nos propos feraient l'objet d'une grande attention. Je déclarai également que je ne croyais pas la guerre inévitable, mais que c'était une possibilité évidente. Un désarmement sérieux, vérifié par des inspections, devait permettre d'éviter cette guerre, au lieu d'en être le prélude. Il fallait que les inspecteurs puissent rassurer le Conseil de sécurité sur la réalité du désarmement irakien ; seules la transparence et la présentation de preuves pourraient leur inspirer confiance. Nous ne présumions ni de la culpabilité ni de l'innocence de l'Irak. Nous avions besoin d'une coopération active – ou, pour utiliser un terme à la mode, « proactive ». On ne jouait pas aux échecs ! Les inspections n'étaient pas une sanction ; elles offraient à l'Irak une chance qu'il ferait bien de saisir. Plusieurs problèmes pratiques réclamaient une solution urgente. Nous devions pouvoir faire pénétrer librement des hélicoptères dans les zones d'exclusion aérienne et utiliser des avions U2. Le nombre d'observateurs irakiens présents lors des inspections devait diminuer. Dans certains cas, on en avait dénombré cinq pour un seul inspecteur ! C'était du harcèlement caractérisé. Nous souhaitions également qu'on nous assure que les médias ne viendraient pas troubler les inspections.

Mohamed El-Baradei prit ensuite la parole. L'impatience, expliqua-t-il, n'avait cessé de croître au cours des onze années passées. Il nous fallait des résultats tangibles dans le mois à venir. Nous avions certes enregistré des progrès, notamment en matière d'accès rapide aux sites, mais nous voulions des éléments précis de preuve, une documentation, des interviews en privé. Il demanda pourquoi la mise en place d'une législation nationale n'était pas encore effective, et affirma que certaines déclarations publiques, comme celles qui traitaient les inspecteurs d'espions, envoyaient au monde des signaux défavorables sur l'attitude de l'Irak à l'égard des nouvelles inspections.

Le Dr Al-Sa'adi évoqua le problème des preuves. Comment l'Irak pouvait-il prouver qu'il ne possédait pas d'unités mobiles se livrant à des activités biologiques interdites et qu'il n'avait pas importé d'uranium naturel *(yellowcake)* du Niger ? Il se plaignit longuement de mon analyse de la déclaration irakienne du 8 décembre et affirma que si, comme l'admettait ce document, certains missiles avaient, au cours de vols d'essai, dépassé la portée autorisée de 150 kilomètres, ils ne contrevenaient pas pour autant aux directives de base. Un des responsables du programme se livra, dans le cadre de ces entretiens, à un long exposé spécialisé sur les missiles. Je profitai d'une pause autour d'une tasse de thé pour expliquer à Al-Sa'adi qu'il fallait absolument que nous trouvions le moyen d'établir un contrôle routier pour les camions, qui nous permettrait en même temps de vérifier les allégations touchant l'existence d'unités mobiles de production d'armes biologiques. Nous avions reçu quelques conseils des autorités policières, mais il fallait mettre en place ce contrôle, avec la participation des Irakiens. Al-Sa'adi réagit favorablement à cette initiative, mais fit remarquer que l'hypothèse d'usines bactériologiques mobiles était absurde. Le simple risque de collisions suffisait à dicter l'abandon d'un tel projet.

La réunion se poursuivit pendant près de deux heures et demie le dimanche après-midi, et aussi longtemps le lundi matin. Elle nous permit de résoudre certains points en suspens ; d'autres furent laissés de côté. Nous nous étions mis d'accord sur le principe d'un observateur irakien pour un inspecteur de l'ONU. Nos hélicoptères seraient autorisés à procéder à des vols d'inspection dans les zones d'exclusion aérienne, et embarqueraient des observateurs irakiens, puisque ceux-ci ne pouvaient pas se servir d'hélicoptères dans ces zones. En revanche, les journalistes seraient exclus. Malheureusement, il n'y eut aucune avancée sur la question de la présentation de nouvelles preuves (c'est-à-dire de documents plus nombreux), et le problème des U2 ne fut pas réglé.

Mohamed avait fait savoir par différentes filières qu'une invitation chez Saddam Hussein serait plus qu'opportune, mais seule une visite au vice-président Taha Yassin Ramadan fut organisée après nos entretiens du dimanche. Nous abordâmes avec lui un grand nombre des questions déjà évoquées au cours de la réunion qui venait de s'achever : situation d'urgence, accusations d'espionnage, mise en place d'une législation.

À l'issue de cette entrevue avec Ramadan, nous convoquâmes tous les inspecteurs et les autres employés de la COCOVINU et de l'AIEA en poste à Bagdad dans les bureaux des Nations unies, à l'hôtel Canal, pour les informer de ce qui s'était dit avec les Irakiens, leur montrer que nous faisions tous partie d'une seule équipe et leur rappeler à quel point leur mission était fondamentale et délicate.

Après les réunions des délégations le lundi matin, nous dressâmes, avec les Irakiens, une liste de dix points que nous présentâmes lors de conférences de presse distinctes avant notre départ. Nous avions préféré ne pas organiser de conférence de presse commune, par crainte de donner à l'opinion publique l'impression que le climat était au beau fixe, alors qu'en réalité les résultats étaient bien maigres. Avant mon entrée dans la salle remplie de journalistes, Dimitri Perricos me suggéra de mentionner, préalablement à nos dix points d'accord, certains sujets litigieux. Dans mes remarques d'introduction, je déclarai donc que, malheureusement, il restait plusieurs éléments sur lesquels nous n'avions pas pu nous entendre, notamment la question de l'utilisation des U2.

Parmi les dix points évoqués, il était précisé que le camp irakien « encouragerait » les gens à laisser les inspecteurs fouiller des sites privés (résidences particulières) et à accepter des interviews sans observateurs. Nous annonçâmes également la nomination par les Irakiens d'une commission chargée de rechercher les munitions dont la trace avait été perdue. Cette mesure faisait suite à la découverte de plusieurs ogives chimiques. Nous soulignâmes que les discussions techniques avec l'AIEA se poursuivraient afin d'essayer de tirer au clair les questions nucléaires non encore réglées, dont celles des tubes d'aluminium prétendument destinés à des centrifugeuses et de l'importation d'uranium naturel dont certains avaient fait état.

C'était notre premier voyage à Bagdad depuis la reprise des inspections. Nous avions prévenu les Irakiens que nous ne pouvions plus attendre et qu'il nous fallait absolument des progrès spectaculaires. Or ils avaient perdu beaucoup de temps à ressasser leurs rancœurs. Je pouvais les comprendre, certes, mais ce n'était pas le moment de se répandre en jérémiades ni d'essayer de jouer au plus fin avec nous sur les vols de reconnaissance des U2, l'accès des hélicoptères aux zones d'exclusion aérienne ou les interviews privées. Nous n'avions pas pu rencontrer Saddam pour lui exposer la gravité de la situation. Sans doute ne jugeait-il pas digne de lui de nous recevoir. Était-il mal informé, ou croyait-il pouvoir, une fois de plus, se tirer d'un mauvais pas ? Nous repartîmes un peu déçus par cette occasion manquée.

Le lundi après-midi, notre avion des Nations unies nous conduisit directement à Athènes où nous voulions voir le ministre grec des Affaires étrangères, George Papandreou, qui était alors président du Conseil des ministres des Affaires étrangères de l'Union européenne. La Grèce venait en effet de prendre la présidence de l'Union. Il n'y avait pas de chauffage à bord de cet énorme avion de transport et nous arrivâmes transis. Par bonheur, l'accueil fut aussi chaleureux que plaisant. Je me sentis immédiatement à l'aise avec George Papandreou, qui parlait couramment suédois, car il avait passé une partie de sa jeunesse et de ses années d'études en Suède. Sa famille s'était réfugiée là-bas pour fuir la junte militaire qui avait pris le pouvoir en Grèce à la fin des années 1960. Mais je fus également séduit par sa simplicité et sa manière intelligente et constructive d'aborder les problèmes.

Nous étions d'accord pour juger que la contribution de l'Europe à la non-prolifération ne devait pas se limiter à l'expression de réticences à l'égard du recours à la force. Les États-Unis avaient longtemps été les adversaires les plus ardents et les plus énergiques de la prolifération. L'opposition actuelle des États européens à une intervention militaire en Irak devait avoir pour pendant un intérêt et un rôle plus actifs ailleurs, en Iran et en Corée du Nord, par exemple. Ce point de vue conduisit George Papandreou, la ministre suédoise des Affaires étrangères Anna Lindh – tragiquement assassinée plus tard dans l'année – et tous leurs collègues européens à approuver la déclaration de Thessalonique. Ils adoptèrent un document sur des principes de base ainsi qu'un plan d'action de l'Union européenne contre la prolifération des armes de destruction massive. Les Européens, comme les États-Unis, n'excluaient pas la nécessité de faire usage de la force, en dernier recours. Restait à déterminer à quel moment on pouvait estimer que toutes les autres solutions avaient été épuisées et que la clause du dernier recours s'appliquait.

Préparatifs en vue du Conseil de sécurité, le 27 janvier

Dès notre retour à New York, nous commençâmes à préparer le point de la situation que nous devions présenter au Conseil de sécurité le 27 janvier.

Nous n'ignorions pas que de nombreux gouvernements examineraient nos déclarations à la loupe, à l'affût d'arguments susceptibles d'étayer leurs positions. C'était tout à fait naturel. Mais on m'a souvent demandé plus tard si certains gouvernements n'avaient pas cherché à nous influencer en faveur de telle ou telle position. La réponse est non. Les gouvernements et leurs représentants, les ambassadeurs en poste à New York, ont toujours fait preuve de la plus parfaite correction. Personne ne m'a jamais incité à affirmer telle chose plutôt qu'une autre. Ce qui ne veut pas dire que les gouvernements et les fonctionnaires ne défendaient pas leurs positions entre eux et en public. Les États-Unis n'attendirent pas notre exposé du 27 janvier pour faire connaître leur analyse de la situation à l'opinion publique.

Quelques jours avant la réunion, la Maison-Blanche publia une brochure intitulée *Où en est le désarmement ?*. Ce texte reprenait un argument familier : la vraie question était de savoir si l'Irak « avait pris la décision stratégique de renoncer à ses armes de destruction massive ». Sans se donner la peine de mentionner que le pays avait, jusqu'à présent, accordé systématiquement un accès rapide à tous les sites, la brochure affirmait au contraire – de manière plausible mais en n'avançant aucune preuve – qu'il continuait à se livrer à « des efforts de dissimulation très organisés ». Elle relevait que d'importantes quantités d'armes n'avaient « toujours pas été retrouvées », ce qui était exact, mais incitait le lecteur à croire que ces articles disparus existaient encore – ce qui n'avait rien de sûr. Elle s'appuyait également sur plusieurs assertions qui se révéleraient plus tard infondées ou erronées, dont celle accusant l'Irak d'avoir cherché à se procurer de l'uranium à l'étranger. Comme je l'ai déjà souligné, cette allégation s'inspirait probablement d'un document dont on découvrit par la suite qu'il était un faux.

L'attitude américaine exposée dans cette brochure fut encore confirmée, vers la même époque, par le secrétaire adjoint à la Défense, Paul Wolfowitz. Dans un discours prononcé devant le Conseil des relations extérieures, il fit allusion à la volonté, exprimée tant par l'administration Clinton que par l'administration Bush, d'obtenir un « changement de régime » en Irak. Cette exigence n'avait jamais figuré dans les résolutions des Nations unies et avait même été critiquée, car elle n'incitait guère le régime à se soumettre. M. Wolfowitz réussit alors le tour de force sémantique de parvenir à concilier la position des États-Unis et celle de l'ONU. Il affirma que la seule manière d'éviter un changement de régime serait que le régime change de nature. Pour dire les choses plus simplement : l'élimination de Saddam n'était pas une condition *sine qua non*, mais celui-ci devait témoigner d'un « changement radical d'attitude ». Sans doute M. Wolfowitz était-il persuadé qu'il n'y aurait pas plus de changement de ce genre que de décision stratégique.

Les États-Unis ne plaidaient pas directement pour la guerre. Ils faisaient valoir deux éléments majeurs révélant que l'Irak violait la résolution 1441, laquelle lui avait accordé, quelques mois plus tôt, une « dernière opportunité » de s'acquitter de ses obligations en matière de désarmement.

La déclaration irakienne du 8 décembre – voilà le premier argument – était « inexacte et incomplète ». Comme je l'ai noté, c'était peut-être le cas, mais tout ou presque dépendait de l'existence ou non d'armes à déclarer. On ignorait effectivement ce qu'étaient devenus un grand nombre de produits interdits et l'on soupçonnait que certains documents n'avaient toujours pas été présentés. Mais que faire si, comme le prétendait l'Irak, il ne possédait véritablement plus d'armes et pas d'autres documents pertinents ?

Le second élément de l'argumentation américaine, le plus important, était que l'Irak n'avait pas accordé à la COCOVINU et à l'AIEA la coopération immédiate, inconditionnelle et active exigée par la résolution. Cette accusation était évidemment beaucoup plus générale, et un peu plus difficile à préciser. Certes, les Irakiens n'avaient manifesté aucune bonne volonté en matière de surveillance aérienne et d'interviews en tête à tête. Les États-Unis partaient également du principe qu'un désarmement ne passe pas inaperçu et se référaient à trois cas bien connus : l'Afrique du Sud, qui avait supprimé ses armes nucléaires sous le contrôle de l'AIEA, et l'Ukraine et le Kazakhstan, qui s'étaient eux aussi débarrassés de leur potentiel nucléaire. J'avais moi-même donné à plusieurs reprises l'Afrique du Sud en exemple à l'Irak et nul ne pouvait nier que, malgré une coopération acceptable sur les questions de procédure, le désarmement n'inspirait pas au régime irakien un enthousiasme débordant.

La réunion du Conseil inquiétait pourtant le gouvernement irakien. Dans une longue lettre adressée à Kofi Annan, le ministre irakien des Affaires étrangères, Naji Sabri, cita les inspecteurs de l'ONU qui, sous la direction de Richard Butler, auraient déclaré en avril

1998 : « On n'ignore pas grand-chose du potentiel d'armes interdites que conserve l'Irak. » Le ministre rappelait également que l'Irak avait accordé un accès sans réserve à nos inspecteurs, alors même que certains d'entre eux avaient, affirmait-il, « commis des actes inadmissibles ». Malgré l'accumulation de troupes américaines à ses frontières, le gouvernement irakien n'avait rien perdu de sa véhémence.

La réunion du 27 janvier

On attendait beaucoup de cette réunion du Conseil de sécurité. Le désarmement par le biais des inspections était-il efficace ou la guerre aurait-elle lieu ? Il ne s'agissait pas d'un simple exposé de routine du secrétariat. Les ministres des Affaires étrangères de la plupart des pays membres seraient présents, et la réunion serait publique. Jamais dans leur histoire, nous dit-on, les Nations unies n'avaient attiré pareille attention des médias.

N'ayant regagné New York depuis Bagdad et Athènes que dans l'après-midi du mardi 21 janvier, il ne me restait guère de temps pour préparer mon discours avant la réunion du Conseil, prévue pour le lundi suivant. J'avais pris des notes dans l'avion qui me ramenait d'Athènes et, dès mon retour au bureau le mercredi matin, je demandai à quelques-uns de mes collaborateurs de rédiger des observations sur certains résultats précis des inspections et de préparer des évaluations techniques. Je commençai à écrire mon texte dans l'après-midi, la soirée et la nuit. Devant passer la totalité du jeudi avec le Collège des commissaires, je réalisai le plus gros du travail de rédaction entre le vendredi 24 janvier après-midi et le dimanche 26 à 22 heures. J'avais enrôlé une demi-douzaine de personnes : mes plus proches conseillers, quelques experts techniques et un juriste. Je travaillais sur disquette chez moi et l'apportais ensuite au bureau où je la copiais et l'imprimais pour le reste de mon équipe. N'étant pas un as de l'informatique, je tremblais à l'idée d'effacer par mégarde une partie d'un texte qui m'avait coûté de longues heures d'un temps précieux. Par bonheur, il n'y eut aucune catastrophe de ce genre.

Après d'ultimes corrections le lundi matin, le texte fut reproduit en un nombre suffisant d'exemplaires pour les interprètes. La salle du Conseil était bondée. Il y avait littéralement de l'électricité dans l'air, avec toutes les caméras de télévision et tous les micros inclinés au-dessus de la salle et de la table en fer à cheval à laquelle siégeaient les représentants des quinze États membres du Conseil – des ministres des Affaires étrangères, pour la plupart. Nous occupions, Mohamed et moi, des sièges réservés sur le côté, jusqu'à ce que le président du Conseil, qui était ce mois-ci l'ambassadeur de France, Jean-Marc de La Sablière, nous invite à prendre place à la table.

Il m'était arrivé d'expliquer que les inspections n'étaient pas une sanction mais une chance – une chance d'acquérir de la crédibilité. Mais j'avais l'impression que, contrairement à l'Afrique du Sud, l'Irak n'avait pas su saisir cette chance, et je déclarai franchement dans la première partie de mon discours : « L'Irak ne paraît pas avoir vraiment accepté – même aujourd'hui – le désarmement qui est exigé de lui et qu'il doit absolument entreprendre pour gagner la confiance du monde et vivre en paix. »

Reprenant une distinction que nous avions établie, Mohamed El-Baradei et moi, entre coopération sur la procédure et coopération sur le fond, je notai qu'il semblait, à en juger par nos observations, que l'Irak avait décidé, en principe, d'accorder sa coopération en matière de procédure, et plus particulièrement concernant l'accès aux sites. Il fallait, soulignai-je, qu'il prenne la même décision sur le fond pour parachever le désarmement grâce au processus pacifique des inspections. En fait, je partageais le point de vue américain réclamant une « décision stratégique ». J'avais l'impression que la moitié de cette décision avait été adoptée, et je plaidai pour que l'autre moitié le soit de toute urgence.

Sur le fond, je pris note d'un certain nombre d'insuffisances. Les résolutions du Conseil faisaient état de « questions de désarmement non résolues », et j'avais perçu une vague nuance d'arrogance dans les propos des Irakiens affirmant que les « prétendues "questions de désarmement non résolues" n'ont aucune signification tangible ». Je rappelai dans mon discours qu'elles méritaient d'être prises au sérieux au lieu d'être écartées comme des « machinations malveillantes ». Je regrettai également que la déclaration de 12 000 pages ne contienne pas, semblait-il, de nouveaux éléments susceptibles d'éliminer ces questions ou d'en réduire le nombre.

Je notai que nos rapports n'affirmaient ni n'excluaient la présence d'armes de destruction massive sur le territoire irakien, tout en relevant le manque de preuves et les points d'interrogation qui subsistaient et empêchaient la clôture des dossiers. Pour illustrer ce point, j'évoquai un certain nombre de problèmes concrets, comme celui de l'agent chimique VX. Nous disposions, affirmai-je, d'« indications sérieuses » laissant entendre que l'Irak avait produit davantage de bacille du charbon qu'il ne le prétendait et qu'il en possédait peut-être encore. Je n'en dis pas davantage. Un rapport d'experts que j'avais reçu à ce sujet donnait très clairement à penser qu'une certaine quantité de bacille du charbon avait été conservée au moment de la destruction de cet agent toxique en 1991, et qu'il pouvait encore être efficace si les Irakiens avaient réussi à le déshydrater. Mais ces indices, bien qu'inquiétants, n'étaient pas probants.

Je fis allusion aux quatre ogives chimiques que nous avions trouvées sur un site déclaré et à la cache contenant des documents relatifs au nucléaire découverte au domicile d'un chercheur. Je signalai également que les Irakiens avaient créé un comité spécial d'enquête, qui avait mis la main sur quatre autres roquettes chimiques.

J'évoquai les obstacles auxquels se heurtaient les vols d'U2. Les Irakiens ne contestaient pas notre droit de faire voler ces avions mais prétendaient, ce qui était pure propagande, que pour assurer la sécurité de « nos » U2 il fallait que les États-Unis et la Grande-Bretagne cessent de bombarder les zones d'exclusion aérienne. Ces agissements, et d'autres dans la même veine, n'étaient pas raisonnables de la part d'un pays qui devait absolument prouver sa volonté de coopération « proactive » sur tous les fronts. Nous ne nous contenterions pas d'un accès rapide aux sites. Il ne suffisait pas, déclarai-je au Conseil, que l'Irak ouvre ses portes. Nous ne le laisserions pas jouer au plus fin avec nous.

Je conclus mon discours en informant le Conseil du développement rapide des opérations d'inspection, du déploiement en Irak de 260 collaborateurs originaires de 60 pays, tous au service des Nations unies et n'ayant de comptes à rendre qu'à elles. Au cours des deux derniers mois, nous avions effectué près de 300 inspections sur plus de 230 sites différents, dont plus de 20 n'avaient encore jamais été visités.

Je déclarai pour finir que le potentiel mis en place très rapidement était désormais opérationnel et à la disposition du Conseil de sécurité. La COCOVINU, dis-je, partageait le sentiment d'urgence du Conseil ; il fallait utiliser les inspections pour obtenir, « dans un délai raisonnable », un désarmement vérifiable de l'Irak. C'était au Conseil, et non à moi, de définir ce qui était « raisonnable ». Mais le temps pressait, j'en étais conscient, et je ne voulais pas que l'on s'imagine que la perspective de plusieurs années d'inspections était tolérable à nos yeux.

Dans le domaine nucléaire, Mohamed El-Baradei rencontrait des obstacles moins nombreux et moins graves, et il n'hésita pas à demander au Conseil d'accorder davantage de temps aux inspections. Il rappela dans son discours qu'à la fin de 1992 l'AIEA avait largement détruit, retiré ou désactivé toutes les installations et tous les équipements irakiens relatifs à la production d'armes nucléaires. En 1994, l'Agence avait également retiré toutes les matières fissiles d'Irak. En 1998, au moment de l'interruption des inspections, elle ne disposait d'aucun indice donnant à penser que l'Irak conservait la capacité matérielle de produire du matériel nucléaire utilisable à des fins militaires. Mohamed signala cependant quelques pierres d'achoppement. L'AIEA avait vainement cherché à mener des entretiens privés. Trois jours plus tôt encore, une requête en ce sens avait été repoussée. Il réclama également aux États membres plus d'informations utilisables, et exhorta l'Irak à renoncer à son « soutien passif » et à manifester une vraie volonté d'assistance en livrant aux inspecteurs des documents et d'autres éléments de preuve.

Pour finir, Mohamed remarqua que le travail de l'Agence « progressait régulièrement et qu'il fallait lui permettre de suivre son cours ». Moyennant un soutien proactif soutenu de l'Irak, l'Agence devait être en mesure, « dans un délai de quelques mois », de fournir des assurances solides de l'absence de tout programme d'armes nucléaires en Irak. Ces quelques mois constitueraient un précieux « investissement dans la paix, car ils pourraient nous aider à éviter la guerre ».

Il est vrai que, dans son domaine, Mohamed connaissait relativement peu de problèmes de fond, ce qui lui permettait, et lui imposait même, de se montrer moins critique que moi. Pourtant, je ne crois pas que j'aurais réclamé aussi clairement quelques mois supplémentaires sans être assuré de pouvoir, à l'issue de ce délai, garantir des résultats satisfaisants.

Les réactions

La grande séance publique fut levée à l'issue de nos interventions. Au cours de la réunion à huis clos qui suivit, il n'y eut pas de débat et l'on se contenta de nous poser quelques questions. De même, lors de rencontres privées avec des ambassadeurs ou d'autres représentants des États membres, ceux-ci ne jugèrent pas utile de nous exprimer immédiatement leur satisfaction ou leur mécontentement. Ils étaient là pour rendre compte, pas pour réagir.

J'avais espéré que ma franchise pousserait nos homologues irakiens à cesser de traîner les pieds et de jouer les marchands de tapis, mais je n'avais pas prévu que le bilan assez dur de mon rapport intermédiaire allait faire le bonheur des faucons de Washington et d'ailleurs. Je n'avais pas repris les allégations américaines ou britanniques concernant l'existence d'armes de destruction massive en Irak et n'avais pas relevé d'infractions flagrantes à la résolution de novembre ; mais j'avais confirmé que certaines questions de désarmement n'étaient toujours pas réglées et que la coopération de l'Irak sur le fond n'était pas ce qu'elle aurait dû être.

Dans les journées qui suivirent la réunion, des journalistes me demandèrent si j'étais conscient d'avoir joué le jeu des faucons. Je leur répondis que je n'avais pas joué du tout. Ma seule intention avait été de présenter un rapport exact. C'était ce qu'on nous demandait et notre tâche s'arrêtait là. Évaluer la situation et en conclure s'il convenait de poursuivre les inspections ou de faire la guerre était du ressort du Conseil.

Raghida Dergham, une journaliste perspicace, engagée et bien informée que nous avions surnommée le « missile druze », écrivit dans *Al-Hayat*, un journal de langue arabe, que l'on pouvait estimer que mon rapport « servait la cause américaine et fournissait des armes aux faucons ». Mais, poursuivait-elle, « à la seconde lecture, on se rend compte qu'en réalité Blix a peut-être rendu service à l'Irak en faisant monter la pression, quelques semaines à peine avant le début des opérations militaires, dans l'espoir que Bagdad comblerait les lacunes des déclarations et encouragerait ses chercheurs et ses fonctionnaires à se laisser interroger ». Il est vrai que, bien que mon souci premier eût été de livrer un rapport consciencieux, je n'avais jamais cessé de nourrir cet espoir.

Je craignais qu'une fois de plus les Irakiens n'en fassent trop peu, et trop tard. Ils auraient pu accepter les inspections dès l'été, au lieu d'attendre l'automne 2002. Le cas échéant, ils auraient certainement obtenu des conditions d'inspection beaucoup plus souples que celles, franchement draconiennes, qui nous furent imposées par la résolution 1441. L'attitude qu'ils affichaient, tout en marquant un progrès évident sur celle qu'ils avaient manifestée entre 1991 et 1998, était très risquée. Je soupçonne que l'intrusion que représente inévitablement toute inspection, même menée avec la plus extrême correction, conjuguée à un puissant sentiment d'orgueil de la part des Irakiens, leur rendait les choses difficiles et les empêchait de suivre le conseil que j'avais donné un jour en plaisantant au Dr Al-Sa'adi, en faisant allusion à une visite chez le dentiste : il faut ouvrir la bouche tout grand et se persuader que ça ne fait pas mal, que ce n'est qu'une impression.

La réaction des autorités irakiennes à mon discours était sans doute prévisible : Naji Sabri, le ministre des Affaires étrangères, écrivit à Kofi Annan une lettre de protestations. Pourtant, le jeudi 30 janvier, notre homologue, le Dr Al-Sa'adi, nous invita, Mohamed El-Baradei et moi, à participer à une nouvelle série de négociations à Bagdad. Les Irakiens avaient-ils compris qu'il n'y avait pas de temps à perdre et qu'il fallait absolument passer à la vitesse supérieure ? Était-ce la dernière chance de pouvoir éviter le pire ?

La visite à laquelle nous étions conviés possédait, j'en étais conscient, un caractère d'urgence et représentait peut-être une ultime ouverture. Mais nous ne pouvions pas nous permettre de pécher par naïveté et courir à Bagdad à bride abattue au risque de repartir les mains vides. C'était aux Irakiens d'insister pour nous convaincre, nous et le Conseil de sécurité, qu'ils étaient décidés à changer de rythme et à progresser sur les questions de fond.

Mohamed et moi nous demandâmes s'il fallait s'assurer de ce changement d'attitude en mettant des conditions à notre venue, en exigeant par exemple le règlement préalable de certains problèmes, comme celui des U2. Sans consulter qui que ce fût, nous préférâmes exprimer l'espoir que nous placions dans cette visite. Avec l'accord de Mohamed, j'adressai donc au Dr Al-Sa'adi une réponse positive, tout en soulignant que « les nombreuses questions encore en suspens [devaient] être prises au sérieux et réglées rapidement ».

7

Au bord de l'abîme

Entre le jour où nous avons présenté notre rapport intermédiaire au Conseil de sécurité et notre départ pour Bagdad, de nouveaux acteurs majeurs sont entrés en scène et des débats au sommet ont eu lieu à l'échelle nationale et internationale. Les failles se sont creusées, dans le monde et au Conseil.

Le mardi 28 janvier, le président Bush prononça son discours sur l'état de l'Union au Congrès. En le suivant à la télévision, je fus frappé par la différence de style entre cette allocution et ce qui pouvait se passer dans n'importe quel Parlement européen. En effet, malgré les pratiques politiques extrêmement partisanes du Congrès américain, des applaudissements interrompaient constamment le président. Les auditeurs se levaient d'un même mouvement, sympathisants et adversaires manifestement confondus. J'imaginais mal pareille attitude à l'Assemblée nationale française ou à la Chambre des communes britannique. On se serait cru à une fête patriotique. La nation tout entière se rassemblait autour du chef d'État qui, pourtant, défendait la politique d'un seul parti. Le président consacra l'essentiel de son discours à l'économie de son pays. Sans doute préférait-il éviter de donner l'impression qu'il s'intéressait prioritairement à sa puissance militaire. Il finit néanmoins par aborder la question de l'Irak et de la Corée du Nord. Les médias s'en firent très largement l'écho, relevant notamment une phrase qui allait rester dans les annales : « Le gouvernement britannique a appris que Saddam Hussein a récemment cherché à se procurer d'importantes quantités d'uranium en Afrique. » Autrement dit, l'Irak avait l'ambition de se doter d'armes nucléaires. Comme je l'ai déjà dit, et j'y reviendrai plus tard, la source de cette déclaration du président des États-Unis devant le Congrès américain était un faux contrat prétendument passé entre l'Irak et le Niger.

En entendant le discours de Bush, beaucoup de gens ont acquis la conviction que la décision de faire la guerre avait été prise. Cela faisait des mois que les États-Unis se préparaient à l'invasion de l'Irak. Je continuais pourtant à penser que ce plan pouvait être bloqué, modifié ou retardé en fonction des circonstances. J'avais l'impression que l'administration américaine – ou certains de ses membres – espérait encore que l'accroissement de la pression militaire, politique et diplomatique suffirait à faire craquer Saddam Hussein. Mais, de toute évidence, le président mettait encore un peu plus le couteau sous la gorge des Irakiens, tout en préparant le Congrès et l'opinion publique américaine à la guerre.

Lors d'une réunion entre Bush et Blair qui eut lieu à Washington le 31 janvier, mon voyage imminent à Bagdad en compagnie de Mohamed El-Baradei fut présenté comme une entreprise au mieux absurde. Croyant qu'il s'agissait d'une mission de « négociation », Bush avait affirmé : « L'idée de faire venir des inspecteurs pour négocier n'est qu'une farce. » S'il n'approuvait pas notre intervention, son mépris semblait être dirigé essentiellement contre Saddam Hussein. Le gouvernement américain ne voulait pas laisser espérer une autre issue que la guerre, mais il ne souhaitait pas non plus critiquer ouvertement les inspecteurs.

L'envoi de troupes américaines dans le Golfe se poursuivit tout au long de février 2003. On attendait près de 200 000 hommes pour la fin du mois. À l'évidence, seul un retournement spectaculaire de situation, prouvant aux États-Unis et au monde la réalité du désarmement de l'Irak, permettrait d'éviter le recours à la force. Les Américains ne pouvaient certes pas réduire leur présence militaire, ni se retirer, simplement parce que les Irakiens ouvraient la porte aux inspecteurs et les laissaient se promener à leur guise. Les États-Unis – et une grande partie des autres pays du monde – étaient convaincus que l'Irak conservait un important arsenal d'armes de destruction massive. À la COCOVINU, cela nous paraissait tout à fait plausible. Toutefois, un examen critique des documents ne nous permettait pas, en toute conscience, de parler de preuves concluantes. Et nous ne pouvions que reconnaître que c'étaient les États-Unis eux-mêmes qui, soucieux d'en finir, créaient ce sentiment d'urgence.

Pour qu'ils changent d'attitude, il fallait que les Irakiens livrent une quantité d'armes substantielle ou donnent une preuve irréfutable de leur destruction. On ne pouvait pas laisser les soldats attendre éternellement dans le désert. À la COCOVINU, nous nous demandions combien de temps cela pouvait durer et, comme d'autres, nous supposions qu'une date butoir avait dû être fixée – sans doute avant le printemps. Si les soldats américains étaient obligés de porter des combinaisons de protection contre les armes chimiques, combattre en pleine chaleur serait une épreuve effroyable. Quand j'avais rencontré Tony Blair à Londres, en janvier, il ne m'avait pas caché que si les Irakiens s'obstinaient à refuser une « coopération honnête », il faudrait peut-être se résoudre à prendre de graves décisions aux alentours du 1er mars. Lors de leur entrevue du 31 janvier, Bush et Blair avaient déclaré que la question de l'Irak devenait critique, et que c'était désormais une affaire de semaines et non de mois.

Du côté américain, on n'attendait manifestement pas grand-chose des inspections. Au lieu de relever que la COCOVINU n'avait commencé son travail sur le terrain que deux mois et demi plus tôt, on préférait rappeler que les inspections de l'UNSCOM s'étaient poursuivies entre 1991 et 1998 sans résultats décisifs.

Nous ignorons ce que pensait Saddam. Il l'avait déjà échappé belle en plusieurs circonstances, notamment en 1991, à la fin de la guerre du Golfe, quand il avait survécu à la défaite irakienne et conservé le pouvoir. Peut-être ses lieutenants ne lui confiaient-ils que ce qu'il devait, selon eux, avoir envie d'entendre : les sentiments d'hostilité croissante à la guerre qui agitaient le monde. Peut-être se disait-il qu'il lui suffirait de renforcer d'un cran la coopération irakienne avec les inspecteurs pour que l'opinion publique mondiale empêche toute intervention armée contre lui.

À la COCOVINU, nous pouvions évidemment nous interroger sur les intentions américaines et irakiennes, mais cela n'influençait en rien notre travail. Nous étions plongés dans les analyses et les inspections, nous visitions de nouveaux sites, nous tentions d'obtenir des entretiens sérieux avec des Irakiens compétents, nous recherchions tout ce qui pouvait être dissimulé ou essayions de comprendre pourquoi on ne trouvait rien.

Faut-il une résolution du Conseil de sécurité pour engager une intervention armée ?

L'administration américaine aurait bien voulu obtenir l'approbation du Conseil de sécurité des Nations unies pour une opération militaire. Les sondages révélaient clairement l'influence qu'un tel accord exercerait sur l'opinion publique américaine. Bien que je me sois félicité, dans mon rapport intermédiaire du 27 janvier devant le Conseil, de la coopération de l'Irak en matière de procédure, je reconnaissais également que l'Irak ne semblait pas avoir encore totalement accepté le désarmement. Du côté américain, certains espéraient manifestement que cet exposé serait suivi, presque automatiquement, d'un rapport de même teneur à la prochaine réunion d'information du Conseil. Le cas échéant, et si de surcroît l'Europe changeait d'attitude, le Conseil n'hésiterait sans doute pas à adopter la seconde résolution tant attendue, approuvant une intervention militaire.

Néanmoins, tout en appelant de leurs vœux une nouvelle résolution du Conseil de sécurité, les États-Unis n'avaient pas l'intention de laisser l'ONU peser sur leurs choix. Ils se préparaient sur le plan juridique à défendre une décision unilatérale de faire la guerre. Une opération militaire contre l'Irak n'exigeait pas l'approbation du Conseil : telle était la position officielle. Pour commencer, on pouvait se retrancher derrière l'article 51 de la charte des Nations unies, qui autorise les États à prendre des mesures individuelles ou collectives de légitime défense « dans le cas d'une agression armée ». Pour se lancer dans une opération de légitime défense, les États-Unis n'avaient pas, disait-on, à attendre que l'Irak soit prêt à les attaquer. L'existence nouvelle d'armes de destruction massive réclamait une interprétation de l'article 51 autorisant une action préventive. Rien ne nous oblige, déclara Condoleezza Rice, à attendre le champignon nucléaire, tandis que le président Bush affirmait que les États-Unis devaient réagir aux menaces avant qu'elles ne touchent le peuple américain. Ni l'un ni l'autre ne relevèrent que l'Irak ne disposerait en aucun cas d'un potentiel nucléaire avant de longues années ; par ailleurs, on ne savait pas encore officiellement que le fameux contrat d'importation d'uranium était un faux.

Le deuxième argument était que l'Irak avait transgressé une longue série de résolutions du Conseil de sécurité, dont certaines – notamment la dernière, la résolution 1441 de novembre 2002 – autorisaient les États-Unis à recourir à la force. Peut-être espérait-on que ces positions juridiques permettraient de convaincre le Conseil d'adopter une résolution – que l'on prétendait pourtant superflue. Si des membres du Conseil acceptaient une résolution autorisant le recours à la force, eux-mêmes et le Conseil seraient alors compétents et pourraient influer sur le texte. Au contraire, s'ils refusaient, aucune résolution ne serait mise aux voix. L'opération armée aurait quand même lieu, et le Conseil aurait prouvé son incompétence en la matière.

Ce raisonnement tendait à ignorer que d'autres membres du Conseil pourraient refuser d'être obligés de dire oui aux États-Unis pour faire la preuve de leur compétence. Ce n'était certainement pas ce type de compétence que le Conseil des ministres des Affaires étrangères de l'Union européenne avait à l'esprit quand, dans une déclaration du 27 janvier, il avait souligné le rôle du Conseil de sécurité. Sans exclure qu'il puisse être nécessaire de recourir à la force dans certaines circonstances, les ministres européens considéraient le Conseil de sécurité comme une tribune mondiale où les différents pays devaient mettre leurs réflexions en commun, négocier et définir une ligne de conduite et un calendrier valables pour tous.

La position juridique américaine selon laquelle il n'était pas nécessaire que le Conseil de sécurité approuve une opération militaire était largement rejetée. Elle contredisait notamment une interprétation que les Français soutenaient depuis les négociations sur la résolution de novembre : on ne pouvait envisager d'intervention sans un rapport des inspecteurs faisant état du refus d'obéissance de l'Irak, et le recours à la force armée exigeait une décision du Conseil.

Quant au gouvernement britannique, confronté à l'hostilité massive de son opinion publique à une intervention militaire, il estimait que, sans être indispensable, l'approbation du Conseil de sécurité était prioritaire. Cela explique que le Royaume-Uni ait été, de tous les membres du Conseil, celui qui chercha avec le plus d'énergie à obtenir un consensus et à faire passer une résolution approuvant le recours à la force.

À la COCOVINU, nous n'ignorions pas qu'une « guerre de nécessité » – menée en réaction à un cas d'agression avérée, comme l'occupation du Koweit par l'Irak en 1990 – peut être lancée individuellement ou collectivement sans approbation préalable du Conseil de sécurité. Les États-Unis prétendraient-ils s'être lentement préparés à une « guerre de nécessité » ou réclameraient-ils l'entière liberté de mener une « guerre de choix », contre des menaces potentielles, incertaines et peut-être lointaines ? Quels pouvaient être l'éloignement et l'imprécision du champignon nucléaire dont parlait Condoleezza Rice ? Si les États-Unis exigeaient de pouvoir prendre librement et unilatéralement la décision de lancer des frappes préventives, d'autres États se sentiraient certainement autorisés à affirmer les mêmes droits, ce qui entraînerait l'érosion des restrictions que la charte des Nations unies imposait au recours à la force.

En quoi consiste une « infraction matérielle » aux résolutions de l'ONU ?

Sans préjudice des importantes questions politico-juridiques concernant l'approbation par le Conseil de sécurité d'une intervention armée contre l'Irak, ceux qui souhaitaient passer à l'action devaient démontrer concrètement à l'opinion publique que l'Irak violait effectivement la résolution qui lui avait offert une « dernière chance ». Cette résolution définissait deux grandes catégories de violations, d'« infractions matérielles » : les omissions ou fausses déclarations de l'Irak touchant ses programmes d'armements, et le refus de respecter et de coopérer entièrement, « immédiatement, inconditionnellement et activement », avec la COCOVINU et l'AIEA. Sur ces deux points, le Conseil pouvait être sûr que les inspecteurs signaleraient aussitôt le moindre manquement. Or ni la COCOVINU ni l'AIEA n'ont, à aucun moment, présenté de rapport spécial au Conseil.

Un jour, au cours d'une émission de télévision, on m'a demandé ce qui, à nos yeux, pourrait faire l'objet d'un rapport spécial. Tout en étant convaincu qu'il ne fallait pas s'arrêter à des peccadilles, je ne voulais pas que ma réponse puisse rassurer les Irakiens et leur donner à penser qu'ils pouvaient se permettre de faire de l'obstructionnisme, même minime, sans en subir les conséquences. Voici ce que j'ai répondu : si, en route, une équipe d'inspection est retardée parce que le pneu d'une voiture d'observateurs est à plat, c'est un incident, mais s'il y a deux ou trois pneus crevés au cours du même trajet, l'affaire devient sérieuse. Mais, a insisté le présentateur, où tracez-vous la ligne ? J'ai répondu : quelque part entre un et deux. C'était une manière un peu désinvolte de réagir à une question à laquelle il était impossible de répondre en quelques mots, surtout à portée de voix des Irakiens.

Certes, bien des choses auraient pu susciter un rapport de notre part, mais nous ne tenions pas à les définir à l'avance, et je ne pense pas que le Conseil de sécurité aurait apprécié de se voir soumettre des rapports spéciaux pour un oui ou pour un non. Nous faisions état, sans dramatiser, des difficultés que nous rencontrions dans les rapports généraux – écrits et oraux, formels et informels – que nous soumettions au Conseil. Dans la mesure où nous sommes aujourd'hui largement convaincus que l'Irak n'avait pas d'armes à dissimuler, il faut rechercher ailleurs les causes de la réticence irakienne sur ces deux points comme sur beaucoup d'autres. À l'époque, au moment où nous avons pris note de la mauvaise volonté irakienne, celle-ci ne pouvait que compromettre la crédibilité de nos interlocuteurs qui prétendaient nous accorder une coopération sans faille. Pourquoi ces réticences ? Amour-propre ? Orgueil ?

En janvier, les États-Unis semblaient avoir compris qu'il était délicat d'insister sur des « preuves flagrantes ». David Kay, qui allait au cours de l'année être nommé à la tête du Groupe d'inspection en Irak (ISG) par la CIA, écrivait ainsi dans un article du *Washington Post* daté du 19 janvier 2003 :

> S'agissant des inspections des Nations unies en Irak, rechercher des preuves flagrantes est une mission absurde. C'était vrai il y a onze ans, quand j'y ai dirigé les inspections de l'ONU. C'est tout aussi vrai aujourd'hui.

Il poursuivait :

> La réponse est déjà claire. L'Irak est en infraction avec les exigences de l'ONU lui demandant de démanteler ses armes de destruction massive.

Et :

> Ne lui accordons pas davantage de temps pour tricher et reculer.

Ces déclarations étaient surprenantes, venant d'un homme qui, en tant que chef d'équipe de plusieurs inspections de l'AIEA en 1991, avait cherché activement et brandi fièrement des « preuves flagrantes » – des camions contenant du matériel nucléaire et des documents éloquents. En janvier 2003, David Kay était loin de savoir qu'un peu plus tard dans l'année il se mettrait lui-même désespérément en quête d'autres « preuves flagrantes ».

Nous avons également entendu dire – par Paul Wolfowitz, secrétaire adjoint à la Défense – que les inspecteurs n'étaient pas des investigateurs et qu'ils ne pouvaient se livrer qu'à des contrôles inopinés. Il fallait que l'Irak fasse des déclarations exhaustives, que les inspecteurs n'auraient plus qu'à vérifier. Il est vrai que l'Irak avait le devoir de remettre aux inspecteurs des indications sur tous les sites, toutes les installations et toutes les données afin que ceux-ci les passent au crible. L'argument n'en était pas moins fallacieux. Il sous-estimait l'efficacité d'inspections et d'interrogatoires menés par des professionnels dotés d'un équipement ultramoderne, appuyés par des services de renseignement et habilités à se rendre où ils le voulaient. Réduire les inspections à des contrôles impromptus, c'était renoncer à exploiter leur capacité de vérifier l'exactitude et l'exhaustivité des données présentées grâce à l'observation de photographies satellites et d'autres images aériennes, à des visites surprises sur des sites non déclarés, identifiés par les services de renseignement, ou à l'analyse d'échantillons de terre, d'eau ou de biote au moyen de méthodes scientifiques de pointe.

Avant notre « point » du 27 janvier, les États-Unis avaient avancé deux autres raisonnements connexes : l'Irak ne fournissait pas la « coopération immédiate, inconditionnelle et active » exigée de lui. Il n'avait pas pris, au plus haut niveau, la « décision stratégique » de désarmer comme l'avait fait jadis l'Afrique du Sud. Il n'avait pas manifesté de « changement d'attitude ». La déclaration incomplète et prétendument inexacte du 8 décembre en était l'illustration. Néanmoins, sans aller jusqu'à admettre qu'il fallait des « preuves flagrantes » pour accuser l'Irak d'« infractions matérielles », les États-Unis et la Grande-Bretagne avaient compris que, s'ils voulaient convaincre leurs opinions publiques et le monde que l'Irak méritait d'être rappelé à l'ordre par une intervention militaire, ils devaient être en mesure de présenter des exemples concrets de transgression – des « preuves flagrantes » de préférence !

Colin Powell présente au Conseil de sécurité des documents émanant des services secrets

Le secrétaire d'État américain, Colin Powell, fut chargé de présenter au Conseil de sécurité et au monde des exemples concrets d'infractions et de duplicité persistante de la part de l'Irak. Cet exposé n'était pas sans précédent. Les photos qu'Adlai Stevenson, ambassadeur des États-Unis à l'ONU, avait exhibées au Conseil de sécurité en 1962 pendant la crise des missiles de Cuba avaient été très efficaces et avaient convaincu le monde. Une autre partie – que je connaissais bien – s'était jouée au conseil des gouverneurs de l'AIEA en 1994 : nous avions montré des images satellites américaines révélant la présence d'installations cachées au sein du complexe nucléaire nord-coréen de Yong Byon.

On a dit que Colin Powell avait bataillé des jours durant avec la CIA sur le choix des documents et qu'il en avait rejeté un grand nombre, ne les jugeant pas assez convaincants. On peut donc penser que les pièces retenues étaient ce qu'ils avaient de mieux. Elles furent présentées avec maestria par un homme qui, au cours d'une longue et éminente carrière militaire, avait sans doute eu plus d'occasions que bien des ambassadeurs de se servir de PowerPoint en faisant un exposé devant un public exigeant.

Presque une semaine avant son intervention au Conseil, Colin Powell eut l'amabilité de me téléphoner pour m'en parler. Il m'annonça qu'il nous montrerait ce que nous devions voir. Il ne fallait cependant pas s'attendre à un exposé « déterminant » et il ne nous désignerait pas de sites à inspecter. Les États-Unis continuaient à soutenir notre travail. Ils verraient comment le Conseil de sécurité allait réagir et demanderaient aux Nations unies de fixer une échéance. Autrement dit, il s'agissait de lancer un ultimatum à l'Irak, sommé de « se mettre à table » ou de faire face à une intervention armée. Ses propos étaient de la même veine que les messages adressés à l'opinion publique pour l'avertir de ne pas trop attendre de ses informations. Tous ces signaux furent vains. Le 5 février, la salle du Conseil était remplie de diplomates et de journalistes. Les yeux braqués sur Colin Powell et sur deux écrans géants, ils attendaient, une fois de plus, des « preuves flagrantes » !

En entendant parler Colin Powell (le directeur de la CIA, George Tenet, était assis juste derrière lui), en regardant les photos et en écoutant les bandes magnétiques qu'il nous présentait, je n'éprouvai pas l'embarras qui eût été, je m'en suis rendu compte plus tard, tout à fait naturel. Les cas qu'il décrivait me parurent intéressants et j'estimai qu'ils méritaient un examen critique de nos experts. Il nous fit passer des enregistrements de conversations censées émaner de fonctionnaires irakiens, évoquant le déplacement de certains produits et la manière de se débarrasser d'instructions compromettantes – autant d'éléments qui devaient nous convaincre que l'Irak possédait encore des agents neurotoxiques. Je me surpris à m'interroger sur l'authenticité de ces entretiens. D'où venaient ces bandes ? D'écoutes électroniques américaines ? De membres de l'opposition irakienne ? Avant d'y voir la preuve de la présence d'armes de destruction massive en Irak, il allait falloir, je le sentais, en savoir plus long. Depuis l'occupation de l'Irak, je n'ai plus entendu parler de ces enregistrements.

Je me sentais davantage dans la peau d'un juge impartial examinant les indices qui lui sont soumis que dans celle d'un procureur adjoint n'ayant pas su dénicher les preuves sur lesquelles son supérieur a mis la main. Par bonheur, pendant la présentation de Colin Powell, je ne songeai pas un instant que, malgré la chaleur avec laquelle il m'avait assuré que son pays soutenait les inspections, les États-Unis étaient en train, par son intermédiaire et en s'appuyant sur sa crédibilité, de montrer au monde ce qu'il « devait voir » – et que les inspecteurs n'avaient prétendument pas vu. J'avais rappelé que, selon nous, l'Irak n'avait pas encore « complètement accepté le désarmement », tout en soulignant que nos rapports n'affirmaient pas qu'il conservait des armes de destruction massive. Or c'était précisément ce que prétendaient les États-Unis, espérant faire avaler cette allégation à leur population et au monde entier, et leur faire accepter ainsi un délai au terme duquel ils pourraient se lancer dans une intervention armée. Si c'était là le « discrédit » jeté sur les inspecteurs dont le vice-président Cheney nous avait parlé, à Mohamed El-Baradei et à moi, il prit une forme implicite et courtoise.

Dans une analyse de la présentation de Colin Powell, les Russes écrivirent que ces informations ne coïncidaient pas avec l'image qu'ils avaient tirée de plusieurs années d'inspections en Irak dans le cadre de l'ONU et de l'AIEA. Ces informations, suggéraient-ils, exigeaient un examen approfondi de la part, dans un premier temps, de la COCOVINU et de l'AIEA.

Ils mettaient également en doute certains points, parmi lesquels l'existence en Irak d'installations mobiles de production d'armes biologiques. L'expérience leur avait appris les problèmes que pouvaient poser de telles unités. J'en profite pour remarquer qu'après la guerre on a mis la main sur plusieurs camions que l'on s'est empressé d'identifier comme ces fameuses installations mobiles de fabrication d'armes biologiques. Or cette affirmation n'a pas tardé à s'effondrer et la plupart des experts ont reconnu que les camions en question étaient destinés à produire de l'hydrogène pour des ballons-sondes – ce qui était très exactement l'explication fournie par les fonctionnaires irakiens.

Une grande partie des documents présentés nous avaient été transmis par les États-Unis et d'autres pays. Nous avions inspecté la plupart des sites indiqués par Colin Powell et prélevé des échantillons à des fins d'analyse, en quête d'éventuelles traces d'agents chimiques ou biologiques. Nous avions épluché des archives et interrogé les gens qui travaillaient sur ces sites. Et nous n'avions trouvé aucune preuve convaincante de la moindre activité interdite. Les camions de « décontamination » que les analystes d'images américains pensaient avoir identifiés et avaient associés au déplacement d'armes chimiques juste avant les inspections pouvaient tout aussi bien, selon nos experts, être des camions-citernes d'eau. Nous en avions d'ailleurs observé sur le même site. Peut-être se trouvaient-ils déjà sur place bien des jours avant l'arrivée de nos inspecteurs.

La présence d'une « caravane de camions » repérée à côté d'une « installation d'armes biologiques » deux jours avant la reprise des inspections pouvait, selon l'analyse de nos experts, être liée à une livraison saisonnière de vaccins qui, nous le savions, étaient stockés en grandes quantités sur ce site pour être utilisés dans tout l'Irak. Le site n'avait jamais été associé à la production d'agents biologiques à destination militaire, mais au stockage de souches de référence. Nos inspections révélaient l'absence de tout fermenteur, un équipement indispensable à la production d'agents biologiques.

Une photo montrait une usine de missiles balistiques. Cinq gros camions de transport s'y étaient présentés, deux jours avant le début des inspections, pour déménager des missiles. La COCOVINU s'était rendue sur place à quatre reprises depuis novembre 2002. Il s'agissait de l'usine d'assemblage du missile Al-Samoud 2, et les activités décrites par les États-Unis semblaient correspondre aux déclarations de l'Irak. Si les États-Unis nous l'avaient demandé, nous aurions pu exiger de voir les bordereaux d'expédition pour la période concernée. Un peu plus tard, en février, la COCOVINU a établi que la portée du missile Al-Samoud 2 dépassait la limite autorisée par le Conseil de sécurité, et elle en a ordonné la destruction. À l'époque où les satellites avaient repéré leur chargement sur des camions de transport, cette interdiction n'avait pas encore été prononcée.

Colin Powell ne cita pas les propos tenus par le président Bush devant le Congrès quelques jours seulement auparavant, accusant l'Irak d'avoir cherché à acheter de l'uranium en Afrique. Avait-il été averti des doutes – confirmés par la suite – qui planaient sur l'authenticité de ce document ? Il évoqua cependant l'affaire des tubes d'aluminium utilisables dans des centrifugeuses pour enrichir l'uranium. Après analyse aux États-Unis et par l'AIEA, cette accusation perdit une grande partie, sinon l'intégralité, de sa crédibilité.

Quel était le sérieux des documents présentés par le secrétaire d'État pour prouver que l'Irak conservait des armes de destruction massive et se rendait ainsi coupable d'infraction matérielle à la résolution du Conseil prévoyant de « graves conséquences » ? Certaines voix sceptiques se firent entendre presque aussitôt et, près d'un an plus tard, on a du mal à ne pas penser que Colin Powell avait été chargé d'une tâche bien ingrate : démontrer l'existence de « preuves flagrantes » que l'on avait affirmées inutiles en janvier, et qui se révélèrent n'être que du vent après mars.

La valeur, l'utilité et les faiblesses des services de renseignement

Plusieurs pays, dont les États-Unis, nous avaient signalé un certain nombre de sites pouvant faire l'objet d'une inspection. Or aucun de ceux que nous avions effectivement inspectés ne nous avait livré le moindre indice d'activité prohibée. Ces données étaient pourtant censées être les plus sûres de ce que pouvaient fournir les services de renseignement. On comprendra ma perplexité. Si c'était là ce qu'ils avaient de mieux à nous offrir, que fallait-il penser du reste ? Certes, je ne pouvais exclure que certains renseignements sérieux, qui n'étaient pas liés à ces questions de sites, ne nous aient pas été communiqués. Peut-être révélaient-ils de manière probante que l'Irak possédait encore des armes de destruction massive. Mais peut-on être sûr à 100 % de l'existence d'armes de ce genre, et tout ignorer de l'endroit où elles se trouvent ?

J'avais soigneusement évité de conclure hâtivement à l'absence d'armes de destruction massive, mais après l'expérience des inspections et l'examen des cas présentés par Colin Powell, je me sentis tenu de mettre en garde le Conseil de sécurité contre les témoignages des services de renseignement.

Je savais bien que ces derniers sont toujours tentés de pousser un peu trop loin l'interprétation des documents. En effet, s'ils font l'impasse sur un élément qui plus tard se révèle dangereux ou provoque une catastrophe, ils seront en faute. S'ils pèchent au contraire par excès de zèle, personne n'ira le leur reprocher. S'y ajoute le risque que les politiciens et les décideurs ne lisent pas d'un œil suffisamment critique les rapports des services de renseignement. Avant de condamner quelqu'un à la prison, un tribunal examinera de très près les éléments de preuve présentés par un procureur. Peut-on être sûr que les gouvernements analyseront les renseignements de leurs services secrets avec autant de scrupules avant d'ordonner une opération contre une cible ? Un certain nombre d'erreurs troublantes se sont déjà produites. On peut ainsi citer le bombardement par les Américains de l'ambassade de Chine à Belgrade en 1999, ou l'envoi de missiles de croisière en 1998 contre une usine de produits chimiques de Khartoum, dont on pensait à tort qu'elle était liée à Al-Qaida. Dans les circonstances actuelles, des gouvernements convaincus – pour des raisons assez plausibles – de l'existence d'armes difficilement repérables en Irak ne risquaient-ils pas d'en identifier pour les motifs les plus insignifiants ?

Je reconnaissais en toute humilité que, si la mission des inspecteurs se limite à la découverte, à l'analyse et au rapport de faits, les gouvernements sont souvent contraints d'intervenir, et ne peuvent pas toujours se payer le luxe d'attendre de disposer de tous les éléments factuels et analytiques pour prendre une décision. Agir ainsi, c'est risquer d'agir trop tard, a expliqué Condoleezza Rice dans un discours. Néanmoins, lorsqu'il est question de guerre ou de paix, on pourrait attendre des gouvernements des États les plus puissants et les mieux équipés qu'ils mettent en place des mécanismes et des procédures assurant un certain contrôle de qualité sur les documents que leur préparent les experts. On pourrait espérer qu'au moins ils examinent eux-mêmes ces documents avec un minimum d'esprit critique et de bon sens.

New York – Londres – Vienne

Dans notre lettre commune acceptant l'invitation à Bagdad, Mohamed El-Baradei et moi avions écrit que cette rencontre serait utile si l'Irak en profitait pour nous montrer, à nous et au Conseil de sécurité, qu'il était résolu à s'attaquer aux problèmes de désarmement encore en suspens. Quant aux questions de procédure en litige, comme l'utilisation sans entrave des U2 et autres avions de reconnaissance, nous avions clairement fait savoir qu'elles devraient être réglées avant même notre arrivée.

Les Irakiens auraient été bien avisés de répondre rapidement à nos exigences au lieu de pinailler et de finir par les accepter à contrecœur. Malheureusement, tel ne fut pas le cas.

La veille de la présentation de Colin Powell au Conseil de sécurité, j'avais déclaré au Club de la presse des Nations unies qu'il était minuit moins cinq. Son intervention rendit le tic-tac de l'horloge plus obsédant encore. Après avoir assisté à cette réunion le 5 février au matin, je quittai New York pour Londres dans une atmosphère de plus en plus pesante. Trois personnes m'accompagnaient : mon assistant personnel, Torkel Stiernlöf, notre porte-parole, Ewen Buchanan, et notre agent de sécurité des Nations unies, Eric Brownwell. Notre sécurité était devenue une telle préoccupation et les regards étaient tellement braqués sur nous que British Airways avait préféré procéder à notre enregistrement dans le salon de Concorde. Ce qui nous permit de dîner à terre et d'avoir un peu plus de temps pour dormir dans l'avion : cinq heures de sommeil avant d'atterrir à Heathrow, l'aéroport de Londres, où je pus me raser et me changer. On nous conduisit, via le Foreign Office, jusqu'à Downing Street, où je retrouvai El-Baradei.

Nos entrevues avec Tony Blair et Jack Straw, le secrétaire au Foreign Office, ne me permirent pas de déceler la moindre trace de l'attitude critique à l'égard de notre voyage à Bagdad qui s'était pourtant manifestée lors de la récente réunion Bush-Blair à Washington. Personne n'ignorait que l'Irak devait, de toute urgence, redoubler de zèle pour présenter les éventuelles armes encore en sa possession et/ou fournir les preuves de ce qu'elles étaient devenues. Il était trop tard pour que les Irakiens s'amusent à marcher sur la corde raide ou à jouer les marchands de tapis. À mon sens, une des raisons pour lesquelles Tony Blair nous avait invités à nous arrêter quelques heures à Londres était la volonté de renforcer notre position à Bagdad en montrant aux Irakiens que notre mission jouissait d'un soutien politique, tout en donnant à l'opinion publique anglaise une image de retenue avant de se prononcer pour une solution militaire.

Au cours du déjeuner qui suivit en compagnie de membres du Foreign Office et des services de renseignement, les Britanniques nous apprirent qu'ils étaient en train de rédiger une résolution réclamant des actes de la part de l'Irak avant une date butoir. Faute de quoi la résolution autoriserait implicitement – mais non explicitement – le recours à la force.

Après le repas, Mohamed s'envola directement pour Chypre tandis que je prenais l'avion pour son port d'attache, Vienne. Malgré le peu de temps dont nous disposions, je tenais à prononcer une conférence devant les élèves de notre septième cours général de formation d'inspecteurs, qui se déroulait là-bas. J'avais pris la parole à tous les séminaires précédents et ne voulais pas manquer celui-là. En m'arrêtant à Vienne et en passant un moment avec nos stagiaires en cette heure critique, j'espérais leur faire comprendre à quel point le rôle et la conduite de chaque inspecteur étaient essentiels ; ils devaient toujours agir dans le sens de la plus grande efficacité, mais aussi de la plus grande correction professionnelles. Je leur rappelai qu'ils travailleraient pour le Conseil de sécurité des Nations unies, et non pour tel ou tel État.

Dans l'avion qui me conduisait de Londres à Vienne, je rencontrai le ministre iranien des Affaires étrangères, le Dr Kamal Kharrazi, avec qui j'eus une longue conversation. Elle porta essentiellement sur l'idée de la création au Proche-Orient d'une zone exempte d'armes de destruction massive. Cela faisait longtemps, me dit-il, que l'Iran avait lancé le concept de zone dénucléarisée, et son pays y restait favorable. J'étais d'avis – et le lui confiai – que la création de cette zone, explicitement incluse dans plusieurs résolutions concernant l'Irak, devrait figurer à l'ordre du jour politique de la paix au Proche-Orient. Il fallait que la région se rapproche de la détente et accepte un régime d'inspection très efficace. J'ajoutai que l'Iran avait tout intérêt à approuver le protocole additionnel de l'accord sur les inspections nucléaires.

Cet entretien m'inspira une idée extravagante. On demandait à l'Irak d'être « proactif ». Au lieu de donner l'impression de rechigner, ce qui ne servait pas leur cause, les Irakiens ne feraient-ils pas mieux d'adopter une attitude positive, dynamique, à l'égard du désarmement ? Ils devraient bien sûr, et c'était là le point essentiel, présenter toutes les armes encore existantes ou donner des preuves de leur destruction. Mais ne pouvait-on imaginer d'autres démarches visibles dans la sphère du désarmement ? Pourquoi l'Irak n'arriverait-il pas avec un ensemble de mesures comprenant, par exemple, la législation tant attendue interdisant à tous ses citoyens de se livrer à la production, au stockage ou à l'acquisition d'armes de destruction massive, la ratification de la convention sur les armes chimiques – que l'Irak n'avait pas encore acceptée – et l'adoption du protocole additionnel de l'AIEA sur la non-prolifération nucléaire ? Comme le régime d'inspection du Conseil de sécurité était beaucoup plus rigoureux en matière d'armes nucléaires et chimiques que le protocole additionnel et que le dispositif prévu par la convention sur les armes chimiques, ces mesures n'imposeraient pour le moment aucune obligation nouvelle à l'Irak ; mais elles témoigneraient de sa bonne volonté et de sa disposition à accepter de son plein gré un régime durable de traités. J'en parlai à mon assistant, Torkel, et décidai de soumettre l'idée à Mohamed.

Vienne – Larnaka – Bagdad

Après mon étape à Vienne et ma conférence au septième séminaire de formation d'inspecteurs, j'arrivai à Larnaka tard dans la soirée du vendredi. Je retrouvai Mohamed à son hôtel et lui fis part de mes folles réflexions. Il ne lui fallut pas cinq minutes pour démolir mon bel échafaudage. On n'y verrait, me dit-il, qu'une manœuvre de diversion destinée à détourner l'attention du fond du problème. Peut-être avait-il raison. L'atmosphère était si tendue que pareille proposition globale risquait de ne susciter que mépris ; peut-être même affirmerait-on que de tels projets n'étaient pas l'affaire des inspecteurs. Je renonçai donc à cette idée et me mis d'accord avec Mohamed pour déclarer aux Irakiens qu'il fallait absolument qu'ils prennent des mesures énergiques – il était moins urgent d'accepter des obligations pour l'avenir que d'appliquer celles qui existaient déjà.

Par la suite, il m'est arrivé en deux occasions de me demander si mon idée était vraiment si mauvaise que cela. Je me suis posé la question pour la première fois au début du mois de mars : à la veille de la guerre, les Britanniques suggérèrent, lors de débats informels au Conseil de sécurité, l'adoption d'une résolution exigeant que Saddam Hussein prononce un discours télévisé où il approuverait sans réserve le désarmement et accepterait cinq mesures concrètes de désarmement dans les plus brefs délais. J'eus également l'occasion de m'interroger en décembre 2003, lorsque le colonel Kadhafi déclara à qui voulait l'entendre que la Libye était prête à renoncer à acquérir des armes de destruction massive et à accepter les obligations en matière d'inspections et de désarmement auxquelles elle s'était toujours dérobée. Les négociations avec Kadhafi sur cet accord global avaient, disait-on, débuté dès le mois de mars, et les Britanniques y avaient joué le premier rôle. Je me demandai alors ce qui se serait passé si j'avais conçu mon projet irakien un peu plus tôt et si je l'avais soumis à Tony Blair et à Jack Straw à Londres. Peut-être ces deux hommes, ou quelqu'un comme Amr Moussa, secrétaire général de la Ligue arabe, auraient-ils pu en tirer quelque chose. Mohamed avait sans doute eu raison de me dissuader de le suggérer à Bagdad, mais il aurait pu être présenté à un niveau gouvernemental. Dans la mesure où l'Irak ne possédait certainement pas d'armes et où Saddam aurait pu considérer qu'un projet aussi spectaculaire lui offrait une porte de sortie honorable, voire quelques lauriers, peut-être nous aurait-il suivis. Qui sait ?

Les entretiens de Bagdad, 8-9 février

Arrivés à Bagdad le samedi 8 février à midi, nous passâmes tout l'après-midi au ministère irakien des

Affaires étrangères à discuter avec le Dr Al-Sa'adi. Il était accompagné d'une importante délégation comprenant notamment le général Hussam Amin, chef du Conseil national de surveillance.

Lors de notre séance préliminaire, nous rappelâmes que les aiguilles de l'horloge de la résolution 1441 tournaient à une vitesse préoccupante. Un « non » à la guerre devait s'appuyer sur un « oui » très ferme aux inspections. Malgré certaines divergences de vues au sein du Conseil de sécurité, l'intégralité de ses membres souhaitait une coopération plus active de l'Irak. Les États-Unis étaient convaincus qu'il possédait toujours des armes chimiques, mais aussi biologiques. Soupçonnant l'Irak de détenir le virus de la variole dans son arsenal, les États-Unis envisageaient de vacciner les professionnels de santé américains contre cette maladie. Les Français suggéraient une augmentation et une extension considérables des inspections.

Quant à nous, nous poursuivions notre développement – en installant, par exemple, des antennes de campagne. Nous rappelâmes aux Irakiens que, si nous n'avions pas affirmé qu'il restait des armes de destruction massive dans leur pays, nous n'avions pas non plus exclu cette éventualité. L'Irak devait cesser de minimiser les points litigieux, comme il l'avait encore fait en janvier, et s'y attaquer sérieusement. Les questions essentielles avaient été parfaitement identifiées ; les Irakiens savaient que nous attendions des preuves dont ils pourraient discuter avec nos experts. Notre rencontre au sommet ne se prêtait pas à de telles discussions, mais nous étions accompagnés d'experts qui étaient tout disposés à les entendre. Peut-être faudrait-il compléter la déclaration de décembre, qui ne nous avait pas appris grand-chose ?

Le Dr Al-Sa'adi, chef de la délégation irakienne, savait certainement que l'heure était critique et je pense qu'il a fait ce qu'il a pu ; mais il avait les mains liées. Sans doute nous reprochait-il aussi de ne pas traiter équitablement son équipe, de n'avoir pas pris la pleine mesure des informations qu'elle nous avait fournies. Il engagea la discussion en se lançant dans de longues explications orales sur certains points essentiels : bacille du charbon, gaz VX et missiles. Il présenta également des documents assortis d'une nouvelle analyse – mais sans nouvelles preuves. Il releva à juste titre que l'UNSCOM avait admis que l'Irak s'était débarrassé d'agents chimiques et biologiques en les déversant dans le sol au cours de l'été 1991. L'opération s'était malheureusement produite, précisa-t-il, en l'absence d'inspecteurs internationaux et toutes les archives avaient été détruites. Voilà pourquoi l'UNSCOM et la COCOVINU avaient classé ces agents parmi les produits « manquants ». Le camp irakien avait longuement réfléchi à la manière d'évaluer scientifiquement les quantités d'agents toxiques dont on s'était ainsi débarrassé. Certaines techniques modernes permettaient de le faire, mais elles exigeaient un équipement sophistiqué que l'Irak ne possédait pas. Les Irakiens avaient tout de même entrepris quelques investigations préliminaires qui s'étaient révélées prometteuses. Pourrions-nous les aider à se procurer le matériel de pointe indispensable et engager ainsi un effort collectif ? Leurs équipes étaient toutes prêtes à parler à nos experts.

La proposition d'Al-Sa'adi n'était pas du même tonneau que la demande précédente de radars modernes censés permettre aux U2 de voler en toute sécurité. Nos experts pouvaient discuter de cette nouvelle suggestion. Nous avions dans notre équipe des spécialistes de biologie et de chimie ainsi que des experts en missiles, qui avaient assisté à nos entretiens sans y participer. Dans la soirée, le ministre irakien des Affaires étrangères, Naji Sabri, invita les principaux membres de notre groupe à un dîner traditionnel : poisson grillé du Tigre, kebab de Bagdad arrosé de vin pour les infidèles. Pendant ce temps, nos experts se plongèrent dans l'étude des nouveaux documents. Le lendemain matin, ils rencontrèrent leurs homologues irakiens, parmi lesquels le célèbre Dr Rihab Taha – surnommée « docteur Germe » –, épouse du ministre du Pétrole, le général Amer Mohamed Rachid. Avant l'ouverture de notre séance plénière, nos experts nous remirent un rapport favorable. Leurs entretiens avaient été d'un haut niveau professionnel et avaient contribué à éclaircir la situation, sans pour autant apporter vraiment de preuve nouvelle. Sans rejeter *a priori* les méthodes proposées pour évaluer les quantités d'agents toxiques détruites, nos experts n'en attendaient pas grand-chose. Je partageais leur scepticisme. Si vous déversez cent litres de lait dans le sol, est-il concevable que l'analyse de prélèvements de terre effectuée dix ans plus tard, à l'aide d'instruments si perfectionnés soient-ils, puisse vous permettre d'évaluer et de confirmer la quantité répandue ? Les Irakiens cherchaient-ils désespérément à fournir des réponses aux questions en suspens, ou n'était-ce que du bluff ?

Sur d'autres points, les choses étaient plus simples. Nous obtînmes ainsi des exposés plus détaillés qu'en janvier sur la production de missiles Al-Samoud 2 et Al-Fatah. L'Irak avait lui-même signalé des vols d'essai dépassant la portée limite fixée par le Conseil de sécurité et nous lui avions ordonné d'y mettre fin. Craignant probablement que nous ne finissions par ordonner la destruction des missiles en infraction avec les directives de l'ONU, les Irakiens nous présentèrent leurs arguments les plus convaincants pour éviter d'en arriver là. Ils proposèrent également des essais en commun. Nous ne donnâmes pas suite.

La commission spéciale nommée par les Irakiens pour enquêter sur la présence éventuelle d'ogives chimiques avait vu, nous apprit-on, son mandat élargi à tous les articles interdits. Une deuxième commission, chargée de rechercher des documents et dirigée par le général Rachid, la secondait. C'était une bonne nouvelle, qui pouvait avoir de l'importance – si le travail était fait sérieusement et n'était pas purement symbolique. Je remarque rétrospectivement que cette commission n'a jamais fait état de la moindre découverte.

Nous abordâmes la question des entretiens avec des témoins et des experts, et obtînmes de nouvelles assurances : les autorités irakiennes « encourageraient » les personnes concernées à se rendre aux entretiens sans observateurs ni magnétophones. Je répétai qu'en l'absence de documents ces entretiens pouvaient être très précieux, sous réserve qu'ils se déroulent dans des conditions ne les privant pas de toute crédibilité. Je profitai également d'une pause thé pour annoncer au Dr Al-Sa'adi que nous avions l'intention de demander à certains témoins de venir nous parler à l'extérieur du territoire irakien. Nous prenions des dispositions pour organiser des entrevues à Larnaka.

Curieusement, la question des U2, qui aurait dû être réglée avant notre arrivée, ne le fut ni pendant ni après la réunion. Elle était en négociation depuis octobre. De toute évidence, le Dr Al-Sa'adi n'avait pas le pouvoir d'agir sur ce point.

Mohamed El-Baradei avait encore cherché, par différents biais, à organiser une entrevue avec le président Saddam Hussein. Je ne lui ai jamais demandé quelles filières il avait utilisées – arabes, russes, ou celle de l'ambassadeur d'Irak à Vienne. Cette idée m'avait toujours inspiré une certaine ambivalence. Saddam se prenait pour l'empereur de Mésopotamie et nous considérait sans doute comme des fonctionnaires internationaux insignifiants, dont il était libre d'accepter ou de rejeter les requêtes. Or nous n'étions ici ni pour l'implorer, ni pour négocier. Qu'aurions-nous pu faire ? Lui lire les résolutions du Conseil de sécurité ?

L'idée de le rencontrer et de repartir bredouilles ne me séduisait guère. Mais le problème ne se posa pas, car la proposition de Mohamed fut une fois de plus ignorée.

Nous fûmes reçus, en revanche, par le vice-président Ramadan. La salle de réception, située dans un immense palais, était terne et sinistre. Quant à Ramadan, c'était un petit homme en uniforme avec un revolver à la ceinture, coiffé d'un béret. Il me fit l'effet d'un vieux révolutionnaire, pas franchement intellectuel mais lucide et maître de lui. Il estimait que le « point de la situation » que j'avais présenté au Conseil de sécurité le 27 janvier avait été injuste, mais son ton resta courtois de bout en bout : « Vous devez faire ce qui vous paraît bon. » Il semblait croire que l'Irak avait des raisons de se plaindre de la visite de nos inspecteurs dans une mosquée (voir plus haut, p. 196), et reprochait à ceux-ci de poser des questions déplacées. L'Irak continuerait pourtant à coopérer. Je lui fis comprendre que la situation était extrêmement tendue. Il nous fallait de toute urgence des résultats. Nos inspecteurs n'étaient pas des espions, et les autorités irakiennes devaient le savoir.

S'adressant à lui en arabe, El-Baradei lui expliqua que l'Irak devait accueillir les inspections avec plus d'enthousiasme, que c'était la voie pacifique vers le désarmement. Il était incompréhensible que les Irakiens n'aient pas encore adopté la législation intérieure qu'on leur avait demandée. Ramadan répondit que les lois ne se faisaient pas du jour au lendemain. Mohamed lui rappela qu'ils avaient eu treize ans pour agir. Le vice-président Ramadan ne m'a pas fait l'impression d'un homme très puissant. C'était sans doute lui qui transmettait au Dr Al-Sa'adi ses instructions et ses autorisations, mais lui-même n'agissait et ne parlait que sur l'ordre de Saddam Hussein. Rien de ce qu'il nous dit ne donnait à entendre que les Irakiens pouvaient ou désiraient faire quelque chose de nouveau. Ils n'avaient pas d'armes. Ils soupçonnaient qu'une partie du travail d'inspection relevait de l'espionnage, mais ils continueraient à travailler avec nous. S'ils étaient attaqués, ils se défendraient.

Nous rencontrâmes également un groupe de fonctionnaires envoyés par le gouvernement sud-africain pour discuter avec les autorités irakiennes de l'expérience réussie de leur désarmement nucléaire sous contrôle international. Cette intervention amicale ne changea manifestement rien à l'attitude de l'Irak.

Que pouvions-nous annoncer à la conférence de presse ? Nous n'avions pas accepté de faire de déclaration commune avec le camp irakien, de crainte de donner l'impression que la crise était réglée, ce qui était loin d'être le cas. Nous ne voulions pas passer pour des naïfs. Ayant obtenu beaucoup moins de résultats que nous ne le jugions nécessaire, nous devions nous montrer prudents dans notre exposé de la situation. L'impression générale que nous avions tirée de cette réunion était que nos homologues irakiens étaient franchement ébranlés. S'ils ne pouvaient, en toute sincérité, nous présenter ni armes ni preuves, ils avaient dû se rendre à l'évidence : dans sa grande majorité, le monde extérieur était persuadé qu'ils détenaient les unes et les autres, et qu'ils se livraient à de la provocation pure et simple en évoquant les « prétendues questions de désarmement ». Ils s'étaient concentrés sur les points essentiels et avaient fourni des explications orales et écrites à leur sujet. Ils n'avaient pas apporté de nouvelles preuves, mais avaient proposé de nouvelles méthodes scientifiques (dont on ne pouvait, il est vrai, pas attendre grand-chose) pour établir qu'ils avaient bien, comme ils le déclaraient, procédé unilatéralement à la destruction d'armes chimiques et biologiques.

Les deux nouvelles commissions irakiennes pouvaient être utiles – si leur création n'était pas que du vent. Cela faisait longtemps que les questions des U2 et de la législation nationale étaient à l'ordre du jour, et nous avions espéré qu'elles seraient réglées avant notre arrivée. Or, sur ces points, nous n'avions que des espoirs de dénouement rapide, aucun résultat. C'était dérisoire. Les Irakiens en faisaient toujours trop peu, et trop tard.

Nous présentâmes les faits tels quels aux médias. Comme la fois précédente, plusieurs centaines de journalistes étaient présents ; mais, à la différence des débats inorganisés et chaotiques avec des foules de journalistes irakiens, cette conférence de presse se déroula dans un ordre parfait. Nos attachés de presse veillaient au grain. J'eus l'impression que les questions posées ne reflétaient pas le sentiment que la partie était jouée, mais s'intéressaient aux progrès que nous avions pu enregistrer. Nous en évoquâmes certains, tout en veillant à maintenir un délicat équilibre entre optimisme et pessimisme. El-Baradei résuma fort bien les choses en rappelant qu'une « évolution radicale » était indispensable et que nous commencions à déceler un « changement d'attitude ». Pour ma part, j'exprimai un « optimisme prudent » mais, en réponse à une question, je reconnus qu'il n'y avait pas eu d'« avancées ». J'en profitai pour rectifier une erreur que nous avions commise. Quand nous avions trouvé les douze ogives chimiques, nous avions affirmé qu'elles étaient cachées dans un bunker construit après 1991. Ce qui laissait entendre qu'elles avaient dû y être transportées à une date postérieure à leur interdiction par le Conseil de sécurité et qu'elles auraient dû être livrées. Nous avions appris depuis, expliquai-je, que l'entrepôt dans lequel on avait découvert ces ogives datait en réalité d'avant la guerre du Golfe et qu'il n'était pas exclu qu'elles s'y soient trouvées depuis cette période. Il me paraissait indispensable de mettre les choses au clair – par honnêteté bien sûr, mais aussi pour renforcer notre propre crédibilité.

Le 10 février au matin, nous quittâmes Bagdad pour Larnaka. Les dernières revues de presse nous y attendaient et nous les lûmes dans l'avion qui nous emmenait à Athènes. Nous apprîmes ainsi qu'Ari Fleischer, le porte-parole de la Maison-Blanche, avait déclaré que le temps pressait. Depuis Athènes, Mohamed regagna le siège de l'AIEA à Vienne, tandis que j'embarquais sur un vol Delta direct pour New York.

Dans l'avion de Bagdad comme dans celui d'Athènes, je pris conscience qu'avec tout ce battage médiatique je ne pouvais plus voyager incognito. Des hôtesses de l'air vinrent me demander un autographe. On m'appela également dans le cockpit du Delta pour recevoir un appel téléphonique : Condoleezza Rice souhaitait me voir le lendemain à New York.

Le capitaine du Delta me raconta qu'il avait piloté des U2. Il était persuadé que les Irakiens ne pouvaient pas les atteindre. Dans ce cas, pourquoi n'avaient-ils pas encore autorisé ces vols ? Pourquoi une telle mauvaise volonté ? Saddam Hussein avait-il tant de mal à avaler cette humiliation, ou ses conseillers n'avaient-ils pas su lui faire comprendre que les atermoiements n'étaient plus de mise ? Je devais présenter mon rapport au Conseil quatre jours seulement plus tard. Au moment où j'arrivai à New York, Bagdad donna enfin le feu vert aux vols de reconnaissance.

Condoleezza Rice, le 11 février : les choses se précipitent

Le lendemain de mon retour à New York, je me rendis d'abord à l'hôtel Pierre pour transmettre les dernières informations au Premier ministre australien, John Howard. Il arrivait de Washington et approuvait l'attitude de l'administration américaine à l'égard de l'Irak. Il écouta aimablement mon compte rendu et se montra sensible à mon espoir de voir les inspections confirmer la réalité du désarmement. Mais, de toute évidence, il était convaincu de la duplicité des Irakiens.

Depuis l'hôtel Pierre, je me rendis à pied à la mission américaine où je retrouvai Condoleezza Rice, comme la fois précédente, dans le bureau de l'ambassadeur John Negroponte. Celui-ci était présent, à l'instar de John Wolf, secrétaire d'État adjoint à la Non-prolifération. L'entretien, qui dura près d'une heure, s'ouvrit sur la question des U2. Je fis savoir à Mme Rice que, selon moi, l'accord que nous venions d'obtenir était sans condition. Nous souhaitions commencer les vols dès que possible. À l'issue de la réunion de Bagdad, expliquai-je, nous avions eu l'impression que les Irakiens étaient décidés à coopérer plus activement. Mais nous ne pouvions exclure que cette attitude s'inscrive dans une tactique dilatoire. Les documents qu'on nous avait remis étaient intéressants, sans avoir pour autant force de preuve.

Je reconnus ensuite n'avoir pas été « terriblement impressionné » par les renseignements que les États membres nous avaient livrés jusqu'à présent. La COCOVINU avait inspecté un certain nombre de sites indiqués par les services secrets. Un seul présentait quelque intérêt dans le cadre de notre mandat. Je déclarai que j'avais l'intention de le signaler au Conseil de sécurité à la fin de la semaine. Condoleezza Rice répondit que les informations des services secrets sont rapidement dépassées. Les États-Unis ne nous dissimulaient aucune information, mais cela ne pouvait pas remplacer les révélations volontaires de l'Irak. Ce n'étaient pas les services secrets qui étaient sur la sellette, c'était l'Irak. Elle me rappela également que l'objectif de la résolution 1441 avait été d'obliger l'Irak à prendre la décision stratégique de désarmer. Or Saddam Hussein poursuivait un « petit jeu de procédure ». Il n'était pas question qu'il s'en sorte comme cela. Le Conseil de sécurité devait faire respecter ses propres résolutions. Malheureusement, on relevait quelques signes de fléchissement. Les choses se précipitaient. Il était minuit moins trois. Quand je lui demandai si une nouvelle résolution serait présentée au Conseil, elle me répondit que c'était envisagé, que cela n'avait pas été exclu. Pour conclure, elle me confia que les États-Unis étaient tout à fait conscients de la nécessité de protéger le personnel de l'ONU en Irak – autrement dit, il fallait s'attendre à l'annonce d'un retrait des inspecteurs, au moins américains.

Condoleezza Rice ne chercha pas à influer sur le rapport que je devais faire quatre jours plus tard et ne me dissuada pas d'évoquer les lacunes des services de renseignement dont je lui avais fait part. D'où ma surprise en découvrant, le lendemain de notre entretien, un article du *Washington Post* contenant le passage suivant :

> Condoleezza Rice, conseillère à la Sécurité nationale, s'est rendue à New York ce matin pour exhorter le chef des inspecteurs en désarmement de l'ONU, Hans Blix, à reconnaître dans l'exposé qu'il doit faire vendredi

> au Conseil de sécurité que l'Irak s'est volontairement abstenu de renoncer à ses programmes d'armes chimiques, biologiques et nucléaires interdites, si l'on en croit des diplomates des États-Unis et de l'ONU. [...]
>
> Cette entrevue imprévue a souligné les préoccupations de l'administration Bush, qui redoute que le rapport du diplomate suédois au Conseil vendredi, bien que critique à l'égard de l'Irak, ne soit pas suffisamment décisif pour convaincre les membres hésitants du Conseil de sécurité de soutenir une décision immédiate en faveur de la guerre.
>
> Selon certaines sources, l'exposé de Blix sera beaucoup plus court que celui qu'il a présenté au Conseil le 27 janvier. En l'état actuel des choses, il ne devrait contenir aucune déclaration affirmant que l'Irak se rend coupable de violation flagrante de ses obligations, contrairement à ce qu'auraient souhaité les États-Unis.

Je n'avais pas parlé à la presse à l'issue de notre réunion, mais il n'est pas impossible qu'à Washington certains aient craint que ma déclaration au Conseil de sécurité, trois jours plus tard, ne contribue pas à faire pencher les membres hésitants du Conseil de sécurité en faveur d'une résolution autorisant le recours à la force. L'article n'affirmait pas explicitement que Condoleezza Rice avait fait pression sur moi. Il prétendait simplement qu'elle avait fait le voyage à New York dans cet objectif. Si telle avait effectivement été son intention, ou si quelqu'un la lui attribuait, elle ne l'avait pas mise à exécution. L'article exprimait-il les vœux d'autres personnes à Washington ? Ignorait-il sciemment ce qui s'était passé et cherchait-il délibérément à travestir la réalité pour complaire à quelqu'un ? Était-ce de la manipulation ? De la désinformation ? Comment ce journal pouvait-il se permettre le moindre commentaire sur la longueur et le contenu de mon discours, alors que je n'en avais pas encore rédigé le premier jet ? J'en avais écrit quelques paragraphes dans l'après-midi qui avait suivi mon rendez-vous avec Condoleezza Rice. L'essentiel fut rédigé le jeudi et ne fut prêt qu'à 23 heures, moins de douze heures avant sa présentation au Conseil.

L'article du *Washington Post* reproduisait également des déclarations de Colin Powell devant la Commission budgétaire du Sénat. Peut-être avait-il effectivement tenu les propos que l'article lui attribuait en les plaçant entre guillemets :

> Il est clair que nous sommes à la veille d'un instant de vérité touchant l'Irak et le Conseil de sécurité ; nous verrons si ce dernier fait face à ses responsabilités. Il ne s'agit pas d'un exercice purement théorique ni d'un accès de dépit des États-Unis. Nous parlons d'armes bien réelles. Nous parlons de bacille du charbon. Nous parlons de toxine botulique. Nous parlons de programmes d'armes nucléaires.

En relisant cet énoncé plusieurs mois après la guerre, on peut encore admettre qu'il ne s'agissait pas d'une affaire purement théorique. L'expression « accès de dépit » n'était peut-être pas pertinente non plus, mais il faut bien reconnaître que la détermination des États-Unis à s'attaquer à l'Irak n'a pas été provoquée par les agissements irakiens, mais par les blessures infligées par Al-Qaida. Les allusions pleines d'assurance à l'existence d'« armes bien réelles », au « bacille du charbon », à la « toxine botulique » et aux « programmes d'armes nucléaires » participaient peut-être sur le moment d'une rhétorique efficace. Mais aujourd'hui, après l'« instant de vérité », elles nous rappellent fâcheusement les échecs des services de renseignement. On peut également se demander si le Conseil de sécurité n'a pas en réalité « fait face à ses responsabilités » lorsque, malgré des pressions politiques considérables, une majorité de ses membres s'est déclarée hostile au projet de résolution qui devait donner le feu vert à une guerre immédiate. Et cette hostilité s'est exprimée si clairement que les initiateurs du projet ont préféré ne pas faire procéder au vote.

Autres signaux

D'autres acteurs de la scène internationale se manifestèrent au même moment. Les Français firent circuler ce qu'on appelle dans le jargon diplomatique un « non-document », c'est-à-dire une proposition lancée à seule fin de vérifier si elle a une chance de tenir la route. Le ministre français des Affaires étrangères, Dominique de Villepin, avait déjà présenté la plupart des idées contenues dans ce texte au cours de discussions antérieures au Conseil de sécurité. Pour éviter une intervention armée, le document conseillait un nouveau renforcement du régime d'inspection. Le nombre d'inspecteurs pourrait être doublé. De nouvelles unités de sécurité pourraient être chargées de surveiller certains sites suspects. On pourrait intercepter systématiquement les convois de camions et intensifier la surveillance aérienne. On pourrait accroître la masse de renseignements transmis par les services nationaux à un nouveau centre d'inspection. La COCOVINU et l'AIEA pourraient dresser la liste de toutes les questions de désarmement encore en suspens par ordre de priorité, et on pourrait installer à Bagdad un coordinateur du désarmement chargé de rendre des comptes à Blix et à El-Baradei.

Un élément du document français m'inspira une approbation sincère que j'exprimai courtoisement : les inspections routières. Il fallait effectivement vérifier les allégations selon lesquelles l'Irak déplaçait des armes de destruction massive d'un bout à l'autre du pays et possédait des unités mobiles de production d'armes biologiques. Nous avions déjà commencé à imaginer des moyens d'agir en ce sens, mais les conseils que nous avaient donnés les services de police n'étaient pas applicables.

À mes yeux, les propositions françaises relevaient d'une tentative désespérée pour éviter d'opposer un non sans appel à la marche des États-Unis vers la guerre en présentant une solution qui pourrait paraître positive. Nous avions mis sur pied notre organisation très rapidement et ignoré les suggestions de doublement du nombre d'inspecteurs faites par les Américains deux mois plus tôt. Or les États-Unis ne manifestèrent que mépris pour les idées françaises, qui allaient pourtant dans le sens qu'eux-mêmes avaient prôné auparavant. Le temps avait passé. Pour les États-Unis, la phase d'inspection touchait à son terme.

Le plaidoyer de Kofi Annan

Le 8 février, pendant que Mohamed et moi étions toujours en pourparlers à Bagdad, le secrétaire général des Nations unies, Kofi Annan, prononça un plaidoyer pondéré en faveur de la poursuite d'une approche multilatérale de la question irakienne. Nous avions tous le devoir, déclara-t-il, et les dirigeants de l'Irak les premiers, de faire ce qui était en notre pouvoir pour prévenir cette guerre. Les fondateurs des Nations unies n'étaient pas des pacifistes. Ils avaient donné à l'organisation la possibilité de s'engager dans des actions coercitives, ce qui s'était effectivement produit au moment où l'Irak avait envahi le Koweit en 1991. La leçon restait pertinente. L'Irak n'avait pas encore donné satisfaction au Conseil de sécurité. Il n'avait pas su le convaincre qu'il s'était entièrement débarrassé de ses armes de destruction massive. Toutefois, ce problème ne concernait pas un État en particulier, mais la communauté internationale dans son ensemble.

Comme s'il prévoyait le débat qui allait faire rage un peu plus tard dans l'année à propos des « guerres de nécessité » et des « guerres de choix », Kofi Annan poursuivit :

> Lorsque les États décident de recourir à la force, non pas dans l'exercice de la légitime défense mais pour faire face à des menaces plus générales contre la paix et la sécurité internationales, rien ne saurait se substituer à la légitimité que confère le Conseil de sécurité de l'ONU. Les États et les peuples du monde entier attachent une importance fondamentale à cette légitimité et à la légalité internationale.

Pour illustrer ces menaces plus générales, il évoqua l'horreur que faisaient planer les ADM – qui n'étaient pas l'apanage de l'Irak – et affirma que seule une approche multilatérale et collective permettrait d'en endiguer efficacement la prolifération. La résolution 1441 avait accordé une dernière chance à l'Irak. Si celui-ci n'était pas capable de la saisir et s'obstinait à défier la communauté internationale, le Conseil se verrait contraint de prendre une nouvelle décision douloureuse « sur la foi des constatations des inspecteurs ». Kofi Annan ne se faisait pas, selon moi, le champion de la passivité et ne s'opposait pas à une intervention préventive ; il exprimait plutôt son hostilité à une opération *unilatérale*, à laquelle il préférait une action collective et une certaine patience. « Le moment venu, déclara-t-il, le Conseil devra assumer ses responsabilités. » J'étais tout à fait d'accord avec lui ; mais, étant employé par le Conseil, je ne pouvais pas me permettre de le dire. Aussi étais-je heureux que Kofi Annan l'ait fait, et l'ait fait aussi bien. Je n'étais pas non plus un pacifiste et ne souhaitais pas voir les inspections se poursuivre interminablement, comme cela s'était produit dans les années 1990. Mais j'estimais qu'il était encore trop tôt pour renoncer. Quand la presse m'avait demandé, à Bagdad, ce que je pensais d'une déclaration de Bush affirmant que « la partie [était] finie », j'avais répondu : « Nous sommes encore en pleine partie. » Sans doute, mais c'était le président qui menait le jeu.

Préparation de la déclaration au Conseil de sécurité du vendredi 14 février 2003

Au cours des journées qui précédèrent la réunion, mon emploi du temps fut tellement chargé que je n'eus guère le loisir de me laisser gagner par la tension et l'attention de plus en plus vives. Les trois journées séparant mon retour de Bagdad, le lundi après-midi, de la réunion du Conseil, le vendredi matin, furent marquées par les entrevues dont j'ai parlé, avec John Howard, Premier ministre d'Australie, et avec Condoleezza Rice. Je présidai également une séance extraordinaire d'une demi-journée de l'organe consultatif de la COCOVINU, le Collège des commissaires, où nous présentâmes les résultats de nos discussions à Bagdad et ceux d'une réunion d'experts indépendants que nous avions organisée à New York pour mieux évaluer où en était le programme de missiles irakien. Les estimations et les conseils de ces experts nous ont conduits à demander à l'Irak de détruire ses missiles Al-Samoud 2.

C'est au milieu de tous ces engagements et tard dans la soirée que je rédigeai ce qui allait sans doute être la déclaration la plus importante de ma vie devant le Conseil de sécurité.

Il était exact, comme l'avait rapporté le correspondant du *Times* de Londres, James Bone, que j'avais déjà pris quelques notes dans l'avion qui nous ramenait de Bagdad. Mais ce texte n'était pas écrit en suédois, comme il l'avait cru à tort, et ne constituait guère qu'une liste de points à développer. Le gros du travail fut réalisé au cours de nos trois journées à New York. M. Bone avait pressenti à juste titre que j'éviterais de prononcer les mots « infraction matérielle », qui devaient selon lui « signifier la fin du président Saddam Hussein ». Il savait, grâce à plusieurs commentaires que j'avais faits aux médias, que j'estimais que c'était au Conseil de sécurité de rendre ce verdict. De fait, le Conseil m'avait donné instruction de « rapporter immédiatement » toute « immixtion de l'Irak dans les activités d'inspection » et tout « manquement » à ses obligations de désarmement. Il s'était très naturellement et tout à fait clairement réservé la tâche d'évaluer si les immixtions ou les manquements en question pouvaient être qualifiés d'« infraction matérielle ».

En l'absence de rapports spéciaux de notre part sur de tels agissements et face au durcissement des adeptes comme des adversaires d'une intervention armée, il n'était pas surprenant que les principales parties au sein du Conseil aient épluché mes rapports dans l'espoir d'y trouver des arguments étayant leur point de vue. Plus ces rapports étaient nuancés, plus leur crédibilité était grande – mais moins ils pouvaient cautionner des jugements péremptoires.

8

À la recherche d'un moyen terme : la solution des « critères d'évaluation »

La réunion du Conseil de sécurité du 14 février 2003

Lors de la réunion extraordinaire du Conseil de sécurité le vendredi 14 février, presque tous les États membres étaient représentés par leurs ministres des Affaires étrangères, parmi lesquels Colin Powell (États-Unis), Jack Straw (Grande-Bretagne), Dominique de Villepin (France), Igor Ivanov (Russie) et Tang Jiaxuan (Chine). Le ministre allemand des Affaires étrangères, Joschka Fischer, présidait la séance. Celle-ci était ouverte à la presse et au public, ce qui permettait aux membres du Conseil de s'adresser au monde entier en même temps qu'à leur électorat national. Tous les gouvernements représentés savaient sans doute quelle évolution ils souhaitaient, attendaient avec impatience de pouvoir justifier leur position et, si possible, peser sur celle d'autrui.

La salle du Conseil était pleine à craquer de diplomates envoyés par les missions. Tous les médias internationaux étaient présents et, devant le siège des Nations unies, les trottoirs étaient encombrés de camions portant d'immenses paraboles prêtes à retransmettre les interventions aux quatre coins du monde. Pour éviter de me faire intercepter par les journalistes, je passai par le garage souterrain pour rejoindre l'intérieur du bâtiment. Notre attaché de presse, Ewen Buchanan, n'avait pas beaucoup dormi, car les médias l'avaient harcelé toute la nuit au téléphone. Les e-mails, les coups de fil et les fax continuaient à se succéder, et Buchanan essayait de traiter équitablement tous les pays et tous les médias, grands ou petits. Au rez-de-chaussée, je fus obligé, pour rejoindre la salle du Conseil, de traverser des files de correspondants de presse à qui j'expliquai que je ne ferais aucune déclaration avant mon exposé officiel.

On aurait pu croire que la décision de faire ou non la guerre à l'Irak allait être prise dans l'heure qui suivait, et que les rapports des inspecteurs seraient synonymes de feu rouge ou de feu vert. Tel n'était bien sûr pas le cas, mais cette réunion n'en était pas moins de première importance.

Le président nous invita, Mohamed El-Baradei et moi, à prendre place à une extrémité de la table en fer à cheval et à introduire le débat. On m'a souvent demandé si je n'étais pas alors paralysé par le trac en sachant que le monde entier m'écoutait et me regardait. En réalité, je n'étais pas particulièrement nerveux ; Mohamed non plus, à ma connaissance. Dans ce genre de cas, vous n'avez pas conscience de la présence des caméras et des micros qui se trouvent dans les cabines vitrées, très loin de vous. Vous n'avez d'yeux que pour le président qui vous donne la parole, et pour les participants auxquels vous vous adressez. Lors de réunions informelles du Conseil, il m'arrivait fréquemment de parler sans texte écrit. Mais cette fois il s'agissait d'une séance publique, qui faisait l'objet d'un procès-verbal, et je préférais éviter toute digression. Rédiger ce discours m'avait donné un mal de chien, le prononcer fut beaucoup plus aisé. Un journaliste de la presse suédoise me demanda plus tard pourquoi je portais un costume fripé alors que les regards du monde entier étaient braqués sur moi. Il me fallut un moment pour trouver cette réponse : les choses auraient été plus fâcheuses si mon discours avait été fripé.

Je commençai par décrire le dispositif d'inspection que nous avions mis en place et l'usage que nous en faisions. Les membres du Conseil devaient, me semblait-il, connaître l'outil dont ils disposaient, et qu'ils pouvaient continuer à déployer ou choisir de supprimer. Je déclarai ensuite au Conseil que la COCOVINU n'avait pas trouvé d'armes de destruction massive et n'avait mis la main que sur une petite quantité de munitions chimiques vides. Nous n'avions aucune « preuve flagrante » à apporter. Un autre point – tout aussi important, soulignai-je – était que nombre d'armes et de produits proscrits étaient « portés manquants ». Je poursuivis :

> Il ne faut pas conclure précipitamment qu'ils existent. Mais cette possibilité ne peut être exclue. S'ils existent, ils doivent être présentés pour destruction. S'ils n'existent pas, il faudra des preuves crédibles de leur destruction.

De nombreux services de renseignement nationaux étaient convaincus, ajoutai-je, que des armes et des programmes interdits existaient toujours en Irak, et je n'avais pas l'intention de contester leurs conclusions. Ils possédaient des sources d'information dont nous ne disposions pas. Je mentionnai les bonnes relations de travail que la COCOVINU avait entretenues avec différents services secrets, sans oublier de signaler que nous n'avions fait aucune découverte sur les sites qu'ils nous avaient signalés.

En tant que commission d'inspection du Conseil de sécurité, nous ne pouvions fonder notre rapport que sur les preuves que nous étions en mesure d'examiner nous-mêmes et de présenter publiquement. « Sans preuve, dis-je, aucune confiance ne peut s'instaurer. » Cette remarque était principalement destinée aux Irakiens, qui n'avaient pas fourni de preuves solides de la destruction ou de l'inexistence des articles et produits dont on avait perdu la trace. Mais elle s'adressait également aux États-Unis, à la Grande-Bretagne et à tous ceux qui prétendaient qu'il restait des armes et d'autres produits interdits – allégations ayant nourri force discussions qui avaient commencé bien avant cette réunion, et qui n'ont pas cessé depuis.

Je commentai ensuite un des cas que Colin Powell avait évoqués dans sa fameuse présentation au Conseil de sécurité. Il concernait un site que nous connaissions bien. Comme je l'ai exposé plus haut, les documents présentés ne nous avaient pas permis de conclure à la présence d'armes chimiques sur ce site juste avant l'arrivée des inspecteurs. J'avais averti Condoleezza Rice que j'exprimerais mes réserves sur les renseignements fournis par les services secrets et elle n'avait pas cherché à m'en dissuader. Ma remarque n'a pas paru scandaliser Colin Powell, avec qui je bavardai pendant la pause déjeuner. Pourtant, à en juger par les réactions de certains médias, j'avais, à peu de chose près, insulté les États-Unis. Ils auraient voulu que j'apporte de l'eau au moulin des partisans de la guerre. Et je m'étais permis de démolir leur bel échafaudage.

Le message que je tenais à faire passer au Conseil était que plusieurs mesures prises par l'Irak pouvaient marquer l'amorce d'une coopération active dans la solution d'importantes questions de désarmement. Malgré la circonspection de mes propos, je me montrai moins critique à l'égard des Irakiens que dans mon discours du 27 janvier. On m'a souvent interrogé par la suite sur les raisons de ce changement de ton. J'expliquais généralement qu'un bulletin météo a de bonnes chances d'évoluer en fonction du changement de temps.

Je conclus ma déclaration en essayant de préciser dans quels délais nous pourrions achever notre mission en Irak. Je dis que les résolutions prévoyaient deux tâches majeures : une inspection destinée à éliminer toutes les armes et tous les programmes éventuellement existants, interdits en 1991 ; une surveillance destinée à déceler et prévenir toute relance d'un programme d'armements. Il était impossible de fixer un terme à cette dernière mission. Si l'Irak avait coopéré pleinement en 1991, déclarai-je, le désarmement aurait pu être achevé en très peu de temps grâce au processus d'inspection, les sanctions auraient pu être levées, et la surveillance se serait poursuivie. Malheureusement, les choses ne s'étaient pas passées ainsi. À l'heure actuelle, trois mois après l'adoption de la résolution de novembre, la période de désarmement pouvait encore être brève – à condition, précisai-je, que l'Irak apporte une coopération immédiate, active et inconditionnelle à la COCOVINU et à l'AIEA.

Mohamed El-Baradei se montra moins prudent que moi. L'AIEA considérait, déclara-t-il, qu'il restait quelques points techniques à régler – mais aucune « question de désarmement en suspens ». En conclusion, il affirma que l'Agence n'avait trouvé en Irak aucune preuve d'activités nucléaires ou liées au nucléaire. Son commentaire contrastait vivement avec les propos tenus quelques jours plus tôt par Colin Powell, présentant l'existence d'un « programme nucléaire » comme un fait.

Accrochage entre les ministres des Affaires étrangères au Conseil de sécurité

Le débat qui suivit nos rapports eut tout de la foire d'empoigne, les combattants ne disposant que de sept minutes pour décocher leurs piques et leurs arguments comme autant de balles traçantes à travers la salle. Le degré d'improvisation fut pour le moins insolite. À l'occasion de débats publics de première importance, les ambassadeurs soumettent généralement leurs discours à leurs ministères et évitent toute déviation ou digression. Or, cette fois, les participants étaient ceux-là mêmes qui d'ordinaire donnaient les instructions. Ils savaient ce qu'ils pouvaient se permettre de dire. Sans aller jusqu'à modifier la ligne politique de leurs gouvernements, ils n'hésitèrent pas à s'éloigner de leurs textes, occasionnant ainsi un débat tout à fait inhabituel. La présence des ministres des Affaires étrangères dans la salle du Conseil donna une image extrêmement vivante des différents pays et de leurs profils respectifs.

D'un côté, les États-Unis, la Grande-Bretagne et l'Espagne affirmaient que, de toute évidence, l'Irak n'avait pas changé d'attitude et qu'il fallait se préparer à prendre une grave décision – autrement dit, à autoriser une intervention militaire. De l'autre, il y avait tous ceux qui estimaient que les inspections ne se passaient pas si mal et qu'il était prématuré d'envisager un recours à la force. Malgré cette bipolarisation – ou peut-être à cause d'elle –, on relevait une volonté manifeste de trouver un juste milieu, et une solution commença à prendre forme dans les journées qui suivirent la réunion.

Le secrétaire d'État américain, Colin Powell, affirma que l'Irak n'avait pas respecté la résolution de novembre 2002, que la déclaration du 8 décembre représentait « un premier test du sérieux » de ses intentions et que l'Irak avait répondu, en fait, qu'il verrait bien jusqu'où il pourrait aller en toute impunité. Le processus d'inspection ne pouvait pas « se poursuivre à l'infini ». Colin Powell ne réclamait ni intervention ni décision immédiates, mais exhortait le Conseil à réfléchir « dans un avenir très proche » aux « conséquences de l'attitude de l'Irak ».

Jack Straw, secrétaire au Foreign Office, rappela au Conseil qu'en 1991 on avait accordé à l'Irak quatre-vingt-dix jours pour désarmer. Qu'avait-il fait en onze ans, sept mois et deux jours ? Le processus diplomatique devait être appuyé par une menace sérieuse de recours à la force ; s'y dérober et accorder une durée illimitée à une coopération minime rendrait toute entreprise de désarmement beaucoup plus difficile, en Irak comme ailleurs. C'était là un argument qui ne pouvait que séduire Washington : une intervention en Irak adresserait un signal à tous ceux qui pouvaient représenter un risque pour la non-prolifération. Straw songeait-il à l'Iran, à la Corée du Nord, peut-être à la Libye et à la Syrie ? Il se rallia aux États-Unis en présentant une « décision stratégique » de l'Irak comme la pierre angulaire de tout l'édifice, mais il évoqua la nécessité d'une telle décision plus qu'il n'en déplora l'absence :

> J'espère et je crois qu'une solution pacifique à la crise demeure possible. Mais elle exigera un changement spectaculaire et immédiat de la part de Saddam.

Jack Straw se disait peut-être que, pour obtenir un tel changement, il fallait faire « craquer » l'Irak en lui faisant sentir la détermination militaire des États-Unis et de la Grande-Bretagne et en lui lançant un ultimatum qui le menacerait d'une guerre – ultimatum si possible incarné ou appuyé par une résolution du Conseil de sécurité. Au cours de l'entretien que nous avions eu quelques jours avant cette réunion, Condoleezza Rice m'avait confirmé qu'il était question d'une telle résolution. Si ce texte n'entraînait pas de changement spectaculaire, il autoriserait, implicitement du moins, l'intervention armée à laquelle on se préparait. Consciente de ce que cela impliquait, doutant de la possibilité d'obtenir un « changement spectaculaire » et raisonnablement satisfaite des inspections, la majorité du Conseil de sécurité ne souhaitait pas soutenir une résolution de ce genre.

Les exposés que nous avions présentés au Conseil, Mohamed et moi, n'avaient pas appuyé la campagne en faveur d'une résolution. Bien au contraire, ils avaient probablement renforcé l'hostilité à une intervention armée contre l'Irak, dont les prétendues menaces ne paraissaient ni manifestes ni imminentes à la plupart des capitales.

Le ministre français des Affaires étrangères, Dominique de Villepin, déclara que les inspections n'étaient pas « une voie sans issue ». Au contraire, nous commencions à enregistrer quelques avancées et la France souhaitait renforcer le régime d'inspection. L'option de la guerre pouvait, à première vue, sembler plus rapide ; mais, après avoir gagné la guerre, il fallait construire la paix. Or personne ne pouvait affirmer que le chemin de la guerre serait plus court que celui des inspections. La France n'excluait pas d'avoir, un jour, à recourir à la force. Mais c'était à la communauté internationale, parlant d'une seule voix, d'estimer si cette solution était justifiée et d'en garantir l'efficacité.

Pour conclure, M. de Villepin rappela qu'il représentait « un vieux pays ». Personne dans la salle n'avait oublié que Donald Rumsfeld, secrétaire américain à la Défense, avait récemment parlé avec quelque mépris de « la vieille Europe », opposée à l'intervention armée en Irak, alors que « la nouvelle Europe », c'est-à-dire les pays de l'est du continent, voyait cette opération d'un œil plus favorable. La saillie de M. de Villepin fut accueillie par des rires, et des applaudissements saluèrent la fin de son discours.

Sa repartie incita plusieurs de ses collègues à lui emboîter le pas et à prendre soudain conscience de l'âge de leurs pays. Le ministre chinois rappela à tous que la civilisation chinoise était fort ancienne. Jack Straw, ministre britannique des Affaires étrangères, affirma parler au nom d'« un très vieux pays, fondé en 1066 par les Français ». Quant à Colin Powell, il admit que les États-Unis étaient « un pays relativement récent » ; mais c'était « la plus ancienne démocratie » à siéger à cette table. Telles furent les quelques notes souriantes d'un échange de vues plutôt tendu.

Le ministre chinois des Affaires étrangères déclara que, comme la majorité du Conseil, il estimait que le processus d'inspection se déroulait correctement et qu'il fallait lui laisser le temps de faire respecter la résolution de novembre 2002. Son homologue allemand demanda pour quelles raisons il faudrait suspendre les inspections. Il était d'accord avec la France pour les renforcer et préconisa de développer le régime de surveillance à long terme pour éviter toute future relance du programme d'armements irakien. L'endiguement devait être permanent.

Le ministre russe, Igor Ivanov, se joignit aux membres du Conseil qui souhaitaient la poursuite des inspections et affirma qu'une écrasante majorité d'États dans le monde partageait ce point de vue. Puis il avança une idée qui joua un rôle capital dans les semaines qui suivirent la réunion. Il rappela au Conseil que la résolution 1284 (1999) avait donné instruction à la COCOVINU et à l'AIEA de soumettre au Conseil leur programme de travail, en même temps que la liste des « tâches clés de désarmement en suspens ». M. Ivanov n'admettait pas que l'on accuse l'Irak, sans plus de précisions, de n'avoir pas respecté la résolution de novembre 2002 ni manifesté la volonté de désarmer. Il fit remarquer que l'adoption d'un programme de travail permettrait de définir quelques « critères » objectifs et précis, afin d'évaluer le degré de coopération de Bagdad.

Le respect de certains « critères d'évaluation » prouverait le changement d'attitude de l'Irak

L'idée de juger les actions de l'Irak en fonction de « critères » précis – au lieu de s'interroger sur la réalité de son « changement d'attitude » ou sur l'adoption éventuelle d'une « décision stratégique » – n'était pas sans attrait. Mais il était patent que les États-Unis n'accepteraient jamais de reporter une telle évaluation à la fin de juillet, comme le prévoyait la résolution de 1999. Après la réunion du Conseil, une issue sembla se dessiner : on pourrait demander à l'Irak de bien vouloir régler un certain nombre de points déterminés – satisfaire à certains « critères d'évaluation » – dans un laps de temps limité.

En quittant la salle du Conseil après la séance du 14 février, je parlai à Jack Straw d'un document que la COCOVINU avait préparé pour définir les « tâches clés de désarmement en suspens » dans le cadre du programme de travail. Il contenait des « groupes » de questions et indiquait très précisément ce qui était exigé de l'Irak dans chaque cas. Peut-être pourrait-on s'en servir pour définir des « critères d'évaluation » ? Straw se montra tout à fait intéressé. Et Colin Powell fit preuve du même enthousiasme lorsque nous nous retrouvâmes pour prendre un sandwich dans le hall du Conseil, après la réunion. Il me demanda de lui téléphoner au cours du week-end à venir pour en discuter.

On commençait apparemment à se demander s'il ne serait pas possible de concilier la volonté d'obtenir de l'Irak un « changement d'attitude » ou une « décision stratégique » (prétendument fondée sur la résolution de novembre 2002) avec la définition, ancrée dans la résolution de décembre 1999, de « critères » précis témoignant de sa bonne volonté. En répondant à ces « critères », l'Irak pourrait-il prouver qu'il avait pris une « décision stratégique » ? À la réunion du Conseil, l'idée de « critères d'évaluation » avait été dans l'air, mais pas encore sur le tapis.

Washington se montra déçu par le résultat de cette réunion et par les déclarations que nous y avions faites, Mohamed El-Baradei et moi. Celles-ci n'avaient apporté aucun soutien à la position américaine en faveur d'une résolution qui tiendrait lieu d'ultimatum et autoriserait implicitement le recours à la force. Cette déception ne s'exprima pas au niveau officiel, mais certains médias s'en firent promptement l'écho. Dans de telles circonstances, il pouvait paraître intéressant de se pencher, au moins un instant, sur la solution des « critères d'évaluation ».

Les Français, et bien d'autres, continuaient d'exiger l'autorisation explicite du Conseil pour toute intervention armée. Les États-Unis avaient beau récuser une telle condition, il leur serait évidemment plus facile d'obtenir cette autorisation si les rapports d'inspection dénonçaient des agissements irakiens que l'on pouvait raisonnablement désigner comme des « infractions matérielles » ou des exemples de non-conformité avec certains « critères d'évaluation » définis par le Conseil. Pour le moment, les rapports des inspecteurs ne décrivaient pas une réalité irakienne noire, mais juste grise, et une bonne partie des accusations que les États-Unis portaient contre l'Irak se limitaient à de simples présomptions, reposant sur sa duplicité d'autrefois et sur l'utilisation passée d'armes chimiques et de missiles à longue portée. On n'avait aucune « preuve flagrante » susceptible d'impressionner l'opinion. Convaincu pourtant que ces éléments suffisaient à prouver la culpabilité des Irakiens, John Wolf, secrétaire d'État adjoint à la Non-prolifération, rappela, paraît-il, que si quelque chose marche comme un canard, nage comme un canard et fait coin-coin comme un canard, il y a de fortes chances que ce soit un canard. Le problème était, comme quelqu'un le fit remarquer, que l'opinion voulait voir un « canard flagrant ». Sans doute était-ce pour cela que Colin Powell avait présenté au Conseil de sécurité les documents fournis par les services de renseignement. Peut-être le non-respect de « critères » spécifiques pourrait-il être précieux.

Les Britanniques, qui étaient les plus favorables à une résolution de l'ONU tenant lieu d'ultimatum mais qui sentaient croître l'hostilité à une telle mesure, se demandèrent alors s'il ne serait pas judicieux de redéfinir les termes du débat : la résolution pourrait réclamer une déclaration de Saddam montrant qu'il avait changé d'attitude. Pour prouver la sincérité de cette déclaration, on pourrait ensuite exiger que l'Irak satisfasse à certains « critères » dans un laps de temps défini.

À la COCOVINU, nous avions établi une liste solidement documentée de questions de désarmement en suspens, chacune suivie de directives claires et précises permettant à l'Irak de la résoudre. Les questions connexes avaient été regroupées. Il s'agissait du document dont j'avais parlé à Jack Straw et à Colin Powell après la réunion du Conseil de sécurité du 14 février. Leur intérêt immédiat ne m'avait pas échappé. Malgré les positions catégoriques qu'ils adoptaient au Conseil, les États-Unis et la Grande-Bretagne ne semblaient pas totalement indifférents à la possibilité de trouver une solution consensuelle.

Le samedi 15 février, le lendemain de ma conversation avec Colin Powell aux Nations unies, Condoleezza Rice m'appela chez moi, à New York, pour me poser des questions sur ce document. Dehors, une foule de manifestants hostiles à la guerre défilait sur les avenues. Encouragé par l'intérêt de Mme Rice, je lui expliquai que la COCOVINU avait presque fini d'établir ce document qui, à brève échéance, devait être soumis pour discussion à notre Collège des commissaires. À sa demande, je m'engageai à en présenter la version provisoire la semaine suivante à John Wolf, qui était membre de notre Collège.

Le dimanche, comme convenu, j'appelai Colin Powell. Je lui expliquai une nouvelle fois la nature de notre « liste de questions groupées ». Celle-ci contenait des indications précises sur les mesures attendues de l'Irak pour résoudre les multiples questions de désarmement. Si le Conseil de sécurité souhaitait définir des « critères d'évaluation », ce document pourrait lui être utile. Mohamed El-Baradei m'avait confié que, selon lui, les questions en suspens dans le domaine nucléaire pourraient être réglées avant le 15 avril, moyennant une coopération active de l'Irak. Les problèmes en matière d'armes et de missiles bactériologiques et chimiques étaient nettement plus importants, mais je demandai à Colin Powell si les États-Unis accepteraient de fixer une date butoir générale au 15 avril. C'était trop tard, me répondit-il.

L'hostilité de l'opinion publique à la guerre incite certains gouvernements à chercher un moyen terme

La réunion du Conseil de sécurité du 14 février avait été suivie de manifestations de masse. Dès le lendemain, un mouvement d'opinion très actif contre la guerre avait fait descendre des millions de personnes dans la rue à travers le monde, États-Unis compris. À New York, le défilé passait sur les 2e et 3e Avenues, près de mon immeuble de Manhattan, et je m'étais retrouvé au milieu de la foule en sortant acheter du lait. J'avais même craint un instant d'être reconnu et de me voir hissé sur un camion de manifestants en guise de mascotte. (Plus tard, l'ambassadeur de Suède, qui habitait le même quartier, m'offrit une affiche qu'il avait ramassée dans la rue après la manifestation. Elle portait le slogan BLIX – NOT BOMBS ! Elle est toujours accrochée à mon mur.)

Le gouvernement de Washington semblait parfaitement indifférent à ce mouvement. Le président Bush avait fait remarquer, affirma le *New York Times*, que gouverner oblige parfois à « se rebiffer contre l'opinion publique » et que « le rôle d'un dirigeant est de définir une politique fondée sur la sécurité ». Ce journal rapportait également que Bush préconisait une stratégie destinée « à persuader les alliés réticents que les inspections des Nations unies n'assureraient pas le désarmement de l'Irak », et qu'il prévoyait « de prendre une décision sur le recours à la force contre l'Irak dans un délai de quelques semaines, quoi que fasse le Conseil de sécurité ».

On peut penser que l'intransigeance affichée par les États-Unis avait pour but d'intimider l'Irak et de l'empêcher d'imaginer que l'administration Bush plierait devant l'ampleur du mouvement pacifiste. J'ai plutôt tendance à croire que les dirigeants américains étaient décidés à se jeter tête baissée dans la guerre, quitte à freiner des quatre fers dans l'éventualité, fort improbable, où l'Irak « se dégonflerait ».

Les manifestations suscitèrent des réactions diverses selon les pays et les gouvernements. L'Angleterre assista à la plus grande manifestation de toute son histoire. En Italie et en Espagne, des sondages révélèrent qu'une majorité écrasante de la population était hostile à la guerre, ce qui n'empêcha pas les gouvernements de ces pays de continuer à faire cause commune avec les États-Unis. Le gouvernement français, sans exclure l'éventualité d'une action militaire en dernier recours, se rallia à l'opinion dominante hostile à la guerre. Le Premier ministre canadien, Jean Chrétien, fit savoir à son Parlement qu'il s'opposerait à toute intervention armée sans autorisation explicite du Conseil de sécurité. Son point de vue était partagé par de nombreux pays très engagés en faveur des Nations unies, dont le mien, la Suède. En Allemagne, un sondage révéla que 86 % de la population refusaient la guerre, et le ministre allemand des Affaires étrangères, Joschka Fischer, déclara que le désarmement ne pouvait pas se faire de cette manière-là.

Plusieurs membres du Conseil de sécurité, dont le Mexique et le Chili, recherchèrent activement un terrain d'entente. Leurs gouvernements étaient soumis aux pressions croissantes de Washington, qui tenait à les voir s'accrocher au train de la guerre, alors que leur opinion publique était hostile à une intervention armée. La situation du Mexique était sans doute aussi paradoxale que douloureuse. Ce pays, qui s'était délibérément abstenu pendant des années de briguer un siège au Conseil de sécurité, avait franchi le pas tout récemment, se décidant à assumer ses responsabilités de grand pays latino-américain. Et il se voyait récompensé de son ambition de devenir un citoyen du monde à part entière en se trouvant pris en étau entre, d'une part, la volonté et la nécessité d'établir de bonnes relations avec son grand voisin et, d'autre part, une opinion publique nationale indéniablement hostile à la guerre. La situation du Chili était assez comparable.

Je ne relevai pas d'effet direct des manifestations sur la scène internationale. Néanmoins, l'insistance de nombreux États pour que l'on poursuive les inspections, la recherche d'un moyen terme et le crédit accordé à la méthode des « critères » coïncidèrent avec un mouvement d'hostilité à la guerre de plus en plus présent, qui s'exprimait dans les rues du monde entier.

Comment utiliser les directives de la liste de questions groupées comme « critères d'évaluation » : mes idées sur le sujet

Le 17 février était un jour férié aux États-Unis, et l'ONU était fermée. C'était une bonne chose, car New York venait de subir une violente tempête de neige. Arrivant de Stockholm où les opérations de déneigement sont courantes et, le plus souvent, aussi rapides que bruyantes, je savourai l'inefficacité tranquille qui s'abattit sur Manhattan en même temps que la neige.

Avec ma femme, je descendis la 2e Avenue recouverte d'une épaisse couche blanche et abandonnée par les voitures. Quelques skieurs profitaient de leur avantage relatif et éphémère sur les piétons et les véhicules à moteur.

Le secrétariat des Nations unies était désert. C'était une bonne journée pour essayer de mettre au point, dans le calme de mon bureau, mes idées personnelles sur l'exploitation possible de nos listes de questions groupées. Je les consignai sous forme d'un projet de résolution destiné au Conseil de sécurité et d'un document d'information que je décidai de soumettre à Sir Jeremy Greenstock, représentant permanent de la Grande-Bretagne aux Nations unies, qui devait passer me voir plus tard dans la journée pour parler de cette liste. Je connaissais bien Sir Jeremy, j'avais beaucoup de sympathie pour lui, et j'appréciais ses compétences et la sûreté de son jugement. Il saurait certainement me dire si cette piste était exploitable. Le cas échéant, il serait en mesure de soutenir ce projet, puisqu'il siégeait au Conseil (contrairement à moi, qui n'en étais que l'employé). S'il me donnait un avis négatif, la corbeille à papier était tout près. Il préféra réserver sa réponse, et je lui confiai mon document d'information et mon projet de résolution pour qu'il y réfléchisse – sans plus. Il remit les deux aux Américains. Au cours des semaines suivantes, les Britanniques exploitèrent amplement l'idée de « critères d'évaluation », alors qu'après un bref accès de curiosité les Américains s'en désintéressèrent. Peut-être se dirent-ils qu'il faudrait obligatoirement du temps pour définir et vérifier des « critères » précis, et que rien ne garantissait que cette méthode inciterait le Conseil à autoriser un recours à la force. Il serait certainement plus rapide de déclarer que l'Irak n'avait manifesté aucun changement d'attitude – quitte à agir unilatéralement.

Le document Blix et le projet de résolution, 17 février 2003

Dans mon document d'information, je cherchais d'abord à établir les prémisses : la pression militaire était et demeurait indispensable pour obtenir la soumission de l'Irak ; de nombreuses délégations estimaient que l'on n'avait pas accordé suffisamment de temps aux inspections ; un délai de onze semaines était un peu court pour conclure que le désarmement ne pourrait se faire par la voie des inspections et qu'il fallait y renoncer. Il ne semblait pas déraisonnable, suggérais-je ensuite, de fixer « une date butoir explicite » avant laquelle l'Irak devrait avoir manifesté un degré satisfaisant de coopération et réglé les questions de désarmement ou les « tâches clés de désarmement en suspens ». Le délai à accorder, écrivais-je, relevait d'une décision politique.

Il incomberait au Conseil de sécurité de juger – après rapport des inspecteurs – si la coopération et le désarmement qu'elle avait entraîné étaient suffisants.

Sans doute serait-il préférable de sélectionner un certain nombre de « critères d'évaluation » que l'Irak devrait satisfaire pendant le temps imparti, au lieu d'exiger le règlement de l'intégralité des questions en suspens. La liste de questions groupées de la COCOVINU contenant des directives précises adressées à l'Irak pouvait être disponible rapidement, sur demande du Conseil.

Mon projet prévoyait que la COCOVINU et l'AIEA soumettent, pour le 1er mars, une liste de « points clés » (problèmes et questions de désarmement en suspens) en même temps que des indications sur la manière dont l'Irak pourrait les régler (les fameux « critères d'évaluation »). Il exposait également un certain nombre de mesures exigées de l'Irak, parmi lesquelles l'élimination de tous les missiles interdits identifiés par la COCOVINU. Il demandait à la COCOVINU et à l'AIEA de signaler au Conseil, avant une date à définir, si l'Irak avait fait ce qu'on exigeait de lui. Il précisait enfin que, si le Conseil de sécurité concluait que l'Irak n'avait pas obtempéré et n'avait donc « pas fait bon usage du processus d'inspection », celui-ci prendrait fin. Le Conseil « envisagerait alors d'autres mesures pour résoudre la question du désarmement ». Le texte reflétait mon point de vue sur les inspections : elles offraient à l'Irak, selon moi, une chance qui ne resterait pas ouverte éternellement ; c'était au Conseil – et non à ses différents membres – d'envisager et de mettre en place une solution de rechange.

La destruction des missiles Al-Samoud 2 est exigée

J'avais fait figurer la question de la destruction des missiles dans mon projet parce que la COCOVINU était sur le point de réclamer à l'Irak qu'il se débarrasse de plus d'une centaine d'Al-Samoud 2. Un groupe spécial d'experts internationaux constitué par la COCOVINU avait conclu à l'unanimité que ces missiles pouvaient dépasser la portée limite de 150 kilomètres fixée par le Conseil de sécurité. Nous avions déjà évoqué ce point la semaine précédente au Collège des commissaires et, comme je l'avais signalé au Conseil de sécurité le 14 février, nous en avions conclu que l'Irak n'avait pas le droit de les posséder. Mais je n'étais pas certain qu'il accepterait une destruction aussi massive. Ce serait, en fait, un bon test de sa disposition à coopérer sur un point concret, au-delà des simples questions de procédure, comme l'accès illimité aux sites. En ce sens, cette exigence s'intégrait fort bien dans une résolution sur les « critères ».

Apprendre que les Irakiens avaient légèrement dépassé la portée autorisée ne m'a pas inspiré, je l'avoue, une franche indignation. J'étais plus inquiet à l'idée qu'ils aient pu s'engager dans la production de missiles de bien plus grande portée et que nous ne les ayons pas encore trouvés. Après discussion avec un de nos experts indépendants appelés en consultation, je me demandais aussi si l'Irak n'avait pas l'intention, comme l'Inde, d'augmenter considérablement la portée de ses missiles Al-Samoud 2 en les équipant de deux moteurs au lieu d'un.

Je pensais que l'annonce de la destruction d'un nombre aussi important de missiles ne manquerait pas d'impressionner les gouvernements et le monde en général, leur prouvant que le travail des inspecteurs ne se limitait pas à la découverte de quantités insignifiantes de gaz moutarde ou de quelques ogives chimiques vides oubliées dans un coin. En fait, me disais-je avec optimisme, si l'on arrive à éviter la guerre en prouvant l'utilité du processus d'inspection, peut-être aura-t-on fait, en les détruisant, le meilleur usage possible de ces missiles. Cet espoir allait être déçu.

Rétrospectivement, je note que l'Irak s'est plié à notre décision, malgré une première réaction de défi de Saddam Hussein dans un entretien télévisé avec Dan Rather le 24 février. Ce n'était pas une mince affaire que de détruire ces gros engins. À Bagdad, les Irakiens nous demandèrent de ne pas publier de photographies de cette opération, alléguant que cela leur serait trop pénible. Cela n'a rien d'invraisemblable. Avoir réussi à concevoir et à produire ces missiles leur inspirait sans doute un certain orgueil, et leur destruction ne pouvait que les navrer. Cette blessure d'amour-propre pourrait également expliquer que l'Irak ait décidé de détruire ses armes biologiques et chimiques hors de la présence des inspecteurs en 1991. Nous avions toujours supposé que cette action unilatérale, à l'abri des regards, lui avait permis de conserver secrètement certaines armes. Mais peut-être s'agissait-il, là encore, d'une question de fierté. En revanche, nos inspecteurs étaient présents lors de la destruction des missiles. Nous n'avons publié aucune photo.

Cette opération n'a pas suscité beaucoup d'attention à l'échelle internationale et l'attitude des États-Unis a paru quelque peu fluctuante. Dans une lettre du 3 janvier 2003, le secrétaire adjoint John Wolf avait insisté pour que nous prenions des mesures énergiques contre tout article prohibé : la destruction plutôt que le déplacement ou la neutralisation. Le 28 février, Condoleezza Rice me confia, lors d'un entretien téléphonique, qu'elle craignait que l'Irak ne fasse traîner les opérations de destruction. Or, le 5 mars, elle prétendit que la destruction qui était en cours n'était que poudre aux yeux. Je lui demandai alors si elle aurait préféré que les Irakiens renâclent. Elle ne me répondit pas. Je me suis dit plus tard qu'un refus, qui aurait constitué une violation claire et nette de la résolution de novembre 2002, n'aurait peut-être pas été pour lui déplaire.

À la suite de cette réflexion de Condoleezza Rice, je profitai de la réunion du Conseil de sécurité du 7 mars pour présenter la destruction comme « une mesure substantielle de désarmement ». « Nous n'assistons pas, précisai-je, à la destruction de cure-dents, mais d'armes meurtrières. » À quoi Colin Powell répliqua : « Je sais que ce ne sont pas des cure-dents, mais de vrais missiles. Le problème est que nous ignorons combien de missiles et combien de cure-dents il y a.

Nous ne savons pas si l'infrastructure permettant d'en fabriquer d'autres a été identifiée et démantelée. »

Au total, quelque 70 missiles Al-Samoud 2 ont été détruits sous notre contrôle. Selon nos calculs, il devait en rester une trentaine en place. Les déclarations irakiennes et les inspections sur le terrain nous avaient donné une assez bonne idée de l'infrastructure existante. Je suis persuadé que les États-Unis, qui s'apprêtaient à envahir l'Irak, désiraient sincèrement la destruction de ces missiles. Leur volonté de minimiser cette opération s'inscrivait probablement dans une tentative pour présenter un Irak rebelle, refusant de désarmer.

Étapes suivantes sur la voie des « critères d'évaluation »

Le lendemain de mon entretien du 17 février avec l'ambassadeur britannique Sir Jeremy Greenstock, je déjeunai en compagnie de l'ambassadeur américain John Negroponte, du secrétaire adjoint John Wolf et du directeur de la contre-prolifération au Conseil de la sécurité nationale. J'étais venu avec mon adjoint, Dimitri Perricos. J'expliquai la démarche de ma liste de questions groupées et affirmai que je ne cherchais pas à faire pression sur le Conseil, mais simplement à attirer son attention sur leurs utilisations possibles. Après le déjeuner, John Wolf me rejoignit dans mon bureau et je le laissai feuilleter le document en question, encore à l'état provisoire. J'eus la nette impression qu'il ne lui inspirait pas un enthousiasme débordant.

Mes brouillons n'avaient évidemment pas pu tomber sous les yeux du *New York Times*, mais l'idée de « critères d'évaluation » était dans l'air et, le 18 février, l'éditorial de ce quotidien réclamait une collaboration entre le président Bush et le Conseil de sécurité. Washington devait définir les mesures exigées de Bagdad pour que la menace de guerre soit suspendue – établir, en un mot, des « critères d'évaluation ». Les pages d'information du même numéro faisaient savoir que certains fonctionnaires américains et britanniques espéraient qu'une déclaration de l'Union européenne n'excluant pas le recours à la force contre l'Irak, « assortie d'éventuelles déclarations critiques touchant la coopération de l'Irak de la part de Hans Blix au cours des prochaines semaines [...], pourrait enfin inciter les membres du Conseil de sécurité, France comprise, à soutenir une intervention ». Le texte se poursuivait par ces curieuses lignes :

> L'administration s'attend à ce que, d'ici au début du mois de mars, M. Blix soit prêt à présenter une évaluation plus négative de la coopération irakienne qu'il ne l'a fait vendredi devant le Conseil de sécurité. Des fonctionnaires ont affirmé que M. Blix leur avait donné cette impression en privé.
>
> Les États-Unis pressent M. Blix de définir des « critères d'évaluation » au cours des prochaines semaines, exigeant que l'Irak remplisse ses obligations dans trois

> domaines précis au moins : autoriser des interviews de scientifiques en toute liberté, détruire les fusées illégales et permettre le survol inconditionnel de son territoire par des avions de reconnaissance.

Ces lignes ne pouvaient émaner des personnes avec qui j'avais déjeuné, car elles avaient été publiées le même jour. Du reste, je n'avais rien dit qui pût justifier ce commentaire, pas plus qu'*aucun* autre, sur mes évaluations à venir ! Peut-être certains responsables politiques de Washington pensaient-ils pouvoir m'influencer et m'inciter à exprimer un jugement plus négatif sur l'Irak à la prochaine occasion. Celle-ci ne devait pourtant se présenter que le 7 mars, soit près de trois semaines plus tard ! Washington voulait-il vraiment exploiter l'idée des « critères d'évaluation » ? Les trois « critères » mentionnés dans l'article étaient tout à fait applicables. Cette affaire était plutôt déconcertante et suggérait l'existence de divergences de vues dans la capitale américaine.

Les Canadiens s'efforcent de trouver un terrain d'entente

J'étais loin d'être le seul à rechercher un compromis. Le 19 février, lors d'une réunion au cours de laquelle tous les membres des Nations unies purent aborder la question irakienne, l'ambassadeur canadien Paul Heinbecker exprima son soutien de principe à la position américaine, tout en exhortant la COCOVINU à définir un certain nombre de tâches exigeant, en priorité, des preuves de souplesse de la part des Irakiens. Ce qui revenait, dans les faits, à définir des « critères d'évaluation ». Il convenait de fixer une « date butoir rapprochée » – moins de cent vingt jours – avant laquelle l'Irak devrait avoir fourni des preuves. Cette méthode, déclara l'ambassadeur, offrirait au Conseil une base lui permettant de juger de la soumission de l'Irak.

Il conclut en sommant Saddam Hussein d'agir, bien qu'il soit déjà tard. Il ajouta cependant quelques mots qui reflétaient l'humeur du gouvernement d'Ottawa, mais contrastaient vivement avec celle de Washington : il se déclara convaincu qu'il était encore possible de trouver une solution pacifique et que les institutions multilatérales jouaient un rôle essentiel dans l'administration d'un monde de plus en plus intégré.

Entretien avec Tony Blair le 20 février

Le 20 février, sur la ligne sécurisée du bureau de l'ambassadeur Greenstock, j'eus un long entretien téléphonique avec le Premier ministre britannique à propos de son initiative. Le Premier ministre me fit savoir que les Américains avaient été déçus par mon rapport du 14 février. Il avait compromis leur confiance dans le processus onusien. S'ils s'étaient imaginé que celui-ci conduirait inéluctablement à l'adoption d'une solution militaire, je comprenais leur déconvenue. Les Américains, me dit-il, étaient assez séduits par l'idée d'une seconde résolution du Conseil de sécurité, mais ils étaient prêts à s'en passer. On risquait donc de voir les Nations unies marginalisées et la communauté internationale divisée. Blair souhaitait proposer aux Américains une stratégie de rechange, une sorte d'ultimatum fixant une date butoir pour le règlement d'un certain nombre de questions de désarmement et imposant à Saddam l'obligation de coopérer activement. Tout manquement constituerait une infraction à la résolution de novembre.

Cette conversation me donna à penser que Tony Blair était d'avis que seul un changement d'attitude flagrant permettrait à Saddam d'éviter une intervention armée et qu'il approuvait l'établissement de « critères », dont l'application témoignerait de ce changement d'attitude. Il convenait, déclara-t-il, de mieux définir la coopération, peut-être en dressant une liste de catégories permettant de l'évaluer. Les Américains envisageaient de passer à l'action avant la fin du mois.

Je lui répondis que j'étais favorable à l'idée d'une date butoir – d'un ultimatum. Elle figurait même dans les documents que j'avais remis à l'ambassadeur britannique. Il était possible, affirmai-je à Tony Blair, de préciser ce que devait être une coopération pleine et entière, ou – comme il l'avait dit – de dresser une liste de catégories. Dans ce contexte, j'évoquai des entretiens hors du territoire irakien, la non-ingérence dans les vols de reconnaissance des U2 et d'autres appareils, la destruction des missiles Al-Samoud 2. J'annonçai également que la COCOVINU présenterait avant le début de la semaine suivante un catalogue des mesures exigées de l'Irak – la fameuse liste de questions groupées. J'affirmai aussi que les Irakiens s'étaient montrés beaucoup plus actifs. J'étais pris sous une « avalanche de demi-promesses ». Peut-être commençaient-ils à paniquer. Il me fallait plus de temps. Condoleezza Rice m'avait assuré que les considérations météorologiques n'entraient pas en compte dans la planification américaine. Les États-Unis devaient laisser place à une possibilité de compromis. Ils allaient trop vite.

Tony Blair répondit que les Irakiens auraient pu manifester leur changement d'attitude dans la déclaration du 8 décembre, mais qu'ils ne l'avaient pas fait. Les États-Unis ne croyaient pas à la coopération de Saddam. Lui non plus. Mais, ajouta-t-il, il tenait à préserver l'unité de la communauté internationale.

Je lui confiai que j'avais demandé à Colin Powell de fixer l'échéance au 15 avril et qu'il avait refusé. Il jugeait que c'était trop tard. J'avais tendance, au contraire, à trouver que c'était trop tôt. Tony Blair me promit de continuer à explorer la voie de l'ultimatum – de la date butoir – et de chercher à obtenir le plus long délai possible. Il devait être possible d'apprécier si Saddam faisait preuve de bonne volonté. Je répondis que les exigences de coopération devaient être réalistes. Autrement dit, il fallait que les « critères d'évaluation » soient à la portée des Irakiens, moyennant un minimum d'efforts. La destruction rapide des missiles Al-Samoud 2 en offrait un bon exemple.

Une partie de cet entretien avec Tony Blair porta sur le rôle et l'efficacité des services de renseignement. Je déclarai – comme je l'avais dit à Condoleezza Rice – que, tout en appréciant les renseignements qui nous avaient été transmis, je ne pouvais que noter qu'ils n'avaient pas été très convaincants. Nous n'avions obtenu de résultats que sur trois des sites que nous avions inspectés sur la foi des informations reçues.

J'avais personnellement tendance à croire que l'Irak dissimulait encore des armes de destruction massive, mais il me fallait des preuves. Après tout, peut-être ne restait-il pas tant de choses que cela en Irak. Blair déclara que les services secrets français et allemands eux-mêmes étaient certains de la présence d'ADM ; les Égyptiens aussi. Je lui fis remarquer qu'ils n'avaient pas l'air très sûrs d'eux, par exemple au sujet des installations mobiles d'armes biologiques. J'ajoutai qu'il serait paradoxal et absurde que 250 000 hommes envahissent l'Irak et n'y trouvent presque rien. Blair répondit que les informations étaient sans équivoque : Saddam avait reconstitué son programme d'armes de destruction massive. Tony Blair se fiait manifestement aux services de renseignement et était convaincu de l'exactitude de leurs rapports. Personnellement, je ne leur faisais plus entièrement confiance.

9

L'impasse

Le vendredi 21 février, lendemain de mon entretien avec Tony Blair, je reçus un appel, assez bref, de Condoleezza Rice. Elle commença par me dire qu'elle avait appris qu'à l'issue de notre conversation du 11 février j'avais été mécontent de trouver dans la presse des commentaires dénués de tout fondement, prétendant notamment qu'elle m'avait « sommé » de dire ceci ou cela. Elle tenait à me faire savoir qu'elle en avait été agacée, elle aussi. Elle me parut sincère.

Si, comme j'en suis venu à le soupçonner, les médias s'étaient fait l'écho des vœux de certains milieux politiques sans prendre la peine de vérifier la teneur des propos de Condoleezza Rice, je comprenais son agacement. Ils créaient leur propre réalité virtuelle ! Après tout, ai-je songé bien plus tard, ce n'était que bagatelle face à l'intrigue colossale et sinistre, à propos des armes irakiennes, que des déclarations au plus haut niveau s'employaient à tisser à partir des fils les plus ténus.

Je remerciai Mme Rice de cette mise au point et, soucieux de la tenir personnellement informée de nos activités, j'évoquai la lettre que nous venions d'adresser à l'Irak pour exiger la destruction de tous les missiles Al-Samoud 2.

Peut-être m'avait-elle appelé essentiellement pour m'exprimer sa solidarité. Mais elle en profita pour insister sur le fait que, quoi que nous puissions dire de la coopération irakienne, nous ne saurions prétendre qu'elle avait été « immédiate ». Je compris qu'elle cherchait des motifs pour accuser l'Irak de transgresser la résolution 1441 réclamant une coopération « immédiate ». L'argument était recevable. Si depuis quelques semaines les Irakiens nous accordaient une coopération beaucoup plus active – voire frénétique –, celle-ci n'avait pas été « immédiate ». Je l'assurai que je n'oublierais pas cette précision, que j'ai effectivement relevée en m'adressant au Conseil le 7 mars. Je ne crois pas que Condoleezza Rice ait jamais cherché à peser plus énergiquement que cela sur mes propos. Au demeurant, cette initiative n'empiétait guère, à mes yeux, sur mon indépendance. Nos échanges de vues ont toujours été empreints de beaucoup d'honnêteté. Mme Rice avait quitté le monde universitaire, où l'on fait grand cas des connaissances empiriques, de l'esprit critique et de l'argumentation logique, pour pénétrer dans le chaudron bouillonnant du monde politique, dominé par un mélange de séduction affective, de polémique, d'ambition personnelle, d'exploitation des médias et d'interprétation partisane. J'ai toujours eu l'impression qu'elle avait su conserver autour d'elle, comme une sorte de bulle, un peu de son univers académique rationnel et peu sentimental. Cela me facilitait les choses.

Le 24 février, la Grande-Bretagne, les États-Unis et l'Espagne firent circuler un projet de résolution « en bleu », c'est-à-dire une proposition concrète, mais sans numéro de document et n'appelant encore aucune action ni aucun vote. Ce texte accusait l'Irak de n'avoir pas respecté la résolution 1441 de novembre ; en effet, il n'avait pas coopéré pleinement, et sa déclaration du 8 décembre contenait de fausses informations et des omissions. Ce non-respect, affirmait le texte, faisait peser une menace sur la paix et la sécurité internationales. Le paragraphe qui devait être le plus efficace était bref, et un regard profane n'aurait pas pu prendre la mesure de son *in*efficacité. Il « décidait » simplement que l'Irak n'avait pas su profiter de la dernière chance que lui offrait la résolution 1441. Le Conseil devait donc « rester saisi de la question ». Ce texte ne donnait pas le signal d'une intervention armée. C'était un peu comme un jury qui se serait prononcé sur la culpabilité du prévenu sans prendre immédiatement de décision sur la peine à lui infliger.

Comme le déclara Sir Jeremy Greenstock, l'ambassadeur britannique, en présentant ce document, les puissances qui le parrainaient ne réclamaient pas de jugements immédiats. Par cette résolution, le Conseil ferait savoir qu'il estimait que l'Irak avait jusqu'à présent fait le mauvais choix, mais qu'il avait encore le temps de s'amender, de manifester un « changement d'attitude ». Il convient de noter que, malgré une formulation très énergique et l'allusion à 8 500 litres de bacille du charbon, à 2,1 tonnes de milieu de culture bactériologique, à 1,5 tonne d'agent neurotoxique VX et à 6 500 bombes chimiques, ce document évitait d'affirmer que ces quantités existaient pour de bon. Il déclarait prudemment que nous *ignorions* ce qu'elles étaient devenues. L'Irak n'était donc pas accusé de les posséder, mais de ne pas être en mesure de donner d'explications à leur sujet. J'appréciai la nuance.

Bien que Tony Blair m'ait confié qu'à l'instar des Américains il ne comptait pas sur la coopération des Irakiens, il souhaitait probablement se montrer plus patient que le gouvernement américain ne le jugeait bon. Le *New York Times* avait annoncé avec presque une semaine d'avance (le 18 février) que la résolution serait « directe » et avertirait l'Irak qu'il aurait à « affronter de graves conséquences » – autrement dit, une intervention militaire. Ces propos reflétaient clairement l'impatience des États-Unis. À en croire cet article, le président Bush avait affirmé avec dédain qu'il n'était pas question d'accorder à Saddam Hussein « une nouvelle, nouvelle, nouvelle dernière chance ». Or c'était précisément ce que faisait le texte présenté conjointement par la Grande-Bretagne, les États-Unis et l'Espagne le 24 février. L'absence même de toute référence à de « graves conséquences » pouvait être tactique. Peut-être craignait-on que cette formule n'aggrave le différend entre la Grande-Bretagne et les Européens hostiles à la guerre, au lieu d'affaiblir l'opposition à une intervention armée.

La France, l'Allemagne et la Russie n'affirmèrent pas leur position par le biais d'un projet de résolution. Elles déclarèrent en revanche, dans un mémorandum adressé au président du Conseil de sécurité, qu'il fallait chercher en priorité à réaliser pacifiquement le désarmement effectif et complet de l'Irak, et que les conditions du recours à la force n'étaient pas réunies. Malgré certains soupçons, rien ne prouvait que l'Irak possédait encore des armes de destruction massive, ni même la possibilité d'en produire. Les inspections venaient à peine d'atteindre leur vitesse de croisière ; elles se déroulaient sans accroc.

Le mémorandum proposait de demander à la COCOVINU et à l'AIEA de soumettre leur programme de travail dès le 1er mars, au lieu de leur laisser jusqu'au 27 mars. Ce programme comprendrait la liste des « tâches clés de désarmement en suspens », classées par ordre de priorité, et définirait clairement ce que l'on attendait de l'Irak. Les inspecteurs signaleraient immédiatement au Conseil toute immixtion de l'Irak dans leurs activités et tout manquement à ses obligations. Ils devraient également rendre compte toutes les trois semaines du travail effectué et fournir une évaluation des progrès réalisés au terme de cent vingt jours.

Si le projet de la Grande-Bretagne, des États-Unis et de l'Espagne reposait sur la résolution « impatiente » de novembre 2002, les propositions franco-germano-russes s'inspiraient du texte plus « patient » de décembre 1999. Elles demandaient que l'on accorde aux inspections le temps nécessaire et des ressources accrues, tout en soulignant – un élément significatif – qu'elles ne pouvaient « se poursuivre indéfiniment ».

24 février : conflit au sein du Collège des commissaires de la COCOVINU

Le Collège des commissaires se réunit en session ordinaire les 23 et 24 février pour donner son avis sur le rapport trimestriel qui devait être soumis au Conseil de sécurité le 1er mars et pour être informé des derniers événements. Cet aréopage habituellement très calme assista à quelques échanges de vues animés, notamment entre le secrétaire adjoint américain John Wolf et moi-même à propos du rôle et du contenu de la liste de questions groupées. Ces réunions étant informelles et confidentielles, le débat fut sans détour ni retenue.

Le projet de rapport trimestriel était un résumé relativement détaillé du travail effectué par la COCOVINU en Irak du 1er décembre 2002 au 28 février 2003. Il abordait également la question plus générale, et politiquement brûlante, de la réalité de la coopération irakienne « immédiate, inconditionnelle et active » –

une question à laquelle le projet de résolution présenté par la Grande-Bretagne, les États-Unis et l'Espagne répondait par la négative. Le jugement de la COCOVINU était plus nuancé, comme l'avait été ma déclaration au Conseil le 14 février. Malgré quelques points de friction, l'Irak s'était montré efficace « en matière de procédure ». Quant au « fond », écrivions-nous, il aurait pu consentir des efforts plus soutenus pour mettre la main sur les articles interdits encore existants ou fournir des documents sérieux expliquant leur absence. Aussi les résultats en termes de désarmement étaient-ils jusqu'à présent restés modestes. Nous ajoutions que l'on avait peine à comprendre pourquoi certaines mesures prises actuellement en Irak ne l'avaient pas été plus tôt. Le cas échéant, elles auraient peut-être déjà porté leurs fruits. Nous affirmions en conclusion :

> Il a fallu attendre le milieu du mois de janvier pour que l'Irak commence à prendre un certain nombre de dispositions susceptibles de déboucher soit sur la présentation d'articles et de stocks interdits en vue de leur destruction, soit sur la production d'éléments pertinents pour le règlement de questions de désarmement en suspens depuis longtemps.

Notre rapport trimestriel au Conseil de sécurité décrivait la liste de questions groupées qui était actuellement présentée pour commentaire sous forme de projet au Collège des commissaires. Il relevait que cette liste ne permettait pas seulement de désigner les

« tâches clés de désarmement en suspens », mais proposait des moyens d'apprécier les mesures prises par l'Irak – autrement dit, elle définissait des « critères d'évaluation ».

À cette date, les membres du Conseil de sécurité connaissaient l'existence – mais non le contenu – de la liste de questions. Les Allemands et les Russes souhaitaient qu'elle soit rendue publique le plus rapidement possible, pour montrer que l'on pouvait parfaitement présenter à l'Irak des revendications précises au lieu de se contenter d'exigences nébuleuses – « décision stratégique » ou « changement d'attitude ». Dans l'autre camp, ni les États-Unis ni la Grande-Bretagne ne s'opposaient à la divulgation d'un document qui était encore, pour le moment, à usage interne. En fait, les ministres américain et britannique des Affaires étrangères se procurèrent des copies de la version encore confidentielle de ce document, sans doute par l'intermédiaire des membres anglais et américains de notre Collège.

Les ministres allemand et français des Affaires étrangères, impatients de disposer de ce texte mais ne pouvant emprunter un tel raccourci, durent attendre la réunion du Conseil de sécurité du 7 mars pour obtenir des exemplaires – de la version définitive. Il leur fut donc impossible de s'en servir pour montrer ce que pouvaient être des « critères d'évaluation » concrets. Au contraire, leurs homologues américain et britannique furent libres d'en faire un usage exhaustif et préventif pour dénoncer le manque de fiabilité des déclarations et de la conduite irakiennes par le passé. Tout en accueillant favorablement ce document, Colin Powell prétendit qu'il illustrait parfaitement la « décision stratégique » de l'Irak « de différer, de tromper ». Jack Straw affirma avoir parcouru la totalité des 167 pages dans l'avion qui le conduisait à New York. Cette lecture lui avait fait froid dans le dos. Lors de la réunion du 7 mars, il brandit son exemplaire abondamment souligné en direction de ses collègues et fit l'éloge de ce remarquable travail de compilation. Mais n'anticipons pas.

La liste de questions groupées présentée au Collège des commissaires le 24 février proposait une analyse à jour et concrète de tous les problèmes relatifs à l'armement irakien dont nous avions connaissance. Nous l'avions établie en nous fondant sur les rapports préparés par l'UNSCOM en 1999, tout en prenant en compte ce que nous avions appris depuis, par exemple grâce aux documents irakiens qui nous avaient été soumis, aux images satellites et – chose essentielle – à nos propres inspections. Ce document étudiait les armes interdites catégorie par catégorie, identifiant et regroupant certaines questions connexes encore non résolues. Pour chaque point, nous indiquions comment l'Irak pouvait y remédier. La liste des mesures à prendre commençait, dans tous les cas pertinents, par la remise éventuelle de l'intégralité des armes ou autres articles interdits encore existants.

Après discussion, les membres du Collège acceptèrent d'assortir leurs commentaires oraux de remarques écrites à remettre le lundi 3 mars, et de nous indiquer quels points ils jugeaient prioritaires. Leurs avis nous permettraient de soumettre au Conseil de sécurité notre sélection de « tâches clés de désarmement en suspens ». Certains membres du Conseil souhaitaient en disposer rapidement pour pouvoir procéder à la définition de « critères d'évaluation ».

Les doutes que cette liste de questions groupées inspirait à John Wolf tenaient moins à son contenu et à ses analyses qu'à ses lacunes et à sa pertinence, qu'il jugeait contestable à cette date tardive. Selon lui, la résolution 1441 de novembre 2002 avait réclamé un désarmement immédiat (plus exactement, une coopération immédiate), exigeant de ce fait une « décision stratégique ». Ce qu'il nous fallait, déclara-t-il, c'était un bulletin scolaire. Notre document ne proposait qu'une chronique tout à fait lisible, témoignant de la duplicité irakienne. De plus, il ne consacrait que quelques pages aux événements postérieurs à 1998. Qu'avaient fait les Irakiens depuis ? On n'y trouvait pas non plus de données satisfaisantes sur les UAV (ou drones), dont avait parlé Colin Powell. La mentalité des Irakiens n'avait, à l'évidence, pas évolué. Or c'était la seule chose qui comptait.

J'avais l'impression que Wolf – et probablement le gouvernement américain – était en passe de renoncer purement et simplement à la méthode qu'on nous avait demandé de suivre et que nous avions effectivement appliquée pendant plusieurs années avec l'approbation du Conseil. Malgré l'allusion au problème des drones,

Wolf s'était manifestement rallié à l'idée que les différentes questions de désarmement ne revêtaient plus, au mieux, qu'une importance et une pertinence secondaires. Le refus évident de laisser une chance à la solution des « critères d'évaluation », sur laquelle Washington voyait bien que les Britanniques travaillaient, m'intriguait. Il était impensable que Wolf se montre aussi catégorique sans instructions de Washington. Néanmoins, son ton aurait pu être plus courtois. Son mépris choqua et étonna les autres membres du Collège. Quant à moi, j'étais indigné et je ne le cachai pas. Nous avions travaillé longtemps et consciencieusement sur une voie qui avait joui de l'approbation pleine et entière du Conseil de sécurité, gouvernement américain compris. Or ce dernier semblait désormais renoncer à cette position. Fort bien, mais cela justifiait-il de critiquer notre travail et de le présenter comme insuffisant et inutile ?

Cet échange de vues passionné était une chose. Les arguments concrets de Wolf à propos des drones et des années postérieures à 1998 en étaient une autre. Le blanc de près de quatre ans entre 1998 et le retour des inspecteurs en Irak posait effectivement un problème. Nous disposions de peu d'informations sérieuses sur cette période, hormis des images satellites montrant un certain nombre de restaurations de bâtiments et de nouvelles constructions. Nous avions depuis inspecté presque tous ces sites sans rien relever d'illégal. Nous ne pouvions qu'admettre, comme il a été dit si justement, qu'« on ne sait pas ce qu'on ne sait pas ».

Comme d'autres membres du Collège, John Wolf ajouta une lettre à ses commentaires oraux. Il releva que la liste de questions groupées offrait un excellent résumé des problèmes en suspens à la fin de la période de l'UNSCOM, actualisé par des documents ultérieurs. Mais ce n'était pas une base suffisante pour régler l'intégralité des litiges, comme l'exigeait la résolution 1441. L'utilisation de « sources secondaires » – documents ou interviews menées à l'intérieur du pays, par exemple – ne pouvait fournir de garanties acceptables. En fait, poursuivait-il,

> pour nous convaincre de son « changement spectaculaire », l'Irak aurait dû admettre ouvertement, et non sous la pression, qu'il avait possédé et possède encore des ADM et des programmes d'ADM. L'Irak aurait dû conduire volontairement les inspecteurs sur les sites de cachettes secrètes. Il aurait dû montrer les installations où la production s'est faite/se fait ; donner des détails sur ses filières d'acquisition illégale de matériaux. [...] Ce n'est pas ce qu'a fait l'Irak. Ce n'est pas ce que fait l'Irak. Chercher à définir un ensemble de critères d'évaluation, ou de tâches, ne fera qu'affaiblir le désarmement intégral exigé par la résolution 1441.

Pour moi, le message était le suivant : *les sorcières existent ; vous avez été nommés pour vous en occuper ; chercher à établir s'il existe des sorcières ne fait qu'affaiblir la chasse aux sorcières.*

Un article du *New York Times* du 2 mars, décrivant la déception qu'avaient éprouvée certains milieux de

Washington en constatant que je ne soutenais pas leur cause au Conseil de sécurité, contenait quelques commentaires intéressants sur l'attitude de ces mêmes milieux à l'égard des « critères d'évaluation ». Il prétendait – à tort – que cette question avait fait l'objet de discussions approfondies entre l'administration américaine et moi. En réalité, comme je l'ai signalé, c'est avec les Britanniques que je m'étais longuement entretenu. L'article expliquait ensuite :

> Certains membres de l'administration espèrent, disent-ils, que cette démarche permettra de souligner une fois de plus les nombreuses failles du désarmement irakien. D'autres regrettent que l'idée même de « critères » ait été avancée.
>
> « Les critères d'évaluation créent une diversion et empêchent de se concentrer sur la vraie question : Saddam Hussein s'acquitte-t-il de ses obligations ? » a déclaré un fonctionnaire du département d'État.

Cette dernière attitude se reflétait de toute évidence dans la lettre de John Wolf, que je lus le lendemain de la publication de cet article.

Wolf ajoutait en annexe quelques commentaires sur des points particuliers évoqués dans la liste de questions groupées. Il relevait, à propos des armes biologiques, que le document n'exploitait pas les « informations partagées » concernant les activités de l'Irak après 1996. Il notait en particulier que, touchant les laboratoires mobiles, « nous vous avons transmis des informations selon lesquelles l'Irak non seulement possède ces usines mobiles, mais a récemment produit des agents pathogènes ». De même, il indiquait que, pour les armes chimiques, la liste de questions groupées ne faisait pas usage d'« informations partagées prouvant la poursuite d'un programme après la guerre du Golfe ».

Je ne doute pas un instant que John Wolf était convaincu de la véracité des découvertes que les services secrets américains avaient aimablement « partagées » avec nous. Les inspections avaient cherché à vérifier ces informations. Il n'était évidemment pas question de présenter les allégations de services de renseignement comme *nos* découvertes, tant que des preuves convaincantes ne les auraient pas confirmées. Plusieurs services secrets avaient ainsi mentionné l'existence de laboratoires mobiles destinés à la production d'agents biologiques. Nous avions pris cette information au sérieux et recherché ces laboratoires, nous avions examiné plusieurs sites où ils auraient pu être raccordés aux réseaux d'eau et d'électricité. Mais, en l'absence de preuves, nous n'étions pas prêts à affirmer que ces laboratoires existaient, comme l'aurait manifestement souhaité John Wolf. Après plusieurs mois d'occupation, on a reconnu que les allégations prétendant qu'un certain nombre de camions découverts n'étaient autres que les fameux laboratoires étaient « embarrassantes ». Je n'ai pas connaissance d'autres informations « partagées » qui aient été confirmées par des preuves convaincantes.

Condoleezza Rice les 28 février et 5 mars : nous arrivons à un carrefour

Quand Condoleezza Rice m'appela, le 28 février, ce n'était pas pour me parler des « critères d'évaluation ». Elle avait probablement laissé ce sujet à John Wolf, qui leur était violemment hostile. Elle tenait à me faire part de son inquiétude à l'idée que l'Irak puisse se servir de boucliers humains comme moyen de dissuasion, et s'en prenne plus particulièrement à des citoyens américains et anglais. Plus nous approchions du vote d'une résolution, plus le risque était grand. Je répondis que si le projet de résolution Grande-Bretagne/États-Unis/Espagne impliquait l'abandon du travail d'inspection – le texte diffusé se contentait de « décider » que l'Irak n'avait pas « saisi la dernière possibilité » –, peut-être serait-il judicieux d'y ajouter une clause sur le retrait des inspecteurs. La responsabilité opérationnelle m'incombait, mais la responsabilité politique était entre les mains du Conseil de sécurité.

Mme Rice me répondit que nous n'en étions pas encore là. Néanmoins, nous approchions d'un carrefour. La résolution 1441 réclamait une coopération immédiate, inconditionnelle et active. L'Irak avait laissé passer cette chance. Je fis remarquer que le rapport trimestriel de la COCOVINU, dont le Collège des commissaires venait de discuter, reconnaîtrait que les Irakiens auraient pu manifester plus de zèle. Ils se montraient désormais tout à fait actifs. Peut-être y aurait-il du nouveau au moment où je présenterais mon rapport trimestriel au Conseil – par exemple, sur la destruction des missiles Al-Samoud 2. Condoleezza Rice craignait, me dit-elle, que les Irakiens ne traînent les pieds dans cette affaire. D'ailleurs, même s'ils faisaient sauter tous ces missiles, rien ne nous garantirait qu'il ne s'agissait pas de la partie émergée de l'iceberg. D'un commun accord, nous estimâmes que l'Irak aurait tout intérêt à s'engager promptement dans cette opération de destruction et à la mener à bien sans délai.

Mme Rice me fit également observer qu'il était difficile de laisser une armée au repos. Manifestement, elle redoutait aussi que je ne précise au Conseil le laps de temps dont la COCOVINU aurait encore besoin pour mener ses inspections à bien. Elle n'avait pas lieu de s'inquiéter. Comment aurais-je pu, en toute honnêteté, indiquer un délai pour le règlement des questions de désarmement encore en suspens ? Je lui répondis que, moyennant une entière coopération de l'Irak, il fallait tabler sur quelques mois, et non sur des années, ni sur des semaines. C'est exactement ce que j'ai déclaré au Conseil par la suite.

Condoleezza Rice me rappela le 5 mars. La sécurité des inspecteurs américains et britanniques continuait à la préoccuper : ils seraient en effet particulièrement vulnérables dans l'éventualité d'une intervention militaire. L'ambassadeur britannique Greenstock avait exprimé la même inquiétude deux jours auparavant. Je lui avais répondu que si l'on décidait de retirer des inspecteurs alors que l'on s'efforçait désespérément de trouver une issue pacifique, on reconnaîtrait implicitement que la guerre était inévitable. Tous les inspecteurs étaient des fonctionnaires des Nations unies, rappelai-je, et toute distinction entre eux était exclue.

Quelques jours plus tard, nous avons appris que plusieurs Américains que nous avions formés et engagés récemment comme inspecteurs, et qui devaient partir pour Bagdad, avaient reçu des autorités américaines le conseil de ne pas s'y rendre. Nous n'avons recommandé à aucun de nos collaborateurs de quitter Bagdad en raison de sa nationalité. (Finalement, ils ont tous été évacués – avec l'assistance active des Irakiens.) Mais nous n'avons pas non plus empêché qui que ce soit de partir avant la fin de son contrat. Ils ont été peu nombreux à le faire, et certains membres américains et anglais de notre équipe ont au contraire insisté pour venir à Bagdad ou y rester, malgré les avertissements de leurs pays.

Toutefois, l'objectif majeur de l'appel de Mme Rice le 5 mars n'était pas là. Elle espérait avant tout, m'expliqua-t-elle, que je ne perdrais pas un instant de vue la résolution 1441 pour juger de la bonne volonté de l'Irak : celle-ci devait être « immédiate, active et inconditionnelle ». Je lui fis remarquer que cette formule s'appliquait à la coopération, et non au désarmement, lequel ne pouvait en aucun cas être immédiat. Je lui annonçai également que je ne me référerais pas seulement à la résolution 1441, mais aussi à la résolution 1284. C'était en effet cette dernière qui me faisait obligation de présenter un rapport trimestriel ; c'était également en vertu de ce texte que notre liste de questions groupées avait été établie et serait publiée. Pour conclure cet entretien, je mentionnai qu'un général américain avait déclaré que l'objectif des États-Unis en Irak était le désarmement, et non l'élimination de Saddam Hussein. Savaient-ils où se trouvaient les armes de destruction massive ? Non, reconnut-elle, mais dès que le pays aurait été libéré, des interviews ne manqueraient pas de le révéler. Je suis persuadé qu'elle était de bonne foi. Je me contentai de noter qu'il était curieux que nous n'ayons obtenu aucun renseignement relatif aux sites abritant des ADM.

La situation avait considérablement évolué à Washington depuis ma conversation avec Colin Powell, le 16 février. Était-ce l'intérêt que les Britanniques avaient manifesté aux « critères d'évaluation » qui avait incité les États-Unis à envisager un instant cette méthode ? En tout état de cause, il me paraissait évident que l'administration jugeait désormais plus simple de déclarer que l'Irak n'avait pas coopéré comme il l'aurait dû. La solution des « critères » risquait de traîner en longueur. Mais je ne peux m'empêcher de m'interroger sur le contenu des discussions avec les Britanniques, qui essayaient sincèrement de poursuivre sur cette voie. Malgré l'attitude négative des États-Unis, les Anglais n'avaient pas renoncé à cette idée.

Intense activité diplomatique avant la réunion du Conseil de sécurité du 7 mars

Jour après jour, les États-Unis semblaient plus déterminés à renoncer à la méthode des inspections. Une force d'invasion de quelque 250 000 hommes campait désormais aux portes de l'Irak. Le seul obstacle paraissant en mesure de retarder les opérations était le refus de la Turquie d'autoriser le passage de troupes. Malgré les milliards proposés en échange de cette autorisation, à laquelle le gouvernement turc était favorable, le corps législatif ne céda pas. Entendre certains hommes politiques américains se répandre en commentaires sur les bienfaits que la démocratie ne manquerait pas d'apporter à l'Irak, alors qu'ils ne manifestaient aucune compréhension pour les scrupules du Parlement turc démocratiquement élu, me semblait pour le moins paradoxal.

Autant les États-Unis tenaient à l'invasion, autant les Français, les Allemands et les Russes tenaient aux inspections. Leurs ministres des Affaires étrangères, réunis à Paris le 5 mars, déclarèrent que le désarmement de l'Irak par le biais des inspections était possible et que celles-ci produisaient « des résultats de plus en plus encourageants ». Ils reconnurent pourtant qu'elles « ne pouvaient pas se poursuivre indéfiniment ». Leur déclaration semblait favorable à la méthode des « critères » : la COCOVINU devrait présenter sans délai son programme de travail et hiérarchiser les questions de désarmement non résolues ; des échéanciers détaillés devraient être établis, et des rapports d'étape soumis au Conseil pour lui permettre d'évaluer les résultats enregistrés.

Les spéculations allaient déjà bon train : une résolution déclarant que l'Irak ne s'était pas acquitté de ses obligations obtiendrait-elle les neuf voix requises ? L'Angola, le Cameroun, le Chili, la Guinée, le Mexique et le Pakistan étaient l'objet d'une vive attention de la part des grandes puissances qui siégeaient au Conseil. La rumeur faisait état de fortes pressions économiques et diplomatiques sur ces pays, et même de mise sur écoute de leurs missions à New York. La Bulgarie obtiendrait le statut économique avantageux d'« économie de marché », tandis que le Chili verrait son accord de libre-échange avec les États-Unis retardé. On racontait qu'en 1991 les Américains avaient privé le Yémen de 24 millions de dollars d'aide annuelle lorsque celui-ci avait refusé de soutenir la résolution autorisant la guerre du Golfe. Des diplomates américains avaient fait observer à l'ambassadeur yéménite que ce vote avait été le plus cher de sa vie.

Le passage le plus remarqué de la déclaration de Paris annonçait que les trois pays ne laisseraient « pas passer un projet de résolution qui autoriserait le recours à la force ». Sans brandir ostensiblement la menace d'un veto, le texte affirmait que « la Russie et la France, en tant que membres permanents du Conseil de sécurité, prendraient toutes leurs responsabilités sur ce point ». Contrairement à l'Allemagne, ces deux pays disposaient du droit de veto. L'insinuation était limpide.

Le jour même, Colin Powell déclara à la télévision américaine que, malgré son scepticisme, il estimait que la paix conservait une chance, à condition que Saddam fasse tout ce qu'on lui demandait et adopte une « décision stratégique » sur le désarmement volontaire. Il affirma que les Irakiens ne faisaient que le strict minimum, pour réduire la pression qui s'exerçait sur eux. Les États-Unis attendraient les rapports des inspecteurs le 7 mars avant de décider, avec les autres coauteurs du projet de résolution, s'il convenait de réclamer un vote. Selon le *Times* de Londres, Colin Powell aurait déclaré que la destruction des missiles était pure comédie, et qu'au début du mois de février l'Irak avait commencé à déménager du matériel sensible toutes les douze ou quatorze heures. S'agissait-il d'armes de destruction massive ou d'armes conventionnelles déplacées en raison du risque de guerre ? Voilà qui n'était pas précisé. L'agence Reuters affirma que les États-Unis et la Grande-Bretagne ne disposaient pas encore des neuf voix nécessaires, et que l'Angleterre étudiait la possibilité de modifier le projet existant pour rallier de nouveaux suffrages.

Tel était le climat politique qui régnait à l'approche de la réunion du Conseil de sécurité.

La veille de cette réunion, le 6 mars, une délégation de la Ligue arabe rendit visite au secrétaire général Kofi Annan. Je fus invité à les rejoindre avec mon collègue, Mohamed El-Baradei. La délégation avait l'intention de se rendre à Bagdad et souhaitait avoir notre avis. Kofi Annan exposa la situation avec sa clarté habituelle. Plusieurs options se présentaient : la résolution États-Unis/Grande-Bretagne/Espagne, affirmant que l'Irak n'avait pas respecté ses obligations ; la ligne franco-germano-russe, définissant des « tâches clés de désarmement » et réclamant des rapports d'inspection fréquents ainsi qu'une évaluation des résultats au terme de cent vingt jours ; la démarche canadienne, prenant pour « critères » un certain nombre de « tâches clés » et imposant une date butoir, fixée à la fin du mois de mars.

Il fallait que les Irakiens soient « proactifs », déclara Kofi Annan. Ils devaient manifester un changement d'attitude, autoriser des entretiens à l'extérieur de l'Irak, etc. Je partageais entièrement son avis et ajoutai qu'il serait bon que Saddam prononce un discours annonçant la « décision stratégique » qu'on lui demandait. Mohamed El-Baradei nota que nous avions derrière nous quatre années sans inspections, et que cela ne faisait que quatre mois qu'elles avaient repris. Un « changement d'attitude », fit-il remarquer, était un critère subjectif. En revanche, l'identification des « tâches clés de désarmement en suspens » fournirait des critères objectifs. Le tic-tac de l'horloge américaine s'était accéléré – or Saddam n'en tenait aucun compte et traitait les inspecteurs d'espions.

Vendredi 7 mars : réunion du Conseil de sécurité au niveau des ministres des Affaires étrangères. Rapports de Mohamed El-Baradei et de moi-même

Le jeudi 6 mars, j'avais travaillé dans mon bureau avec mes conseillers jusqu'à 23 heures pour mettre la dernière main à mon discours d'introduction au douzième rapport de la COCOVINU au Conseil de sécurité. J'étais devenu un pion sensible sur l'échiquier, un pion qu'on ne pouvait déplacer qu'avec précaution. Il fallait notamment me mettre à l'abri des médias, toujours prompts à me tendre des embuscades. Le 7 mars au matin, c'est donc par le garage qu'on m'introduisit au siège des Nations unies avec mon sympathique agent de sécurité, Eric Brownwell. Après être passés devant les poubelles et un tas de cageots, nous rejoignîmes une rangée d'ascenseurs en sous-sol que je n'avais encore jamais vue. Il y avait même une cabine qui nous attendait ! Arrivés au 31e étage, il nous fallut pourtant renoncer à tout incognito. Le couloir grouillait de journalistes et de cameramen. Tout ce beau monde n'était pas là pour moi, mais pour le ministre allemand des Affaires étrangères, Joschka Fischer, qui était venu me faire une visite de politesse avant la réunion. Mohamed se trouvait déjà dans mon bureau et nous échangeâmes quelques mots tous les trois, au milieu du ronronnement et du cliquetis des caméras et des appareils photo. Mohamed me demanda si j'avais indiqué, dans mon discours, que les inspections battaient leur plein et pouvaient donner des résultats. Je lui répondis que l'idée y était.

Après être montés, Mohamed et moi, au bureau du secrétaire général au 38e étage, nous redescendîmes avec Kofi Annan dans la salle du Conseil de sécurité, qui était noire de monde. Le ministre guinéen des Affaires étrangères, vêtu d'un spectaculaire costume africain, présidait. La plupart des pays membres étaient représentés par leur ministre des Affaires étrangères : Colin Powell, Jack Straw, Igor Ivanov, Dominique de Villepin, Joschka Fischer... Les caméras de télévision et les micros des stations de radio étaient prêts à retransmettre les discours aux quatre coins du monde. On nous invita, Mohamed et moi, à prendre place à la table et l'on me pria de parler le premier. Mon discours ne fut pas très long. Il faut dire que j'avais déjà présenté d'innombrables comptes rendus au Conseil et que tous les membres disposaient du texte du rapport trimestriel de la COCOVINU que j'étais chargé d'introduire officiellement. L'intégralité du travail d'inspection que nous avions effectué entre le 1er décembre et le 28 février s'y trouvait décrit. Il ne me restait qu'à le compléter en expliquant ce qui s'était passé depuis sa rédaction.

Des amis de Washington m'apprirent plus tard que ce que l'administration américaine aurait voulu entendre dans mon discours – et ce dont elle avait regretté l'absence – était un jugement général sur le manque de coopération de l'Irak. Or le tableau était désormais beaucoup plus complexe qu'au moment de mon rapport du 27 janvier. Les U2 américains et les Mirages français effectuaient des vols de surveillance au-dessus de l'Irak pour la COCOVINU ; on attendait des appareils russes et des drones allemands. Le manque de documents probants continuait à se faire cruellement sentir, ce que je regrettai : « Lorsqu'on déclare que certains articles interdits sont toujours portés manquants, c'est surtout d'explications crédibles qu'on a besoin – ou des articles en question, s'ils existent. » J'affirmai que nous cherchions à élucider le problème de l'existence éventuelle de laboratoires mobiles et que les inspecteurs poursuivaient leur travail concernant les véhicules télécommandés. Je mis l'accent sur la destruction des missiles Al-Samoud 2. L'importance de cette opération avait été largement minimisée, ce qui m'incita à répéter : « Il ne s'agit pas de la destruction de cure-dents. » C'était au contraire « une mesure substantielle de désarmement – la première, en fait, depuis le milieu des années 1990 ».

Je notai aussi que nous avions enregistré des progrès en matière d'interviews. Au cours de la semaine écoulée, nous en avions réalisé sept « à nos conditions », c'est-à-dire en l'absence de fonctionnaires irakiens et sans magnétophone. Je déclarai que l'Irak faisait un gros effort pour permettre une évaluation objective des volumes d'armes chimiques et biologiques détruites unilatéralement en 1991. Dans ce domaine comme dans d'autres, dis-je (insistant sur le point qui tenait à cœur à mon ami Mohamed), « les inspections se poursuivent et pourraient fournir des résultats ». Je précisai un peu ma pensée – sans renoncer à la prudence requise – en ajoutant :

> Que penser de ces activités ? On a nettement l'impression qu'après une période de coopération réticente on constate une accélération des initiatives de l'Irak depuis la fin du mois de janvier. Il s'agit là d'un développement positif, mais la valeur des mesures prises doit être jugée au nombre de questions qu'elles permettent d'élucider. Ce n'est pas encore évident.

Répondant à ceux qui affirmaient, non sans exagération, que les clés de la paix et de la guerre se trouvaient entre les mains des inspecteurs, je soulignai que c'était au Conseil d'établir, sur la foi des descriptions concrètes que j'avais fournies, si l'Irak avait coopéré « immédiatement, inconditionnellement et activement » comme l'exigeait la résolution 1441. J'admis pourtant que, venant trois ou quatre mois après l'adoption de cette résolution, les initiatives « actives », voire « proactives », de l'Irak ne constituaient pas une coopération « immédiate ». Mais il revenait au Conseil, et non à moi, de porter un jugement d'ensemble.

J'ai confié plus tard à un ami politique américain très expérimenté qu'il eût été présomptueux de ma part de formuler un tel jugement. Il m'a répondu : « Mais Hans, ils voulaient que tu sois présomptueux ! » Sans doute, si cela servait leur cause, mais certainement pas dans le cas contraire !

À la fin de mon discours, j'informai officiellement le Conseil de l'existence de la liste de questions groupées et affirmai que ce document avait été déclassifié et était disponible sur simple demande.

Bien des gens auraient voulu m'entendre dire que je n'avais besoin que de quelques semaines de plus pour résoudre les questions de désarmement. C'est ce que Mohamed avait déclaré. Mais, dans son domaine, il lui restait peu de points d'interrogation. Je soulignai que même si l'Irak adoptait une attitude proactive, « provoquée par une pression extérieure continue », il faudrait un certain temps pour s'assurer de la réalité du désarmement. Ce n'était pas une question d'années ni de semaines, mais de mois. J'ajoutai que « ni les gouvernements ni les inspecteurs ne veulent que les inspections s'éternisent », mais rappelai au Conseil qu'après vérification de la réalité du désarmement un système d'inspection et de surveillance devrait rester en place pour rapporter le moindre signe de reprise d'un programme d'armes prohibées.

Mohamed, à qui je cédai la parole, annonça qu'au terme de trois mois d'inspections intensives l'AIEA n'avait trouvé aucune preuve ni indication plausible que l'Irak cherchait à relancer son programme d'armements nucléaires. Il présenta sans détour deux informations sur des sujets qui avaient été au cœur de l'actualité. Premièrement, après une enquête approfondie, l'AIEA avait conclu que les tubes d'aluminium autour desquels on avait fait si grand bruit et que l'Irak avait cherché à importer n'avaient strictement rien à voir avec la fabrication de centrifugeuses servant à l'enrichissement de l'uranium. Deuxièmement, le prétendu contrat passé entre l'Irak et le Niger concernant l'importation d'uranium naturel – le *yellowcake* – n'était pas authentique. Il s'agissait purement et simplement – si l'on me passe l'expression – d'intox. Dans sa volonté irrépressible de démasquer l'Irak et de dénoncer la poursuite de son programme d'armements nucléaires, l'administration américaine avait laissé son président mentionner ce contrat dans son discours sur l'état de l'Union, alors même que ses propres cadres savaient que l'information était douteuse. Elle allait maintenant devoir faire face à la révélation de Mohamed et aux conséquences de son piètre contrôle sur la qualité de ses renseignements.

Mohamed conclut que l'AIEA devait être en mesure, dans un futur proche, de fournir au Conseil une évaluation objective et sérieuse du potentiel nucléaire de l'Irak. Il affirma également, comme je l'avais fait, qu'à l'avenir une surveillance à long terme apporterait à la communauté internationale des assurances actualisées et suivies.

Le débat qui succéda à son intervention, et le déjeuner que nous prîmes un peu plus tard, ne réussirent pas à rapprocher les camps opposés. Les ministres allemand et russe avaient relevé un élément fondamental et significatif : les divergences ne portaient pas sur l'objectif à atteindre – éviter la prolifération –, mais sur la manière d'y parvenir. Les deux camps ne se combattaient pas l'un l'autre, mais s'opposaient sur l'attitude à adopter face à un tiers. Alors que plusieurs représentants se ralliaient aux États-Unis et à Colin Powell pour faire d'une « décision stratégique » de l'Irak le critère d'exécution de la résolution 1441, le ministre des Affaires étrangères mexicain demanda à quoi l'on pouvait reconnaître une telle décision. Quant aux ministres allemand et chilien, ils s'interrogeaient sur la valeur à attribuer à la décision stratégique de quelqu'un à qui l'on ne pouvait pas faire confiance.

Les ministres français, allemand et russe défendirent les idées qu'ils avaient présentées à Paris quelques jours auparavant. À quoi bon, demanda le ministre allemand, consacrer deux ans et demi à préparer des inspections si c'était pour ne leur accorder que deux mois et demi pour porter leurs fruits ? Son homologue français affirma qu'en ne concédant que quelques jours de délai aux inspections on s'assurait d'un prétexte pour déclencher la guerre ; mais il était disposé à raccourcir l'échéance de cent vingt jours qu'il avait lui-même proposée. Il suggéra également l'organisation d'un sommet entre chefs d'État – une idée qui fut impitoyablement battue en brèche au cours du déjeuner par deux ministres, qui firent remarquer que la fracture existant au niveau ministériel offrait déjà un spectacle assez déplorable.

Colin Powell confirma la position adoptée par John Wolf : la définition des questions en suspens, groupées ou non, ne présentait aucun intérêt. La seule chose qui comptait était la décision stratégique de désarmer. On la reconnaîtrait au genre d'enthousiasme que l'on avait pu observer dans le cas de l'Afrique du Sud et de l'Ukraine. Ses propos étaient parfaitement clairs : les

États-Unis considéraient que, par la résolution 1441, le Conseil avait abandonné la démarche adoptée dans les années 1990. Colin Powell minimisa les mesures prises par l'Irak (dont la destruction des missiles) et chercha à ébranler la crédibilité de l'AIEA. Il rejeta la position de l'Agence au sujet des tubes d'aluminium – position qui avait pourtant été approuvée par les experts du département américain de l'Énergie, chargé d'administrer des installations d'enrichissement d'uranium. Il déclara également qu'en 1991, « comme chacun sait », l'Agence avait été sur le point d'établir que l'Irak ne possédait pas de programme nucléaire. Comme je le montrerai, ni cette allégation ni des affirmations ultérieures d'autres éminents représentants américains prétendant que l'AIEA n'avait pas su découvrir les programmes nucléaires irakiens en 1995 et en 1998 n'ont été étayées par la moindre explication ni par la moindre preuve. Colin Powell conclut en réclamant un vote rapide de la résolution.

Jack Straw, secrétaire britannique au Foreign Office, prononça au pied levé un discours énergique, très applaudi. Il égalisa ainsi le score avec son homologue français, qui s'était fait ovationner lors de la réunion du Conseil du 14 février. M. Straw annonça la présentation d'un amendement au projet de résolution hispano-américano-britannique du 24 février.

Le préambule restait inchangé, mais le corps du texte était nouveau. L'ancienne version s'était contentée de « décider » que l'Irak n'avait pas su saisir la dernière chance que lui offrait la résolution 1441, et que le Conseil demeurait « saisi » de l'affaire. Comme je l'ai noté, le document prononçait la culpabilité sans infliger de sanctions. La nouvelle mouture demandait à l'Irak de prendre immédiatement les « décisions nécessaires dans l'intérêt de son peuple et de sa région » – les fameuses décisions « stratégiques », très certainement. Le paragraphe suivant affirmait que l'on considérerait que l'Irak n'avait pas su saisir la « dernière chance », à moins que, d'ici au 17 mars 2003, le Conseil n'ait établi qu'il avait manifesté une coopération entière, inconditionnelle, immédiate et active, qu'il renonçait à la possession de *toutes* les armes et autres articles interdits et qu'il fournirait des informations sur les destructions déjà réalisées. Il n'était pas question de « critères d'évaluation » : « toutes » les armes devaient être livrées. Cela ne paraissait pas réaliste. Mais la date butoir était là. En théorie, il semblait possible d'accorder la clémence en échange d'un repentir immédiat.

Le sixième paragraphe du préambule était plus embarrassant. Il notait, comme dans la version précédente, que la déclaration irakienne du 8 décembre contenait « de fausses informations ou des omissions » et que l'Irak s'était montré incapable de « se conformer » à la résolution 1441 et de « coopérer pleinement à sa mise en œuvre ». On comprendra que les Français aient chuchoté que c'était une déclaration de guerre « par préambule ». Je n'en pensais pas moins, en ce 7 mars, qu'il y avait là quelque chose de nouveau – une possibilité théorique d'éviter la guerre. Saddam pouvait prononcer un discours, l'Irak pouvait remettre des armes interdites. Ce ne fut qu'un peu plus tard, au moment où la notion de « critères d'évaluation » fit enfin son apparition, que je songeai que les Irakiens se trouveraient en bien fâcheuse posture s'il était vrai, comme ils le prétendaient, qu'il n'existait plus d'armes à la « possession » desquelles ils puissent « renoncer ». Qui accepterait de les croire ? Certainement pas l'administration américaine, qui avait l'air de plus en plus convaincue de l'existence d'armes de destruction massive et de plus en plus agacée par le refus des inspecteurs de se rallier à cette conviction – erronée.

10

Haro sur Blix et sur El-Baradei !

Le 7 mars, je ne dis pas si l'Irak avait ou non des armes de destruction massive : je n'en savais rien. Je brossai un tableau nuancé, sur la base de nos inspections. La coopération s'était intensifiée, mais elle n'avait pas été immédiate ; et, si elle se traduisait par la destruction des missiles que nous avions jugés interdits, elle n'avait apporté de réponse à aucune de nos interrogations. Il incombait donc au Conseil de sécurité de déterminer, sur la base de cet exposé détaillé des faits, dans quelle mesure l'Irak s'était conformé ou non à la résolution 1441, et de décider des suites à donner.

Aujourd'hui, plusieurs mois après l'intervention armée des États-Unis et de leurs alliés, je ne peux m'empêcher de me demander comment le monde aurait réagi si les inspecteurs avaient repris à leur compte les assertions américano-britanniques – qui se sont révélées fausses ou fort douteuses – sur les tubes d'aluminium, les contrats d'achat d'uranium, les bio-laboratoires mobiles, les drones, etc., et si le Conseil de sécurité, sur cette base, avait donné son aval à l'offensive militaire et à l'occupation, pour découvrir un Irak vide de matériels interdits.

Est-il nécessaire d'inspecter ?

Je m'étais refusé, dans mon discours du 7 mars, à supposer que les articles dont la destruction n'était pas dûment prouvée existaient peut-être toujours, et certains à Washington en prirent ombrage. Le 2 mars, le *New York Times* avait cité ces réflexions d'une « haute personnalité gouvernementale » : « Les inspections sont devenues un piège […]. Nous n'attendons pas grand-chose de Blix. » Pis encore, Blix avait tenu des propos d'une ambiguïté provocatrice et « pensait aujourd'hui davantage à plaire à tous les camps qu'à dire la vérité ». Celle-ci était simple : l'Irak avait des armes prohibées et Blix ne voulait pas « rentrer en Suède en fauteur de guerre ». Ces critiques reposaient évidemment sur une conviction profonde : les preuves américano-britanniques étaient incontestables. Si je ne les avais pas avalées avec l'hameçon, la ligne et les plombs, c'était uniquement parce que je n'avais pas envie qu'on me voie faciliter un vote en faveur de la guerre au Conseil de sécurité.

Washington, poursuivait l'article, avait très bon espoir d'obtenir les voix nécessaires à l'adoption de la résolution, « mais espérait de moins en moins que M. Blix nous aide à *les rassembler* » (c'est moi qui souligne). Trouver à l'ONU assez de voix pour autoriser la guerre : tel était le grand souci. Que les inspecteurs professionnels, qui avaient à cette date visité des centaines de sites en tout genre – dont ceux qu'avaient indiqués les « tuyaux » des services de renseignement – et analysé des milliers de documents, n'aient pas corroboré les assertions américano-britanniques ne posait manifestement aucun problème au gouvernement des États-Unis.

Peut-être les Britanniques espéraient-ils encore que Saddam Hussein allait céder, et prouver sa conversion en satisfaisant à certains critères dans les dix jours qui restaient avant le 17 mars, la date limite que proposait le projet de résolution. Du côté américain, fixer des critères apparaissait comme une manœuvre de diversion ou, dans le meilleur des cas (si l'Irak les rejetait), comme un moyen de souligner que Bagdad ne voulait ni coopérer ni désarmer. À la proposition française d'intensifier les inspections en triplant le nombre d'inspecteurs, le secrétaire américain à la Défense, Donald Rumsfeld, répondit, selon l'*International Herald Tribune*, qu'à supposer qu'on ait vraiment besoin d'inspecteurs pour déterminer si l'Irak respectait les résolutions, un ou deux suffisaient. Autrement dit, il s'agissait de porter un jugement, pas d'inspecter.

La guerre paraissait certaine et le vote de la résolution l'avalisant était souhaitable, mais pas indispensable.

Convaincre les membres du Conseil de sécurité de voter la résolution

La tâche que s'était fixée le gouvernement des États-Unis n'était pas simple. Il devait persuader un nombre suffisant de membres du Conseil de sécurité pour obtenir neuf voix en faveur de la résolution. Or 86 % des Allemands, selon les sondages, étaient contre la guerre en Irak, et il était donc fort probable que l'Allemagne ne fléchirait pas. De même, au Chili et au Mexique, l'opinion publique réagissait négativement. Quant aux membres africains du Conseil, leurs gouvernements n'étaient pas seulement travaillés au corps par les États-Unis, mais aussi par la France, hostile à l'intervention militaire. L'ambassadeur d'Angola déclara au Conseil de sécurité que son pays savait par expérience ce qu'était la guerre.

Je n'ai aucune preuve formelle des pressions qu'ont exercées les États-Unis sur les gouvernements et les ambassadeurs, mais il était facile de voir que les membres sincèrement opposés à une intervention armée à ce stade se sentaient très mal à l'aise. Une question s'est alors imposée à moi : sur quelles bases les États peuvent-ils légitimement fonder leur vote au Conseil de sécurité ?

La charte des Nations unies enjoint aux membres du Conseil de « constater l'existence d'une menace contre la paix, d'une rupture de la paix ou d'un acte d'agression », et ils ont incontestablement le droit de déterminer si un État, comme l'Irak, s'est conformé aux résolutions contraignantes à son égard. Est-il légitime qu'un État membre du Conseil laisse influencer son jugement et son vote par des considérations absolument étrangères à la question posée (dire s'il y a menace contre la paix ou non-respect des résolutions) ? Si un autre gouvernement promet à cet État, en échange du vote souhaité, de lui accorder une aide généreuse ou d'accélérer la conclusion d'un traité de commerce, est-ce un motif recevable pour voter dans ce sens-là ?

Au Congrès des États-Unis, et peut-être dans les parlements d'autres États, des membres – et plus encore des groupes de membres – font parfois dépendre leur vote sur une question de l'obtention en retour d'un avantage sur une autre. Quand ces marchandages deviennent trop flagrants, l'opinion proteste. Je crois me souvenir d'une de ces réactions lorsqu'un parlementaire américain a fait savoir qu'il ne voterait une augmentation des soldes des militaires qu'en échange du maintien d'une escadrille dans son État, l'Oklahoma. Des donnant-donnant de ce genre sont-ils admissibles au Conseil de sécurité ?

Les États membres de l'ONU – ils sont aujourd'hui 191 – confèrent au Conseil la « responsabilité principale du maintien de la paix et de la sécurité internationales ». Ils reconnaissent aussi qu'en s'acquittant de cette responsabilité le Conseil « agit en leur nom ». Or la Ruritanie, disons, agit-elle effectivement au nom des États de l'ONU qui l'ont élue membre du Conseil de sécurité si elle se laisse influencer par une offre d'aide étrangère pour voter une résolution déclarant que l'Irak n'a pas respecté ses obligations ? Ma réponse est non, et je lui conseillerais de consulter le groupe de pays auquel elle appartient et qui l'a nommée au Conseil pour voir s'il existe une communauté de vues sur la question. S'il y en a une, il lui sera moins difficile d'ignorer les pressions extérieures et, si la volonté collective du groupe est respectée, le vote final n'en aura que plus de poids et de portée.

Nous serions à juste titre scandalisés si, au tribunal, un juge votait la peine de mort dans un procès parce qu'un de ses confrères offrait de le soutenir dans une autre affaire. Où est la différence lorsqu'un État incite vivement un autre État à voter pour l'autorisation du recours à la force, qui va inévitablement semer la mort et la destruction ?

Quand les États-Unis et la Grande-Bretagne ont finalement décidé de ne pas mettre aux voix leur projet de résolution parce qu'ils avaient conclu qu'il ne passerait pas, ils ont démontré, à mon sens, la force de l'opposition de l'opinion et des gouvernements du monde entier (à l'exception peut-être du Koweit) à l'intervention armée *à ce moment-là*. Le vote officiel n'a jamais eu lieu, mais la conclusion informelle du

Conseil de sécurité était clairement non. Quelques-uns ont pensé que le Conseil s'était lui-même mis sur la touche, que seul un soutien au projet de résolution américano-britannique lui aurait permis de participer à la prise de décision politique. Je tire la conclusion inverse : en refusant l'autorisation souhaitée (même si elle n'avait pas été officiellement demandée), le Conseil de sécurité a dissocié l'ONU d'une intervention militaire que la plupart des États membres estimaient injustifiée. En tout cas, à ce stade.

Les inspections indépendantes deviennent une entrave au vote sur l'intervention armée

Il est pour moi hors de doute que, aux yeux des adversaires du recours à la force, la position des inspecteurs avait du poids. À la différence des Américains et des Britanniques, les inspecteurs ne pensaient pas disposer de preuves concluantes de la présence en Irak d'armes de destruction massive. Ce qui corroborait un point de vue largement partagé : en tout état de cause, l'Irak n'était pas une menace à laquelle il fallait réagir sur-le-champ par les armes. Si une intervention militaire se révélait nécessaire, on pourrait l'autoriser plus tard. Loin de percevoir chez les inspecteurs une « ambiguïté provocatrice », les adversaires du recours à la force estimaient qu'ils effectuaient sur le terrain un travail indépendant et crédible, procédaient à l'examen critique des données et s'efforçaient d'être objectifs dans leurs rapports.

Les gouvernements américain et britannique, sans être ébranlés un seul instant par les jugements prudents des inspecteurs, constatèrent que la position de ces derniers était devenue une entrave à un vote du Conseil de sécurité en faveur de la guerre. C'est ce qu'indique une dépêche d'agence du 9 mars en provenance de Washington : « Les diplomates américains ont compris que leur plus grand défi consiste à persuader le monde, et en particulier les autres membres du Conseil de sécurité, que M. Blix et le Dr El-Baradei se trompent lorsqu'ils laissent entendre que les inspections se passent si bien qu'il leur faut davantage de temps pour les mener à bonne fin. » Comment ce défi a-t-il été relevé ?

Je remarquerais d'abord que, à ma connaissance, le gouvernement des États-Unis est le seul à avoir tenté de soutenir que les inspecteurs avaient tort dans leurs évaluations. Les autres États favorables au projet de résolution – la Grande-Bretagne, l'Espagne et la Bulgarie – n'ont fait aucun commentaire sur ce point. J'ajouterais que l'article 100-2 de la charte des Nations unies impose aux États membres de « respecter le caractère exclusivement international des fonctions du secrétaire général et du personnel, et [de] ne pas chercher à les influencer dans l'exécution de leur tâche ». Cette clause vise à créer une fonction publique internationale fiable, qui reçoit ses instructions des instances politiques des Nations unies et non de tel ou tel pays membre. Les États ne sont donc pas libres de faire « pression » sur les inspecteurs de l'ONU.

Mais ils ont évidemment le droit de critiquer le travail du personnel des Nations unies, et diverses résolutions sur l'Irak leur demandaient expressément d'aider les inspecteurs, par exemple en recommandant des sites à visiter. Où est la frontière entre, d'un côté, l'influence déplacée et, de l'autre, les critiques légitimes et les recommandations souhaitables ? Des critiques contre les inspecteurs, certains dirigeants et hauts fonctionnaires des États-Unis en ont effectivement émis, directement et surtout en mobilisant les médias. Elles étaient, je vais le montrer, injustes et sans fondement. Néanmoins, à une seule exception près, je ne me suis pas senti soumis à des pressions inacceptables de la part des États-Unis ou d'un autre gouvernement. Avais-je la peau trop dure pour les percevoir ? Je préfère penser qu'en dépit des attaques lancées dans le feu de l'action pour obtenir des voix, plusieurs composantes de l'État américain – sans y inclure, peut-être, le Pentagone – éprouvaient un respect certain pour notre professionnalisme et avaient compris que nous serions sensibles aux conseils, mais pas aux pressions.

Certes, le vice-président Cheney nous avait dit dès le mois d'octobre précédent, à Mohamed et à moi, que les États-Unis n'hésiteraient pas à « discréditer » les inspections. Mais, en définitive, l'administration avait probablement conclu que toute pression sur les inspecteurs serait déplacée et toute critique directe des hauts responsables à leur endroit inopportune. Par décision commune ou par choix personnel, les déclarations publiques de Colin Powell, de Condoleezza Rice et de l'ambassadeur John Negroponte sur les positions des inspecteurs furent pour la plupart fort modérées, et tous les contacts parfaitement courtois.

Il n'était pas difficile, néanmoins, de constater que la position du gouvernement américain avait changé. Les rapports d'inspection n'étaient plus à ses yeux un atout potentiel à l'appui d'une future demande d'intervention armée. Ils étaient devenus un obstacle, dont les États-Unis devaient miner l'autorité.

La présentation par Colin Powell au Conseil de sécurité, le 5 février 2003, des résultats du travail des services de renseignement américains visait à étaler aux yeux du monde tout ce que ces derniers – et non les inspecteurs – avaient trouvé. Elle ne contenait toutefois aucune critique explicite contre les seconds, pas plus que l'article qui l'avait précédée dans le *Wall Street Journal*. Powell y avait écrit que son discours « allait renforcer les déclarations des inspecteurs au Conseil de sécurité » : « Nous devons, ensemble, regarder en face les réalités dont nous informent les inspecteurs de l'ONU et des services de renseignement réputés. » Bref, il se donnait l'air d'être d'accord avec les inspecteurs, et d'aller seulement plus loin qu'eux en affirmant que Saddam « dissimulait les preuves de ses armes de destruction massive, tout en conservant les armes elles-mêmes ».

La critique de la COCOVINU

Il est certain que John Wolf nous critiquait implicitement quand, à la session du Collège des commissaires des 23-24 février, il a demandé pourquoi notre liste de questions groupées ne mentionnait pas les informations qu'avaient « partagées » avec nous les services de renseignement américains.

Peut-être avions-nous déçu, encore plus tôt, en ne reprenant pas purement et simplement à notre compte, et dans nos rapports, d'autres informations des services de renseignement qui nous avaient été transmises – par exemple, sur la possible dissimulation de bacille du charbon – ou qui avaient été rendues publiques. La fièvre monta quand la chasse aux voix s'intensifia et que des rapports de services secrets nationaux furent mis en avant pour persuader les États de l'absolue nécessité d'une intervention militaire qui éliminerait les prétendues armes irakiennes de destruction massive. Nous avions déjà été critiqués pour notre réticence à emmener et interroger à l'étranger des savants irakiens. Dans ce climat tendu, on reprocha à la COCOVINU, et à moi-même, de n'avoir pas conclu, comme l'avaient fait les États-Unis, qu'un drone et une bombe à sous-munitions que nous avions inspectés étaient conçus pour le lancement d'armes chimiques ou biologiques.

La bombe à sous-munitions et le drone

Le 6 mars, veille du jour où je devais prendre la parole devant le Conseil de sécurité, je reçus la visite de John Wolf, secrétaire d'État adjoint des États-Unis. Il me demanda sur un ton assez peu courtois pourquoi la COCOVINU, ayant découvert un drone (véhicule aérien sans pilote) et une bombe à sous-munitions destinés à lancer des armes chimiques, n'en avait pas conclu que ces matériels constituaient des violations des obligations de l'Irak. Sur quoi il jeta des photos du drone et de la bombe sur mon bureau.

Le problème des drones n'était pas nouveau. Nos inspecteurs en avaient examiné plusieurs et, bien que les explications irakiennes à leur sujet n'aient pas été très satisfaisantes, nous n'avions pas encore déterminé s'ils étaient légaux ou non. Certains avaient-ils une portée supérieure aux 150 kilomètres autorisés pour les missiles ? Les États-Unis affirmaient avoir repéré un vol de 500 kilomètres, mais il s'avéra que c'était un vol circulaire, selon la procédure dite « de l'hippodrome ». Cela prouvait que l'engin avait suffisamment de carburant pour parcourir cette distance, mais son rayon d'action réel pouvait être limité par la portée du signal de guidage. Son élément central était-il conçu pour transporter des armes chimiques ou biologiques, ou simplement pour loger du matériel photographique ? Ces questions essentielles restant à éclaircir, nous n'étions parvenus à aucune conclusion.

Mes collaborateurs ne m'avaient pas signalé la bombe à sous-munitions. Je dis à Wolf qu'il pouvait en discuter avec nos experts. Il me demanda si j'ignorais ce que faisaient mes services ; je répliquai que, lorsque c'était important, on m'en parlait. J'avais toute confiance en mon adjoint, Dimitri Perricos, pour m'informer de chaque découverte significative. Avec le recul, je me dis que si Wolf s'est montré cassant, c'est en partie parce que *lui* ne voyait pas la faiblesse de ses arguments, donc de sa démarche.

Je lui demandai comment il avait eu ces photos. Il me répondit qu'il ne me le dirait pas. Je rétorquai que, s'il les avait obtenues par un employé de la COCOVINU, j'en étais blessé. Certes, elles ne représentaient rien de confidentiel et, si le Conseil de sécurité avait demandé à les voir, nous les aurions distribuées. Néanmoins, elles n'étaient pas dans le domaine public. Je ne pouvais exclure une fuite : un membre du personnel de la commission avait pu les remettre aux États-Unis, bien qu'un tel acte constitue un manquement au devoir.

Que les États-Unis aient pu solliciter ou même accepter des informations venant de la COCOVINU de cette façon-là me contrariait beaucoup. Je ne pouvais pas exclure non plus qu'ils aient réussi à « craquer » notre fax sécurisé, par lequel ces photos étaient peut-être passées. Selon le journal britannique *The Observer*, ils avaient mis sur écoute les bureaux et les téléphones personnels des diplomates des États membres du Conseil de sécurité. Quelle qu'ait été l'explication de la présence de nos photos entre les mains de John Wolf, sa réponse laissait un goût amer.

Dans l'exposé oral que nous avions préparé pour la réunion du Conseil de sécurité du lendemain (7 mars), nous avions brièvement signalé nos inspections de véhicules téléguidés, en précisant que nous étions en train d'examiner la portée et la capacité de charge des divers modèles. Nous n'avions fait aucune mention de la bombe à sous-munitions ni des bombelettes sphériques vides qui avaient été trouvées.

Le dimanche suivant, 9 mars, le *New York Times* publia un article détaillé faisant état de révélations de hauts responsables de Washington. Les inspecteurs, affirmaient-ils, avaient récemment découvert « un nouveau type de missile [la bombe à sous-munitions], apparemment configuré pour répandre des bombelettes remplies d'agents chimiques et biologiques sur de vastes zones ». Les hauts responsables en question donnaient cette information pour montrer combien les États-Unis avaient raison de dire que les inspecteurs avaient trouvé « des preuves accablantes en Irak ». Ils disposaient aussi de photographies de ces armes, mais, précisait l'article, « ne disaient pas comment ils les avaient obtenues ». Un point restait obscur, concluait prudemment le journaliste : cette tête de missile à sous-munitions était-elle de fabrication récente ou d'avant 1998 ?

Par la suite, les experts de la COCOVINU m'éclairèrent sur le sujet. La bombe et les bombelettes – copies d'une munition sud-africaine importée il y a fort longtemps par l'Irak – avaient été découvertes dans l'entrepôt d'une vieille usine. Il semblait s'agir d'un vestige du passé, non d'une arme ayant un quelconque intérêt actuel. On n'avait relevé aucune trace d'agent chimique. Politiquement, cette bombe eut une vie courte mais intense qui dura du jeudi au lundi, jour où elle fut évoquée par l'ambassadeur des États-Unis, John Negroponte, au cours des consultations informelles du Conseil de sécurité. Après quoi il n'en fut plus jamais fait mention, ni par les États-Unis ni par personne d'autre. Tout indique qu'elle se trouve toujours au rebut dans son entrepôt pour armes obsolètes, si des pillards ne s'en sont pas emparés pour le métal.

Ce même dimanche 9 mars, Colin Powell passa sur Fox TV. Il déclara que j'étais « un homme correct, honnête » – ce qui était gentil de sa part à ce moment-là –, mais qu'à son avis j'aurais pu tirer davantage de la liste de questions groupées que nous avions remise au Conseil de sécurité. Il souligna, comme il l'avait fait au Conseil, que ce document attestait les tromperies continuelles des Irakiens. Il insista sur le drone et annonça que les États-Unis « en diraient davantage à son sujet en cours de semaine ». C'est ce qu'ils firent.

Ce n'était pas la première fois que les drones étaient utilisés pour l'effet politique. Dans un discours du 7 octobre 2002 – avant le vote de la « résolution sur la guerre » au Congrès –, le président Bush avait déjà exprimé ses craintes de voir les Irakiens utiliser leurs véhicules aériens sans pilote pour des missions visant les États-Unis. Colin Powell en avait fait autant dans son discours du 5 février 2003 devant le Conseil de sécurité.

Pas de doute : le gouvernement des États-Unis était cette fois décidé à injecter le drone et la bombe à sous-munitions dans la controverse, et même à les présenter en « *smoking guns* ["revolvers fumants" = preuves flagrantes] que les inspecteurs avaient délibérément choisi de minimiser ». Selon une dépêche Reuters du lundi 10 mars, la Maison-Blanche se rendait compte que le projet de résolution risquait d'être battu. En quête de voix, Bush et Powell avaient harcelé au téléphone les dirigeants de pays membres du Conseil de sécurité comme la Chine, le Pakistan, l'Angola et le Mexique. L'administration américaine, précisait aussi l'agence de presse, « se disait contrariée » de constater que Hans Blix n'avait pas mentionné au Conseil « un appareil irakien sans pilote dont l'existence avait été révélée » dans un document déclassifié qu'avaient distribué les inspecteurs. Ari Fleischer, le porte-parole de la Maison-Blanche, annonça qu'en cours de journée, ce lundi, les représentants des États-Unis allaient demander, lors d'une réunion à huis clos du Conseil de sécurité, pourquoi le drone ne figurait pas dans le rapport de Blix. Colin Powell avait seulement fait observer, sans acrimonie, que j'aurais pu « tirer davantage » de ce drone. Voilà qu'on affirmait maintenant – contre toute vérité – que je n'en avais même pas parlé.

Donc, l'histoire s'améliorait d'heure en heure. Et ce n'était pas fini. Une « feuille d'information » publiée par le département d'État, qui se présentait comme un simple résumé de la liste de questions groupées de la COCOVINU, chercha à faire croire – contre toute vérité, là encore – que nos conclusions sur le drone et sur plusieurs autres points étaient accablantes pour l'Irak.

James Bone, le correspondant du *Times* de Londres aux Nations unies, surpassa sans peine Washington. Répétant l'assertion erronée des dirigeants américains selon laquelle je n'avais pas cité le drone dans mon exposé au Conseil de sécurité, il vit là « une tentative manifeste du Dr Blix de cacher cette révélation pour ne pas déclencher la guerre ». Il prédisait – à tort – que la découverte du drone allait faciliter le ralliement des hésitants à la ligne américano-britannique, et citait la réaction d'un haut diplomate d'un pays dont le vote pouvait faire la différence : « C'est un gros coup. » Le drone, écrivait-il, était considéré comme une preuve accablante par les dirigeants américains et britanniques, et ceux-ci allaient maintenant « presser » Blix d'admettre qu'il l'avait trouvé.

Je me demandai si, pour la première fois, j'allais au clash avec des membres du Conseil de sécurité dans la réunion de consultation à huis clos. J'avais l'intention de défendre la COCOVINU, et moi-même, contre toute critique injuste et sans fondement. Je n'aurais pas dû m'inquiéter. D'après les notes que je pris à cette occasion – il n'existe aucun compte rendu officiel de ces réunions –, l'ambassadeur de Grande-Bretagne, Sir Jeremy Greenstock, qui avait beaucoup à dire sur une éventuelle résolution de compromis, ne mentionna pas l'affaire des deux armes. L'ambassadeur des États-Unis, John Negroponte, évoqua le drone et la bombe à sous-munitions de façon assez détaillée, mais sans aucune critique directe contre la COCOVINU ni contre moi. Il souligna que le drone n'avait pas été déclaré et que c'était une omission grave. Cet engin avait une portée substantielle et était susceptible de servir à lancer des armes chimiques et biologiques. Cela pouvait être une violation. Quelle était la stratégie de la COCOVINU ?

Quand, à la fin de cette très longue consultation, je pris la parole, je déclarai que quantité d'informations affluaient et que tout ne méritait pas d'être communiqué immédiatement – cela pouvait attendre les rapports périodiques. Nous avions annoncé publiquement et séparément nos découvertes de têtes de missile adaptées aux armes chimiques et de documents sur le nucléaire, mais nous n'avions pas dit que nous avions trouvé les restes d'une bombe et de sous-munitions qui avaient peut-être été conçues, autrefois, comme une arme chimique. Nous avions jugé cette trouvaille d'une importance limitée. Je parlai du drone, et je dis que je l'avais signalé au Conseil sans donner de détails. Je lui précisais à présent qu'il avait une envergure de 7,45 mètres et que l'Irak avait déclaré l'avoir testé pour une portée de 55 kilomètres, une capacité de charge utile de 30 kilos et un temps de vol de 30 minutes. J'ajoutai qu'il n'avait pas été déclaré comme il aurait dû l'être (la partie irakienne affirma par la suite qu'elle avait fait une déclaration un peu inexacte). J'indiquai que nous continuions à réunir des données sur ce modèle de drone et sur d'autres. Jusqu'à présent, nous n'avions trouvé aucun lien avec des armes de destruction massive, mais il y avait encore du travail à accomplir pour vérifier l'exactitude des portées déclarées. L'Irak affirmait que ces véhicules aériens effectuaient des missions conventionnelles, comme la surveillance, la détection de cibles et le brouillage de communications électroniques. Si l'on découvrait qu'ils avaient une portée supérieure à 150 kilomètres ou qu'ils étaient conçus pour lancer des armes chimiques ou biologiques, ils seraient illégaux. La COCOVINU enquêtait sur ces points. Il n'y eut au Conseil de sécurité aucun commentaire sur mes explications.

Comme mon collègue Mohamed El-Baradei n'assistait pas à cette réunion informelle, j'en profitai pour signaler, brièvement, que les déclarations publiques selon lesquelles l'AIEA s'était laissé abuser par l'Irak même après la fin de la guerre du Golfe n'avaient pas été prouvées et, à mon avis, étaient injustifiées.

Bien que les consultations informelles sans discours écrits ni comptes rendus officiels – qui constituent l'essentiel des travaux du Conseil de sécurité – soient en principe confidentielles, elles sont loin d'être secrètes. Comme nous l'enseigne le *Havamal*, le vieux livre islandais de sagesse viking, ce que trois personnes savent, le monde entier le sait. De fait, les membres du Conseil de sécurité ont souvent besoin, politiquement, d'expliquer au monde extérieur leurs intentions, et les médias ont bien sûr le devoir de couvrir l'actualité politique. Au sortir des consultations informelles dans les salles du Conseil, les correspondants auprès des Nations unies ont généralement l'occasion de poser des questions aux participants, qui ne peuvent éviter de traverser l'espace réservé à la presse. Comme il y avait ce jour-là de l'électricité dans l'air et que la COCOVINU jouait un rôle central, les journalistes étaient très désireux d'entendre mes commentaires.

Je saisis l'occasion pour souligner le fait essentiel que la liste de questions groupées de la COCOVINU, que nous avions à présent déclassifiée, n'affirmait nulle part que l'Irak avait des armes de destruction massive, mais relevait de nombreuses lacunes et discordances dans ce qu'il disait sur ces armes. J'ajoutai que le renseignement était un travail difficile et nécessaire. Nous le respections beaucoup, mais nous devions en évaluer les résultats sans passion. C'est ce que nous avions fait en préparant la liste de questions groupées. James Bone, le correspondant du *Times* de Londres, poursuivant sur la lancée de ses articles, me demanda pourquoi nous n'avions pas mentionné les drones. Je répondis simplement qu'il était longuement question de réservoirs largables dans notre rapport. À une question directe sur les critiques américaines, je répliquai : « Tout le monde essaie de nous pressurer pour obtenir le plus possible. »

Si les dirigeants de Washington n'étaient pas parvenus à mettre le feu aux poudres avec cette histoire, ils avaient du moins réussi à enflammer M. Bone. Le lendemain 12 mars, il signait dans le *Times* de Londres un article intitulé « Blix doit retourner le "revolver fumant" sur sa tempe ». Il y expliquait qu'il était temps pour moi de démissionner. Je m'étais discrédité, disait-il, et j'avais « trahi la confiance des millions de personnes à travers le monde qui ont foi dans les Nations unies ». Le Dr Blix, poursuivait-il, « est manifestement déterminé à ne pas être l'homme qui déclenchera la guerre [...]. Bien qu'il le nie "formellement", il cache des informations au Conseil de sécurité. Il les enterre ». Et il concluait : « Lorsqu'on écrira l'histoire de cette période tumultueuse, le Dr Blix restera l'homme qui a tenté de cacher le "revolver". »

Quelle était la vérité sur les drones ?

Nous ne cachions évidemment rien. Avec le recul, l'affaire paraît simple. Le gouvernement des États Unis avait conclu – à tort, c'est aujourd'hui une quasi-certitude – que le drone constituait une violation de la résolution du Conseil de sécurité. À la COCOVINU, nous n'étions pas disposés à porter un tel jugement. Washington s'en irrita, même si ses dirigeants savaient sûrement que l'US Air Force ne croyait pas les drones irakiens conçus pour lancer des agents chimiques et biologiques.

Pendant ce temps, à Bagdad, on s'inquiétait évidemment de ce bombardement massif des médias américains. Le général Amin, chef du Conseil national de surveillance, convoqua le 11 mars une conférence de presse lors de laquelle il montra le drone aux journalistes. Celui-ci, expliqua-t-il, était propulsé par un moteur de motocyclette à deux temps, contrôlé du sol sur un rayon de 8 kilomètres, et utilisé uniquement à des fins de reconnaissance. Sa charge utile était de 20 kilos et il était conçu pour transporter une caméra vidéo, non des armes biologiques. Enfin, l'Irak l'avait bien déclaré, mais une faute de frappe lui avait attribué une envergure de 14,5 pieds (4,40 mètres) au lieu de 24,5 (7,40 mètres). Un journaliste d'Associated Press préciserait, dans une dépêche du 12 mars, que les ailes étaient en balsa et collées par du gros ruban adhésif. Pour le correspondant du *New York Times* à Bagdad, il était « canularesque » de prendre cet objet au sérieux.

Au moment même où Washington se saisissait du drone et de la bombe à sous-munitions et nous reprochait, à la COCOVINU et à moi, de ne pas les avoir mis en avant, certains responsables américains doutaient fort, selon le *New York Times*, que les problèmes énumérés dans la liste de questions groupées de la COCOVINU soient vraiment des violations irakiennes. Un haut fonctionnaire du ministère de la Défense avait dit aussi que les drones décrits n'étaient peut-être pas un moyen efficace de lancer des agents chimiques ou biologiques. On apprit quelques mois plus tard, en juillet, que la plus grande mine d'expertise sur les drones aux États-Unis, l'US Air Force, avait toujours contesté le caractère offensif des drones irakiens et affirmé qu'il s'agissait d'engins de reconnaissance. Leur examen direct, devenu possible après l'occupation, l'a confortée dans son opinion. Mais la CIA semble s'accrocher à sa thèse. Peut-être dans l'espoir qu'elle quittera la scène comme une idée controversée, et non comme une erreur.

Le travail de sape contre l'AIEA et El-Baradei

Rien n'aurait pu susciter un soutien politique plus fort à une frappe préventive qu'une preuve convaincante que l'Irak possédait des armes nucléaires ou était tout près d'en acquérir. L'Agence internationale de l'énergie atomique, qui avait eu la charge de toutes les inspections nucléaires en Irak, n'en voyait aucune, et elle a contesté publiquement certaines de celles que les États-Unis et la Grande-Bretagne ont avancées à l'appui de leur position en 2002 et 2003. Pour défendre et renforcer sa thèse, le gouvernement américain a donc cherché à discréditer l'AIEA. Bien que l'expérience d'après guerre ait clairement prouvé qu'elle avait eu raison de mettre en doute certains arguments américano-britanniques, les critiques sans fondement adressées à l'Agence – qui n'avait jamais été attaquée jusque-là par aucun gouvernement – n'ont pas été retirées, ce qui est regrettable, et elles pourraient faire des ravages qui ne seraient dans l'intérêt de personne.

Voici l'histoire des racines de ce désaccord, qui remonte probablement à 1991.

Puisque j'étais directeur général de l'AIEA à cette date, le rapport 1997 de l'Agence au Conseil de sécurité sur les inspections nucléaires en Irak a été rédigé sous ma responsabilité. Le Dr El-Baradei, qui m'a succédé à ce poste, a supervisé le rapport 1998. Les conclusions des deux textes étaient fondamentalement les mêmes. L'Agence avait acquis une compréhension exhaustive du programme nucléaire militaire de l'Irak, éliminé l'ensemble de son infrastructure et retiré du pays toute matière fissile. L'Irak n'avait plus aucun moyen physique de produire une quantité appréciable de matériau nucléaire utilisable à des fins militaires. Rien n'indiquait qu'il soit nécessaire de le désarmer davantage sur le plan nucléaire, mais plusieurs autres points restaient à éclaircir.

Le gouvernement irakien était furieux que l'Agence, dans ces conditions, n'ait pas clos le dossier et blanchi totalement l'Irak. Lorsque Mohamed El-Baradei et moi rencontrâmes à New York, en mai 2002, le Dr Dhia Jaffar, cheville ouvrière du programme nucléaire irakien, celui-ci entra dans une telle colère à ce sujet que le Dr Amir Al-Sa'adi dut le calmer.

Le dossier nucléaire de l'Irak était donc jugé pratiquement clos à la fin de 1998 : ce point de vue semble avoir été partagé par tous les membres du Conseil de sécurité, États-Unis compris. L'arrivée de l'administration Bush n'a rien changé à cet égard. Le 24 février

2001, d'ailleurs, Colin Powell – et il ne parlait pas seulement du nucléaire – déclara que Saddam Hussein n'avait « aucune capacité significative en matière d'armes de destruction massive ».

Comment le 11 septembre a changé le regard des États-Unis sur l'Irak

Les attentats terroristes du 11 septembre 2001 ont changé la vision de l'administration Bush. Bien qu'aucune preuve nouvelle ne soit apparue, le passé de Saddam – l'usage qu'il avait fait des armes chimiques et des missiles, ses vieilles ambitions nucléaires, les difficultés que son régime avait créées aux inspecteurs tout au long des années 1990 – a été perçu sous un autre jour, plus menaçant et plus accusateur. Dès le 14 novembre 2001, Richard Perle, le superfaucon proche du Pentagone, déclara que, si on lui laissait assez de temps, Saddam serait en mesure d'attaquer les États-Unis avec une arme nucléaire, et que c'était l'argument le plus fort pour faire la guerre à l'Irak. « Allons-nous attendre Saddam ou agir préventivement ? » Six mois après la guerre, en septembre 2003, le président Bush a confirmé que son administration restait fondamentalement attachée à cette idée : les attentats du 11 septembre, a-t-il dit, ont montré que « nous devons traiter les menaces avant qu'elles n'arrivent sur nos côtes ».

Vus à travers ce nouveau prisme, divers événements et informations sont alors apparus comme des preuves d'une progression de l'Irak vers une capacité nucléaire militaire jusque-là insoupçonnée. Des photographies satellitaires de nouveaux bâtiments à Al-Furat, l'ancien site irakien d'enrichissement de l'uranium par centrifugation, montraient que le programme de mise au point de la bombe atomique avait été relancé en Irak, déclara le président Bush au début de septembre 2002, et il s'écria : « Je ne sais pas ce qu'il nous faut de plus comme preuve. » Il lui en faudrait d'autres. Les Irakiens invitèrent immédiatement la presse à Al-Furat et des dizaines de journalistes visitèrent le site sous leur escorte sans voir aucune centrifugeuse. Les rapports américain et britannique qui suivirent ne firent plus mention des photos.

Les rapports britannique et américain de septembre 2002 sur l'Irak

Le mois où les photos d'Al-Furat furent rendues publiques, la Grande-Bretagne et les États-Unis firent chacun paraître un rapport qui énumérait leurs raisons respectives de penser que l'Irak violait les diverses interdictions sur les armes. Pour le nucléaire, la liste américaine était sensiblement plus courte que la britannique, et les États-Unis ne disaient rien de la prétendue tentative d'importation d'uranium naturel d'Afrique (concentré d'uranium ou *yellowcake*) que le président Bush devait mentionner plus tard dans son discours sur l'état de l'Union du 28 janvier 2003. Les deux rapports évoquaient les efforts irakiens pour importer des tubes d'aluminium d'une qualité spéciale dont, disait prudemment le texte américain, « *de hauts responsables estiment* qu'il s'agit de composants de centrifugeuse pour l'enrichissement de l'uranium » (c'est moi qui souligne). Une telle formulation, bien sûr, est une façon d'esquiver ou de limiter ses responsabilités dans ce que l'on publie.

Il y avait une discordance surprenante entre les estimations des deux rapports sur le temps qu'il faudrait à l'Irak pour élaborer des armes nucléaires. Détaillé sur ce point, le document britannique expliquait que, tant que les sanctions resteraient efficaces, l'Irak ne pourrait produire aucune arme atomique – jugement conforme à celui de l'AIEA. Si les sanctions étaient levées ou perdaient de leur efficacité, poursuivait-il, il faudrait à l'Irak au moins cinq ans pour produire la matière fissile nécessaire à une bombe. Si l'Irak parvenait à obtenir de l'étranger cette matière et d'autres composants nécessaires, un an ou deux suffiraient. Le rapport américain évitait de donner sa propre évaluation, mais citait la conclusion de l'International Institute of Strategic Studies : l'Irak pourrait fabriquer une bombe atomique en quelques mois s'il parvenait à trouver la matière fissile. Toujours cette façon de diffuser un message alarmant dans l'opinion publique en ne se portant que partiellement garant de son exactitude.

Le rapport américain notait aussi que Saddam Hussein avait rencontré plusieurs fois ses savants atomistes au cours des deux dernières années, « signalant » ainsi que la mise au point d'armes nucléaires l'intéressait toujours. Ici, aucune tentative de laisser la responsabilité de l'assertion à quelqu'un d'autre. On peut se demander, pourtant, s'il s'agissait vraiment d'un indice fiable. Depuis la guerre, nous avons appris dans quelles conditions misérables travaillaient à l'époque les savants atomistes, et nous savons qu'un programme d'armements nucléaires était parfaitement impossible. Saddam a-t-il délibérément adressé au monde extérieur un signal destiné à lui faire croire à tort que, contrairement à ses déclarations à l'ONU, l'Irak poursuivait son effort nucléaire ? Ou voulait-il simplement soutenir le moral de ses chercheurs, et laisser penser à l'Irak et à ses voisins arabes que le progrès scientifique continuait comme avant ? Ce que plusieurs sources confirment, c'est que les savants s'efforçaient de soutenir le moral de Saddam – et de continuer ainsi à recevoir un minimum d'argent frais.

Les tubes d'aluminium

En tant que preuves, les tubes d'aluminium ont eu une carrière bien plus longue que les nouveaux bâtiments d'Al-Furat, dont le président Bush avait cru qu'ils réglaient définitivement la question. C'est un peu surprenant, car, dès l'ouverture du débat, un centre de recherche renommé de Washington, l'Institute for Science and International Security de David Albright, avait émis des doutes sérieux sur l'hypothèse selon laquelle ces tubes étaient destinés à des centrifugeuses. L'AIEA, qui les avait examinés physiquement et disposait d'un savoir considérable sur la question, était du même avis. Ces tubes avaient été importés illégalement, oui, mais toute importation illégale n'est pas nécessairement liée aux armes de destruction massive. On devait apprendre par la suite que le département américain de l'Énergie, responsable de l'enrichissement par centrifugation aux États-Unis, n'était pas d'accord avec la thèse qui liait ces tubes aux centrifugeuses. Mais, de toute évidence, les responsables politiques voulaient cette conclusion-là.

Malgré tous ces clignotants incitant à la prudence, le secrétaire adjoint à la Défense Paul Wolfowitz continua à présenter les tubes comme une preuve importante. Il reconnut humblement que les États-Unis pouvaient se tromper – mais alors, ajouta-t-il, il pouvait aussi arriver que l'AIEA se trompe. Le tour ironique de sa phrase montrait bien qui, selon lui, il fallait croire. Colin Powell également, dans son exposé du 5 février au Conseil de sécurité, cita les tubes comme preuve de l'existence d'un programme irakien d'armes nucléaires, mais avec une réserve : il n'y avait pas unanimité sur cette interprétation. Un mois plus tard, le Dr El-Baradei fit savoir au Conseil que, selon l'Irak, ces tubes de 81 millimètres avaient été acquis pour produire des roquettes ; l'équipe de l'AIEA avait mené une enquête approfondie et jugeait « improbable » qu'ils « aient été liés à la fabrication d'une centrifugeuse ». Bien que Colin Powell ait fait de son mieux pour laisser la question ouverte, la position de l'AIEA semble confirmée par les faits. Un article de Barton Gellman dans le *Washington Post* du 26 octobre 2003 a révélé que, si tout le monde à Washington, même à cette date fort tardive, n'avait pas renoncé à la théorie de la centrifugeuse, les experts d'après guerre à Bagdad l'avaient écartée et ne témoignaient plus à ces tubes le moindre intérêt. L'un d'eux suggéra de les laisser « piller », pour servir de canalisations…

Le concentré d'uranium

L'histoire du concentré d'uranium – *yellowcake* –, apparue avec le rapport britannique publié en septembre 2002 (à temps pour la session de l'Assemblée générale des Nations unies), s'est attiré autant de visibilité, pour ne pas dire d'infamie, que l'affirmation du Premier ministre Blair, dans le même rapport, selon laquelle Saddam Hussein avait fait en sorte que « certaines armes de destruction massive soient prêtes 45 minutes après l'ordre de les utiliser ». Le rapport britannique assurait que l'Irak avait « cherché à acquérir d'importantes quantités d'uranium en Afrique, alors qu'il n'avait en cours aucun programme d'énergie nucléaire civile susceptible de les utiliser ». Le rapport américain paru le même mois, je l'ai dit, ne soufflait mot de la chose, mais, en janvier 2003, Condoleezza Rice en fit mention dans un texte, et Colin Powell lança aux participants du Forum économique mondial de Davos (Suisse) : « Pourquoi l'Irak cherche-t-il toujours à se procurer de l'uranium ? »

La pièce à conviction n° 1 de cette curieuse affaire était un document se présentant comme un contrat entre le gouvernement du Niger et l'Irak pour la livraison de *yellowcake*, c'est-à-dire d'uranium naturel. La carrière de ce concentré d'uranium atteignit son zénith le 28 janvier 2003, quand le président Bush le mentionna dans son discours sur l'état de l'Union : « Le gouvernement britannique a appris que Saddam Hussein a récemment cherché à se procurer en Afrique des quantités considérables d'uranium. » Comme cette assertion figurait explicitement dans le dossier publié par la Grande-Bretagne, on pourrait juger irréprochable la formulation présidentielle. Mais, puisqu'on savait à cette date, dans l'administration Bush elle-même, que la preuve principale avait été falsifiée, il est scandaleux que la phrase n'ait pas été retirée du discours.

Le concentré d'uranium connut son nadir le 7 mars, lorsque – je l'ai dit au chapitre précédent – Mohamed El-Baradei révéla au Conseil de sécurité que les documents étaient des faux. Si je n'ai pas sourcillé, ma pensée à ce moment-là pourrait se résumer par : « Wouah ! » Mohamed ne m'avait pas prévenu avant, donc je ne m'y attendais pas. Mais cela faisait des mois que je trouvais bizarre que l'Irak cherche à acheter du concentré d'uranium. Dès que l'on dit « uranium », la plupart des gens entendent « bombes ». Mais l'uranium extrait du sol et concentré en *yellowcake* doit passer par des processus industriels et chimiques longs et fort complexes avant de devenir l'explosif des bombes atomiques. Puisque les installations nécessaires pour le transformer avaient été détruites, pourquoi les Irakiens auraient-ils cherché à se procurer du concentré ? S'ils parvenaient un jour à se libérer des sanctions, ils pourraient extraire l'uranium dans leur propre pays, comme ils le faisaient avant la guerre du Golfe. À mes yeux, l'histoire du concentré d'uranium ne tenait pas debout. Mais ce n'était pas le seul aspect de l'affaire irakienne qui cadrait mal avec le sens commun, et je n'avais jamais exprimé publiquement mes doutes.

Si l'AIEA mit un temps considérable à obtenir de la CIA copie des documents sur le concentré d'uranium, il ne lui fallut pas longtemps pour établir qu'ils étaient faux – ou, pour user du vocabulaire diplomatique plus courtois qui sied à un fonctionnaire international, « non authentiques ». On put constater, notamment, qu'ils étaient signés du nom d'un ministre qui ne faisait pas partie du gouvernement du Niger à la date indiquée.

Des critiques injustes contre l'AIEA

Après le discours d'El-Baradei, Colin Powell s'abstint de tout commentaire sur la révélation du faux, même si elle fut sûrement assez douloureuse. Mais il est clair qu'il s'efforça d'attaquer la crédibilité de l'Agence : « *Comme nous le savons tous*, en 1991, l'AIEA était à quelques jours seulement de conclure que l'Irak n'avait pas de programme nucléaire. Nous avons vite découvert le contraire. Aujourd'hui l'AIEA parvient à une conclusion semblable, mais nous devons être très *prudents* » (c'est moi qui souligne).

Peut-être le raisonnement de Powell venait-il d'un argumentaire commun à l'administration américaine, dont le but était de contrer l'influence de l'AIEA sur le vote en perspective. Le 9 mars, Condoleezza Rice, interviewée sur la chaîne ABC, déclara : « L'AIEA, *bien sûr*, n'a pas vu le programme [nucléaire] en 1991, elle n'a pas vu le programme en 1995, elle ne l'a pas vu en 1998. » Ce commentaire ressemblait étonnamment aux propos de M. Powell, et la phrase qui le suivait aussi : « Nous devons être *prudents* avant de tirer ces conclusions-là, notamment dans un État totalitaire comme l'Irak » (c'est moi qui souligne dans les deux cas).

El-Baradei avait également déclaré le 7 mars : « Nous n'avons trouvé, à cette date, aucune preuve ni indice plausible de la résurrection d'un programme d'armements nucléaires. » Dans l'émission télévisée *Meet the Press*, le 16 mars, juste avant la guerre, ce fut au tour du vice-président Cheney de le prendre à partie : « Je pense que M. El-Baradei se trompe totalement. [...] Je pense aussi que, si l'on regarde *l'historique des positions de l'Agence internationale de l'énergie atomique* sur ce type de problème, en particulier au sujet de l'Irak, elle a constamment sous-estimé ou manqué ce que faisait Saddam Hussein. Je n'ai aucune raison de croire qu'elle est plus dans le vrai aujourd'hui qu'autrefois » (c'est moi qui souligne).

Deux mois et demi plus tard, le 28 mai, usant d'un curieux argument pour excuser les forces d'occupation américaines de n'avoir encore trouvé aucune arme illégale en Irak, le secrétaire adjoint à la Défense Paul Wolfowitz a implicitement accusé l'AIEA de piètre efficacité : « Je veux dire, ç'a pris du temps en 1991, *si vous vous en souvenez.* C'est trois mois après la guerre, je crois, que l'AIEA a failli déclarer qu'il n'y avait aucun programme nucléaire, et c'est de trois à six mois plus tard qu'elle a découvert qu'en réalité les Irakiens suivaient non pas une, mais, je crois, quatre pistes différentes pour mettre au point des armes nucléaires » (c'est moi qui souligne).

Ces critiques ont été les premières et les seules émises par un gouvernement contre l'AIEA au sujet de ses inspections en Irak. On pourrait minimiser leur importance, ne voir en elles qu'un phénomène indissociable de l'effort conjoncturel des États-Unis, au printemps 2003, pour convaincre le monde que l'Irak avait repris sa quête de l'arme nucléaire. Mais il me paraît probable qu'elles ont des racines plus profondes, vraisemblablement dans la composante militaire du gouvernement américain plus qu'au département d'État et au département de l'Énergie, qui ont l'un et l'autre une longue expérience du travail avec l'Agence. J'ai rappelé au chapitre 2 que la précédente administration Bush, en 1991, ne voulait pas que le Conseil de sécurité donne mandat à l'AIEA d'inspecter l'Irak après la guerre du Golfe.

À la fin de 2003, il semble que certains dirigeants américains aient émis des critiques contre l'AIEA parce que son secrétariat n'était pas disposé à conclure, au seul vu de l'existence du programme clandestin d'enrichissement iranien, que l'Iran cherchait à mettre au point l'arme atomique. Lorsque la Libye, quelque temps plus tard, fit savoir qu'elle était prête à renoncer à tout effort pour s'en doter, les responsables américains parurent mécontents des déclarations des experts de l'Agence, qui, après avoir visité le pays, estimèrent la Libye assez loin d'une capacité nucléaire. Dans les deux cas, on peut discerner une volonté de présenter l'Agence comme trop optimiste et modérée dans ses jugements.

Peut-être serait-il bon de vérifier si le problème n'est pas inverse – si ce ne sont pas les déclarations et évaluations des États-Unis qui ont parfois péché par alarmisme ou exagération. Les assertions américaines de 2003 sur l'Irak et les armes nucléaires semblent le laisser penser. Quoi qu'il en soit, l'historique des inspections de l'AIEA en Irak, que j'ai rappelé au chapitre 2, le prouve assez : si, avant avril 1991, quand elle appliquait le système traditionnel de garanties prévu par le Traité de non-prolifération des armes nucléaires, l'Agence a « manqué » les programmes d'enrichissement et d'armements nucléaires irakiens, après cette date elle a accompli un travail parfaitement honorable en tant qu'outil d'inspection nucléaire du Conseil de sécurité. Il importait de rétablir cette vérité.

11

La diplomatie du bord du gouffre : l'effondrement

L'ordre du jour officiel de la réunion du Conseil de sécurité du 7 mars était le douzième rapport trimestriel de la COCOVINU, qui couvrait les inspections des mois de décembre, janvier et février.

La résolution 1284, qui avait établi le régime d'inspection en 1999, n'imposait pas seulement de présenter un rapport tous les trois mois, mais aussi, au terme d'une première période d'inspection, de soumettre un projet de « programme de travail » à l'approbation du Conseil. Selon nos calculs, ce document devait être remis au plus tard le 27 mars – il restait vingt jours. Il devait dresser la liste des « tâches clés de désarmement en suspens », telles qu'elles nous apparaissaient. Si l'on constatait des progrès sur ces points dans les cent vingt jours, la voie serait libre pour que le Conseil de sécurité suspende (et non lève) les sanctions. Cette suspension pourrait donc intervenir à la fin de juillet si l'Irak coopérait pleinement. Russes, Français et Allemands ne voyaient rien à redire à ce scénario. Ils estimaient que les inspections se passaient relativement bien : il n'y avait eu aucun refus d'accès et la destruction d'un grand nombre de missiles était en cours.

Aux yeux du gouvernement américain, il est certain que la perspective d'un programme de travail prévu pour durer encore quatre mois paraissait totalement inacceptable. Les États-Unis avaient conclu – à tort, et non sans quelques discrets désaccords internes – que l'Irak possédait bel et bien des armes chimiques et biologiques, et pouvait même les produire dans des unités mobiles ; que, afin de pouvoir les disséminer, il fabriquait des véhicules aériens sans pilote de longue portée ; et qu'il avait relancé son ancien programme nucléaire. De leur point de vue, il était pratiquement sûr que les articles « inexpliqués », comme disaient les inspecteurs – ceux dont la destruction n'était pas prouvée –, existaient encore. Conclusion logique : l'Irak avait certainement menti par falsification ou omission dans la déclaration qu'il avait remise en décembre 2002, commettant ainsi une nouvelle violation caractérisée de ses obligations, ce qui justifiait l'intervention armée. Même si les inspecteurs avaient pu accéder librement partout, l'Irak, du point de vue des États-Unis, n'avait pas coopéré comme il y était tenu pour les entretiens avec les savants, le survol des avions U2, l'adoption de lois prohibant la production des armes interdites. Autant d'« infractions matérielles ». Enfin, c'était à prévoir, il n'avait pas saisi la dernière chance que lui offrait la résolution 1441 : il essayait de tricher et de ne faire que le minimum nécessaire – croyait-il – pour se tirer d'affaire.

Il était temps de passer aux actes, c'est-à-dire à l'intervention militaire. Pour les États-Unis, aucune autorisation spécifique du Conseil de sécurité n'était nécessaire : telle était leur position officielle. En même temps, ils sentaient bien l'avantage d'obtenir la bénédiction de l'ONU, et savaient que l'aval du Conseil de sécurité revêtait une grande importance politique pour leur principal allié, la Grande-Bretagne.

Quel casus belli ? « Preuve flagrante » ou absence de « décision stratégique » ?

Si Colin Powell, Paul Wolfowitz et David Kay soutenaient, chacun à sa manière, qu'une « preuve flagrante » était tout à fait superflue, il est évident que l'administration américaine aurait été ravie d'en trouver une, pour en faire la pièce à conviction n° 1 justifiant la guerre. Dans les jours qui suivirent la réunion du Conseil, elle fit savoir aux médias combien elle déplorait que la COCOVINU n'ait brandi ni le drone ni la bombe à sous-munitions pour prouver que l'Irak violait ses obligations. Elle avait probablement deux objectifs : faire de la publicité pour ces prétendues « preuves flagrantes » et discréditer les inspecteurs, qui n'avaient pas tiré la sonnette d'alarme.

L'offensive médiatique du week-end menée par le gouvernement américain au début de mars eut l'écho attendu et souhaité, du moins dans les médias conservateurs. J'appris que j'avais été vilipendé, cloué au pilori, présenté comme un imbécile, et je compris que je m'épargnais de grosses montées d'adrénaline en ne regardant pratiquement jamais la télévision et en limitant mes lectures à quelques journaux d'excellente tenue. Certains messages, haineux ou amusants, percèrent malgré tout ma bulle. Un internaute me conseilla par e-mail de me rendre chez l'opticien si je n'arrivais pas à voir la « preuve flagrante ». Je le remerciai de sa sollicitude en précisant que je voulais des verres non teintés. Commentaire qui me valut un nouvel e-mail applaudissant ma décision de me défaire de mes verres actuels, manifestement « teintés en rose ». Je n'ai pas encore informé mon correspondant que mon opticien imaginaire m'a finalement recommandé des verres grossissants. Et que j'ai l'intention d'en offrir aussi au Pentagone.

Selon un autre e-mail, je n'étais pas un chien de garde, mais un caniche français. Un tabloïde titra : « *Blix tricks irk US* » (Les ruses de Blix exaspèrent les États-Unis). Là, je ne pus m'empêcher d'admirer. J'aurais bien payé un verre à l'auteur de cette trouvaille.

Globalement, ce harcèlement ne changeait rien pour moi. Nous ne cherchions pas à nous positionner entre les Américano-Britanniques et l'Irak, ou d'autres gouvernements. Nous n'avions pas été nommés médiateurs, mais inspecteurs. Si le régime de Saddam Hussein était l'un des plus brutaux que le monde ait jamais connus et avait longtemps représenté un danger pour la région, cela ne nous autorisait pas à distordre nos observations ou à perdre tout esprit critique. Je savais que nos inspections et nos rapports étaient professionnels, honnêtes, sans intention préconçue de disculper ou d'inculper. Rien n'est parfait, et nous avons pu nous tromper sur certains points, mais je suis sûr que nous avions les pieds sur terre et que nous avons rapporté et interprété la réalité de façon raisonnablement correcte. J'ai dit un jour à la presse que nous n'étions peut-être pas les plus brillants cerveaux de la planète, mais qu'au moins nous n'étions dans la poche de personne.

Tout en affirmant qu'il n'était pas besoin de « preuves flagrantes », le gouvernement des États-Unis assurait que l'Irak n'avait pas pris l'indispensable « décision stratégique » de désarmer. Cette assertion était moins impressionnante et convaincante que ne l'aurait été une « preuve flagrante », mais plus difficile à contredire.

Avec le recul, et en sachant que les décisions stratégiques ont peut-être été prises, en fait, en 1991 (dans tous les domaines sauf les missiles), je ne peux m'empêcher de me demander *pourquoi* la partie irakienne n'a pas tenté de nous en convaincre en 2002 et 2003. Elle aurait pu prendre argument de la déclaration en ce sens faite en 1995 par le gendre de Saddam, Hussein Kamel, lorsque, faisant défection, il s'était réfugié en Jordanie. N'y avait-il vraiment eu aucun ordre écrit en 1991 ? S'il y en avait eu, pourquoi ne pas les avoir montrés ? Pourquoi la partie irakienne a-t-elle tant attendu pour communiquer à la COCOVINU des listes de personnes qui, selon elle, avaient pris part en 1991 à la destruction des articles et matériels prohibés ? Pourquoi ne pas nous avoir présenté ces personnes, pour entretien, en décembre 2002 ?

Les « tâches clés de désarmement en suspens » comme « critères d'évaluation »

Le principe consistant à fixer des « critères » auxquels l'Irak pourrait satisfaire pour convaincre le monde qu'il désarmait était dans l'air depuis un certain temps avant la réunion du Conseil de sécurité du 7 mars. Comme les « preuves flagrantes », c'était presque une antithèse du concept assez nébuleux de « décision stratégique ». Il s'agissait de fixer des buts concrets, bien définis, que l'Irak serait tenu d'atteindre. L'idée semble avoir inspiré au gouvernement américain des sentiments un peu contradictoires. D'un côté, elle risquait d'aider le régime irakien à traverser une période critique pour lui : il pourrait s'acquitter relativement bien des premières conditions pour mieux traîner les pieds et tricher plus tard. De l'autre, fixer à l'Irak des listes successives de

« critères » auxquels satisfaire pouvait être un moyen d'éliminer le point faible du concept de « décision stratégique », en indiquant concrètement ce qui constituerait une preuve acceptable de cette décision. Les États-Unis voyaient bien aussi, semble-t-il, que, si l'on donnait à l'Irak des objectifs difficiles et peu de temps pour les atteindre, son échec faciliterait le vote souhaité du Conseil de sécurité en faveur de l'usage de la force. La résultante fut un soutien assez tiède des États-Unis à la tentative britannique d'utiliser le concept de « critères d'évaluation » comme test accéléré de la volonté de coopération irakienne.

On pouvait soutenir que la résolution de 1999, en exigeant des progrès dans la réalisation de « tâches clés de désarmement en suspens », procédait aussi par objectifs successifs à satisfaire, même si c'était sur une durée de cent vingt jours ou davantage. Les « tâches clés » à retenir étaient assimilables à des « critères », et leur accomplissement serait une preuve de coopération. Russes, Français et Allemands avaient le sentiment que l'approche des « critères d'évaluation » existait déjà dans la résolution de 1999. Pourquoi en fixer de nouveaux – de nouvelles « tâches clés » –, alors que la COCOVINU allait très bientôt en proposer une liste dans son programme de travail ? Sachant que les « tâches clés en suspens » devaient être sélectionnées par la COCOVINU à partir de la liste de questions groupées qui était en cours de finalisation, ils lui demandèrent donc instamment d'accélérer la présentation de ce document et de son plan de travail, avec l'intention manifeste de promouvoir l'idée des « critères d'évaluation » en la liant à la procédure déjà prévue par la résolution de 1999. Ni les États-Unis ni la Grande-Bretagne ne firent objection à ce souhait germano-franco-russe de déclassification de la liste de questions groupées.

Ayant pu lire une première version de ce document, qui avait été remise aux commissaires de la COCOVINU, Colin Powell et Jack Straw s'en servirent amplement au cours de la réunion du Conseil de sécurité pour démontrer que l'Irak avait triché et dissimulé – donc, implicitement, que les inspections étaient inopérantes. Il n'y eut aucun signe avant-coureur de la déception qu'exprimeraient ensuite les États-Unis au motif que la liste ne mettait en valeur aucune « preuve flagrante ». Pas plus que ne furent repris les commentaires acerbes de John Wolf qui, au sein du Collège des commissaires, en avait jugé le texte d'un intérêt limité, l'important étant selon lui de conclure qu'aucune « décision stratégique » n'avait été prise.

Dominique de Villepin, qui, à la différence de ses homologues américain et britannique, n'avait probablement pas vu la version du document distribuée aux commissaires, pressa les inspecteurs de présenter le plus vite possible le programme de travail et la liste des « tâches clés de désarmement en suspens ». Comme les Russes et les Allemands, il sentait combien il était urgent que le Conseil de sécurité prenne en main ces tâches. Le 27 mars, c'était trop loin. Il se déclara prêt à demander aux inspecteurs de soumettre toutes les trois semaines des rapports sur les progrès accomplis dans la réalisation des dernières tâches, et au Conseil de sécurité d'évaluer la mise en œuvre par l'Irak du programme de travail sans attendre les cent vingt jours prescrits par la résolution de 1999.

Un discours de Saddam Hussein pour annoncer la « décision stratégique »

Dans son intervention au Conseil de sécurité le 7 mars, Jack Straw avait dit clairement qu'on ne pouvait s'attendre à voir l'Irak désarmer dans le laps de temps limité que lui laissait le projet de résolution pour se conformer à ses obligations, c'est-à-dire avant le 17 mars. Il n'avait pas suggéré qu'il suffirait que Saddam Hussein annonce la « décision stratégique », mais dans la soirée, au cours des consultations informelles du Conseil de sécurité qui suivirent la séance publique, Sir Jeremy Greenstock déclara qu'il restait assez de temps pour que l'Irak, par ses *paroles* et par ses actes, persuade tout le monde qu'il avait pris la « décision stratégique » de désarmer volontairement. Ce que Sir Jeremy avait en tête dès ce soir-là, c'était probablement un discours de Saddam Hussein et une liste de mesures (de « critères d'évaluation ») plus courte que celle des « tâches clés en suspens » que la COCOVINU était sur le point d'établir.

Le lendemain de la réunion du Conseil, je vis Amr Moussa, secrétaire général de la Ligue arabe et ancien ministre des Affaires étrangères d'Égypte. Nous étions de vieux amis. J'avais fait sa connaissance lorsque nous étions tous deux délégués à la commission juridique de l'Assemblée générale, des années plus tôt. Et voici qu'il préparait la visite à Bagdad d'une délégation sous l'égide de la Ligue arabe, pour rencontrer Saddam Hussein. Je lui laissai entendre que, même si l'impact d'une déclaration de Saddam sur le thème de la « décision stratégique » était incertain à ce stade, cela semblait pratiquement la seule voie encore ouverte : plus tôt on l'essaierait, mieux ce serait. Je lui dressai une petite liste des points qui, à mon avis, pourraient figurer dans un discours télévisé de Saddam. Par exemple :

- il voulait donner au monde la certitude absolue qu'on ne pouvait pas justifier une attaque contre l'Irak par la crainte qu'il ne possède des armes de destruction massive ;
- les inspecteurs de l'ONU avaient vérifié la destruction d'un grand nombre de ces armes dans le passé, mais, puisqu'il restait des doutes, il cédait à la commission d'inspection de l'ONU la propriété *de toute arme prohibée ou de tout autre article ou activité interdits qui pourraient encore exister* ;
- toutes les instances irakiennes (autorités civiles et militaires, savants, ingénieurs et autres) étaient invitées à donner à la commission d'inspection de l'ONU, complètement et exactement, l'ensemble des informations en leur possession. Les citoyens irakiens devaient dire la vérité aux inspecteurs de l'ONU, qu'on les interroge en Irak ou qu'on leur demande de se rendre à l'étranger.

J'expliquai à Amr Moussa que ce type de déclaration risquait de ne pas suffire à écarter l'imminente menace d'une attaque. Le bruit avait couru, l'année précédente, que Saddam avait envisagé de se retirer. Il pourrait annoncer qu'il estimait le moment venu de le faire, et dire qui prenait le relais. J'ajoutai qu'il pourrait nous inviter, El-Baradei et moi, à venir le rencontrer pour recevoir des assurances sur ces bases. Enfin, suggérai-je, il serait peut-être utile de faire comprendre à Saddam que si, malgré tout, il y avait affrontement armé, l'Irak devait s'abstenir de prendre des otages et de recourir à des armes chimiques ou biologiques. Sinon, ceux qui dans le monde entier s'opposaient en ce moment à l'intervention militaire concluraient qu'elle s'était révélée justifiée.

La mission de la Ligue arabe fut finalement annulée. Saddam n'eut jamais l'occasion d'écouter Amr Moussa et, par son intermédiaire, les idées que j'avais suggérées pour ce discours – l'un des plus singuliers que j'aie jamais conçus.

Les Britanniques en manœuvre au bord de l'abîme

Dans les consultations du Conseil de sécurité, la Grande-Bretagne se montra d'abord un peu réservée sur l'utilité d'une « liste de tâches définies » – de « critères d'évaluation ». À en croire mes notes personnelles, Sir Jeremy Greenstock déclara que, si l'Irak prenait une décision stratégique, « cela crèverait les yeux ». Il voulait dire, je suppose, qu'il n'était vraiment pas nécessaire de préciser ce que l'on tiendrait pour preuve d'une telle décision. Mais les Britanniques savaient bien que d'autres ne jugeaient pas la précision superflue. Puisqu'ils tenaient absolument à gagner des voix au projet de résolution, ils firent donc un pas de plus et entreprirent d'élaborer un texte qui définirait les preuves acceptables d'une « décision stratégique ». Jouant en solo, Sir Jeremy s'efforça de persuader les autres membres de le suivre. Si les délégués des États-Unis ne firent rien pour le gêner, on pouvait sentir qu'ils avaient instruction de tolérer la tentative britannique pendant quelques jours, mais pas plus. Peut-être le gouvernement américain était-il même vaguement inquiet que Sir Jeremy ne parvienne à réunir une majorité sur sa résolution « avec critères », et les Irakiens à s'y conformer ? Ce fut un moment intéressant, marqué par une divergence potentielle entre les alliés anglo-saxons.

Le texte qui en sortit recherchait deux types de preuves de la décision stratégique. Premièrement, Saddam Hussein devait l'annoncer dans un discours télévisé. Le projet, fort obligeamment, spécifiait plusieurs points à y faire figurer. Deuxièmement, il fallait que, avant le 17 mars, l'Irak satisfasse à cinq « critères », à titre de preuves nécessaires de la réalité et de la sincérité de sa décision.

Les points que Saddam Hussein devait inclure dans son discours ne différaient pas énormément de ceux dont j'avais discuté avec Amr Moussa. Mais j'avais envisagé un conseil donné oralement, confidentiellement, par l'intermédiaire d'un haut dirigeant arabe. Le projet britannique, lui, contiendrait des instructions publiques à Saddam sur ce qu'il devait dire. Il le forcerait aussi à confesser explicitement que l'Irak avait autrefois cherché à dissimuler ses armes de destruction massive. Exiger de lui qu'il s'humilie, pensais-je, était un moyen sûr d'amener l'empereur de Mésopotamie à rejeter l'idée de la déclaration. Peut-être était-ce le but ? Le représentant syrien fut le seul au Conseil de sécurité à intervenir sur le contenu. Il dit que cette résolution serait perçue comme une humiliation pour le peuple irakien, et pas seulement pour Saddam. D'autres représentants s'interrogèrent sur l'intérêt de réclamer une déclaration à quelqu'un que l'on tenait pour un menteur invétéré.

Conversation avec Tony Blair sur les objectifs précis que l'Irak devrait atteindre

Le 10 mars, à 8 heures du matin, un membre de la mission britannique m'appela au téléphone. S'excusant de me déranger à une heure si peu diplomatique, il me demanda si je pouvais me rendre au siège de sa mission dans une demi-heure pour une communication téléphonique avec son Premier ministre. Prenant conscience qu'il était une heure civilisée à Londres – 13 heures 30 –, j'avalai une tasse de thé, renonçai pour une fois à faire mon lit et fonçai vers la 47e Rue pour prendre l'appel sur la ligne sécurisée du bureau de Sir Jeremy.

Tony Blair me dit qu'il lui fallait cinq ou six points sur lesquels les Irakiens pourraient démontrer qu'ils se conformaient au programme de travail de la COCOVINU. Outre la déclaration de Saddam, les Britanniques avaient envisagé que l'Irak rende compte du bacille du charbon, de l'agent chimique VX, du gaz moutarde, des missiles SCUD et des véhicules aériens téléguidés ; et qu'il promette de coopérer sincèrement avec la COCOVINU lorsqu'elle voulait emmener des savants (et leurs familles) hors d'Irak pour les interroger. Si l'on ne pouvait pas prolonger les choses jusqu'en avril-mai, il serait peut-être possible de dépasser de quelques jours le 17 mars. J'eus le sentiment qu'il avait du mal à persuader les États-Unis de le suivre. Les Américains, me dit-il, doutaient fort d'avoir la sympathie de la COCOVINU. Je ne fis aucun commentaire.

Avec le recul, je pense que les dirigeants américains avaient adopté ce point de vue depuis que la COCOVINU n'avait pas traité le drone et la bombe à sous-munitions en « preuves flagrantes ». Ils avaient fait beaucoup de bruit là-dessus. Que nous ayons interprété différemment la nature de ces matériels, cela ne me gêne pas ; mais s'ils ont cru notre jugement motivé par le désir de ne pas trouver de « preuves flagrantes » de culpabilité, je le vis encore comme un affront. Je dis à Tony Blair qu'aucun des points qu'il avait mentionnés ne serait omis dans notre liste des problèmes de désarmement non résolus ; mais je ne pouvais certifier qu'ils figureraient tous parmi les questions clés que nous allions sélectionner.

La liste de « critères d'évaluation » finalement retenue par les Britanniques comprit les points qu'avait évoqués Tony Blair, à ceci près qu'au lieu du gaz moutarde l'Irak aurait à rendre compte des unités mobiles de production d'agents chimiques et biologiques et à les livrer. Des unités que nous cherchions vainement depuis longtemps – mais les services de renseignement occidentaux étaient alors absolument convaincus qu'elles existaient.

Les autres membres du Conseil de sécurité

Français, Allemands et Russes ne voyaient pas la nécessité de fixer un nouveau jeu de « critères », puisque la COCOVINU allait présenter quelques jours plus tard une liste de tâches clés, sélectionnées après plusieurs mois d'analyse approfondie. Mais chacun comprenait que, dans une situation où l'on souhaitait avoir vite la preuve qu'un client peu fiable était décidé à s'acquitter de toutes ses obligations, la méthode des « critères » permettait une sorte de « paiement fractionné », dont les traites seraient réglées l'une après l'autre à intervalles convenables, la première étant due, peut-être, dix jours seulement après l'adoption de la résolution. Peu à peu, la confiance en la réalité de la « décision stratégique » annoncée pourrait grandir.

L'ambassadeur de France me dit que son pays pouvait accepter, pour la réalisation des « tâches clés en suspens », un délai plus court que les cent vingt jours prévus par la résolution 1284. Il parlait encore de la liste complète que nous allions présenter, et non d'un petit nombre de « critères » plus rapides à satisfaire. Combien de temps fallait-il à la COCOVINU pour sa liste ? me demanda-t-il. Je répondis que nous allions peut-être sélectionner dix-sept problèmes clés, et que leur résolution dépendait surtout de la partie irakienne. Même si la coopération était excellente, cela prendrait des mois. Peut-être pourrait-on fixer la limite au 1er juin. Nous devions, de toute manière, soumettre un rapport trimestriel à cette date.

Mais ce qui posait surtout problème aux Français, ce n'était pas la longueur ou la brièveté de la liste, ni même le temps imparti, mais la position américaine sur la suite. Les États-Unis estimaient inutile que le Conseil évalue collectivement si une liste de questions avait été réglée ou si des « critères d'évaluation » avaient été satisfaits. Ils soutenaient qu'ils étaient libres d'en juger seuls, et d'en tirer leurs propres conclusions. La France leur contestait ce droit, tout comme beaucoup d'autres pays : ces gouvernements considéraient que c'était au Conseil de sécurité d'autoriser la guerre – pas à un État à titre individuel. J'affirmai que je comprenais bien cette position : j'estimais aussi qu'il y avait un risque de voir les États-Unis, le 17 mars, décider seuls que l'Irak avait laissé passer sa dernière chance, et lancer l'intervention armée. Néanmoins, ajoutai-je, il était également possible que, si à cette date l'Irak avait fait une déclaration et satisfait clairement à trois des cinq « critères », une nouvelle dynamique s'enclenche qui nous éloignerait du recours à la force.

Achever la destruction des missiles avant le 17 mars, c'était faisable. Envoyer trente savants et leurs familles à Larnaka pour des entretiens, ce n'était peut-être pas facile à organiser concrètement, mais c'était faisable aussi. Et donner une information complète sur les drones devait être possible. J'étais plus pessimiste pour le bacille du charbon, l'agent VX et le gaz moutarde, dont l'Irak devait soit prouver la destruction, soit livrer les stocks. Nous avions fait de gros efforts pour élucider ces problèmes, et je n'étais pas certain qu'il ne restait rien, ni, si tel était le cas, que l'Irak pourrait le prouver.

Malgré tout, le risque ne valait-il pas la peine d'être pris ? Rien n'imposait de concéder aux Américano-Britanniques le droit d'évaluer tout seuls les résultats et de partir en guerre sans l'autorisation expresse du Conseil de sécurité. Ce point pouvait rester aussi controversé que lorsqu'on avait adopté la résolution 1441. Mais j'eus le sentiment que les Français – et plusieurs autres membres du Conseil, d'ailleurs – craignaient un scénario précis : ils acceptaient la résolution, l'Irak s'acquittait relativement bien d'une première fournée d'objectifs, mais les États-Unis entraient en guerre tout de même. Dans ce cas de figure, tous ceux qui auraient voté la résolution passeraient pour avoir autorisé la guerre.

Les Français avaient l'impression que le gouvernement américain avait déjà décidé la guerre en janvier, et ils ne voulaient pas lui donner leur bénédiction. Mon point de vue était un peu différent. Je ne doutais pas que la décision de faire la guerre ait été prise, sauf intervention, à une certaine date, d'éléments nouveaux importants – annonce de la légendaire « décision stratégique », « critères d'évaluation » satisfaits. Dans ce cas, la décision pouvait être modifiée, différée ou suspendue, et les préparatifs de guerre ralentis ou arrêtés.

Au sein du Conseil de sécurité, le Chili et cinq autres membres non permanents, sentant que le temps pressait, mais tous persuadés qu'exiger la réalisation de tâches avant le 17 mars n'était pas une proposition sérieuse, cherchaient un compromis. Pendant un bref laps de temps, ils consultèrent les membres sur un projet de résolution qui aurait fixé une liste de « critères » semblable à celle du texte britannique, mais en remplaçant le discours télévisé de Saddam Hussein par une lettre de la direction irakienne, moins humiliante, et en fixant le délai de réalisation à trois semaines ou à trente jours (les deux chiffres apparaissaient dans le document, rédigé à la hâte). Ce texte était manifestement plus « réaliste » que le britannique – mais il laissait à l'Irak plus de temps que ne le toléraient les États-Unis. Il y avait un autre point crucial : comme me l'avait expliqué au téléphone le président chilien Ricardo Lagos pendant que je me trouvais avec son ambassadeur, le très compétent Juan Gabriel Valdes, et comme le soulignait clairement le projet préparé par le Chili, ces six membres élus du Conseil de sécurité estimaient que c'était à lui de déterminer collectivement si l'Irak avait satisfait aux « critères », et de décider des mesures à prendre ensuite. Ils ne voulaient pas laisser le Conseil abdiquer cette prérogative. Les États-Unis, eux, n'entendaient pas renoncer à la thèse du droit à agir seuls.

La fin

Au cours des consultations informelles du Conseil le jeudi 13 mars, Sir Jeremy s'efforça désespérément de gagner des partisans au texte britannique « avec critères ». S'il obtenait de la « traction » sur ce projet, il pourrait faire preuve de souplesse sur un certain nombre de points, voire retirer l'élément impératif du projet de résolution, le paragraphe 3, ou même, en fait, abandonner le projet lui-même, qui avait un air d'ultimatum. Bien que ce retrait ait été présenté comme une concession radicale, le sens politique de la liste de « critères » isolée aurait probablement été aussi perçu comme un ultimatum. On aurait compris que, si la déclaration n'était pas faite et/ou les « critères » pas satisfaits, il y aurait des conséquences graves.

Le vendredi 14 mars, tous les efforts pour parvenir à un accord au Conseil de sécurité avaient échoué. Le projet préparé par le Chili et cinq autres membres élus fut retiré, les ambassadeurs de l'Union européenne se rencontrèrent sans rapprocher leurs positions, et une réunion des cinq membres permanents fut annulée. Il n'y avait aucune « traction », sauf sous les chars au Koweit.

On nous fit savoir que les propriétaires des hélicoptères que nous avions affrétés et utilisions en Irak avaient décidé de retirer leurs appareils. Ils ne voulaient pas les voir bloqués à Bagdad, comme les hélicoptères chiliens en 1998. Nous avions mis en place un système d'alarme pour permettre à notre personnel de quitter le pays très rapidement, et des plans de repli étaient tout prêts. Mais nous craignions, naturellement, que l'Irak ne tente de prendre des otages parmi nos inspecteurs, ou que ceux-ci ne se retrouvent bloqués en territoire irakien pendant les hostilités. Nous avions amplement pourvu notre siège central à Bagdad de réserves d'eau potable, de produits alimentaires et d'autres articles de première nécessité. Dans une discussion que j'eus avec Kofi Annan, il me dit que, s'il fallait donner le signal d'un retrait d'Irak, il le donnerait pour l'ensemble des personnels de l'ONU, inspecteurs compris.

Le programme de travail a survécu au retrait des inspecteurs

Puisque nous savions que les États-Unis ne voulaient même pas donner cinq jours à l'Irak pour accomplir une courte liste de cinq tâches, il y avait quelque chose de surréaliste à finaliser le programme de travail de la COCOVINU, c'est-à-dire à déterminer des tâches clés à résoudre, espérait-on, dans les quatre prochains *mois*. Néanmoins, nous le fîmes, comme la résolution de 1999 nous le prescrivait. Après avoir pris l'avis de nos commissaires sur les tâches qu'ils jugeaient hautement prioritaires, nous rédigeâmes un programme et nous le finalisâmes le lundi 17 mars.

Les Américains, je suppose, jugeaient stérile cette fiévreuse activité inscrite dans le cadre de la résolution et d'une procédure à leurs yeux obsolète. Mais ce n'était pas l'avis des Allemands, des Français ni des Russes. Dans une déclaration du samedi 15 mars, ils demandèrent que la COCOVINU présente son programme de travail le mardi 18 mars et que le Conseil de sécurité se réunisse au niveau ministériel pour l'approuver. Il fallait, disaient-ils, hiérarchiser les tâches clés, et l'Irak devait coopérer à leur réalisation. Réaffirmant leur point de vue, ils estimaient que rien ne justifiait l'abandon du processus d'inspection et qu'on ne devait recourir à la force qu'en dernier ressort.

Même le lundi 17 mars, après que les États-Unis nous eurent demandé de retirer les inspecteurs, des membres du Conseil de sécurité réclamèrent que le programme de travail soit présenté à l'approbation du Conseil, que celui-ci fixe des délais aux inspecteurs et décide de se réunir pour évaluer les résultats. Quand je présentai le programme, le mercredi 19 mars, la situation était totalement surréaliste : nos inspecteurs avaient quitté Bagdad la veille. Si de nombreux pays voulaient ce programme sur la table, c'était sans nul doute parce qu'ils tenaient à bien montrer au monde que les inspections se déroulaient normalement, suivant le processus fixé par le Conseil lui-même, et que leur interruption ne résultait pas d'un échec de la démarche. Elle était due à une intervention armée injustifiée des États-Unis et de la Grande-Bretagne.

Blix et El-Baradei invités à Bagdad

Les initiatives de dernière minute sont naturelles dans les situations de crise. L'une d'elles fut l'effort des Britanniques autour de l'idée des « critères » pour tenter de jeter un pont entre l'impatience des Américains, désireux de voir vite les effets tangibles d'une « décision stratégique », et l'allure mesurée du programme de travail. D'autres, qui n'ont pas été révélées publiquement à l'époque, sont venues d'influentes personnalités du régime de Bagdad qui ont vainement cherché à établir des contacts directs de haut niveau aux États-Unis afin de proposer des mesures propres à prévenir l'invasion.

Parmi ces ultimes initiatives, il y eut une lettre adressée au Dr El-Baradei et à moi par notre homologue irakien, le Dr Al-Sa'adi. Arrivée le samedi 15 mars, elle nous proposait de venir le plus vite possible à Bagdad pour essayer d'accélérer le processus d'inspection et prendre acte des progrès réalisés. Je contactai immédiatement Mohamed, qui avait plutôt envie que nous y allions. Mais ce que suggérait Al-Sa'adi était très en deçà des idées défendues devant le Conseil de sécurité – une déclaration télévisée où Saddam reconnaîtrait avoir triché dans le passé et annoncerait sa « décision stratégique » de satisfaire à une série de « critères » qui apporteraient la preuve du sérieux des Irakiens. Mohamed et moi en étions déjà tombés d'accord : toute visite à Saddam devrait être précédée d'une déclaration de sa part. Nous pourrions alors venir discuter de la mise en œuvre. Le grand empereur de Mésopotamie n'allait pas s'abaisser à négocier avec de simples créatures comme nous, et nous ne pouvions nous permettre, surtout en cette heure critique, d'aller là-bas pour écouter des platitudes. Le mieux que nous étions en droit d'attendre d'un contact direct, c'était la possibilité de porter jusqu'à lui un peu de cette réalité que son entourage n'osait peut-être pas lui dire.

On venait d'annoncer que Bush, Blair et le Premier ministre espagnol Aznar allaient se rencontrer aux Açores le lendemain. Estimant que leurs conseillers devaient savoir que nous étions invités à rencontrer Saddam, j'en informai non seulement Kofi Annan, mais aussi les représentants permanents britannique et américain auprès des Nations unies. Sir Jeremy rappela vite. Le Foreign Office nous recommandait la prudence. Il ne fallait pas donner à Saddam trop de marge pour jouer au plus fin. Il fallait fixer haut la barre pour ce voyage : non seulement une déclaration, mais aussi quelques « acomptes » – Londres pensait aux « critères ».

John Negroponte dit que les États-Unis nous déconseillaient d'y aller. Aucune des deux capitales ne fut catégorique.

Nous n'avions jamais sollicité l'autorisation préalable du Conseil de sécurité pour nous rendre en Irak, et n'avions aucune intention de le faire. Mais nous n'agissions pas dans un vide politique. Il nous était difficile d'accepter l'invitation avant de savoir ce qui allait sortir de la réunion des Açores. Kofi Annan nous conseilla, au lieu d'exiger des Irakiens une déclaration préalable, de prier Al-Sa'adi de préciser plus clairement ce qu'il estimait réalisable : nous en informerions alors le président du Conseil de sécurité. La réunion des Açores montra que l'initiative arrivait trop tard.

On peut en dire autant du discours que, de son propre chef, Saddam Hussein prononça soudain, le jour même de la réunion des Açores, sur la chaîne de télévision de son fils. Peut-être s'agissait-il d'une sorte de réponse à la demande qui lui était faite d'annoncer une « décision stratégique ». Saddam déclara que l'Irak avait possédé des armes de destruction massive dans le passé, mais qu'il n'en avait plus aucune. Il ne fit aucune mention de « critères » auxquels il accepterait de satisfaire.

Le sommet des Açores, dimanche 16 mars

La rencontre des Açores fut un geste assez curieux, visant peut-être à démontrer l'unité des trois coparrains du projet de résolution qui était toujours devant le Conseil de sécurité. Quand, le samedi, je m'étais entretenu avec Sir Jeremy, il avait conjecturé que le sommet porterait sur la paix davantage que sur la guerre. Mais la déclaration qui en sortit, bien que nébuleuse, me parut plus belliqueuse que pacifique. Elle disait que Saddam défiait les résolutions de l'ONU depuis douze ans. Le responsable, c'était lui. Si le conflit avait lieu, les États-Unis et leurs alliés veilleraient à maintenir l'intégrité territoriale de l'Irak. Toute « présence militaire » serait temporaire.

J'ai écouté ces propos, retransmis en direct depuis les Açores, dans les studios de la chaîne ABC à Manhattan, où j'attendais d'être interviewé par la télévision suédoise. Assis devant la caméra, recevant les questions de Stockholm par des oreillettes, j'ai dit qu'il me semblait y avoir une différence de ton entre Bush et Blair. Bush avait parlé du dictateur, de la cruauté du régime, du brillant avenir que connaîtrait l'Irak si Saddam était chassé. Blair avait évoqué le dernier *mile* à faire pour la paix et la nécessité pour l'ONU d'arrêter un agent de la prolifération. Peut-être espérait-il encore un peu que Saddam allait « craquer » – confesser ses péchés et promettre de s'amender – s'il se trouvait confronté à une résolution unanime du Conseil.

Aux yeux de la France et d'autres, le problème central que posait la procédure en cours était clair : une fois la résolution adoptée par le Conseil, les États-Unis et la Grande-Bretagne ne se sentiraient aucune obligation de revenir devant lui pour une appréciation collective du comportement de l'Irak et une décision commune sur la poursuite de l'action, mais s'estimeraient libres d'entrer en guerre unilatéralement s'ils jugeaient la réaction irakienne insuffisante. Dans l'analyse de Tony Blair, il était impossible d'adopter une résolution ne prévoyant que de nouvelles discussions. Dans celle du président Jacques Chirac, l'Irak ne représentait pas une menace immédiate qui justifierait une guerre immédiate. La France ne voterait pas la résolution parce qu'elle n'acceptait pas la thèse selon laquelle les États-Unis et la Grande-Bretagne étaient libres de décider le recours à la force. Comme elle avait clairement signifié qu'en cas de vote elle se prononcerait contre la résolution, elle devint la cible de la colère américaine et britannique. En réalité, les sentiments des Français étaient probablement partagés non seulement par l'Allemagne, la Russie et la Chine, mais aussi par la majorité des membres du Conseil de sécurité.

Que Bush et Blair aient ou non nourri des espoirs différents aux Açores, la déclaration issue de leur rencontre d'une heure fut peut-être, à ce stade, un ultimatum davantage adressé aux membres du Conseil de sécurité qu'à Saddam : soutien à la résolution ou marginalisation.

La partie était terminée. Je recevrais l'ultime éclaircissement après avoir regagné mon bureau en ce dimanche après-midi. J'étais assis autour de la table avec mes principaux collaborateurs lorsque John Wolf m'appela de Washington : le moment était venu de retirer nos inspecteurs d'Irak.

La télévision suédoise venait de me demander si je n'avais pas le mal du pays. J'avais répondu que je venais d'avoir des nouvelles de chez moi : les perce-neige étaient sortis. Bien sûr que j'avais le mal du pays...

12

Après la guerre : les armes de disparition massive

L'intervention armée en Irak fut rapide et bien menée : victoire et occupation en moins d'un mois. L'un des régimes les plus sanguinaires que le monde ait jamais connus fut éliminé. Saddam Hussein resta plusieurs mois insaisissable, mais l'une de ses statues fut abattue au début d'avril sous les yeux d'Irakiens soulagés et devant les caméras de télévision de toute la planète. Ce que le monde s'attendait à voir ensuite, c'était ses armes de destruction massive.

On avait été stupéfait que les forces irakiennes aient opposé si peu de résistance. Agréablement surpris, aussi, qu'elles n'aient fait usage d'aucune arme chimique ou biologique. Elles s'en étaient amplement servies contre l'Iran dans les années 1980 et contre leurs propres concitoyens kurdes à Halabja ; mais, mises en garde très fermement par les Américains, elles n'y avaient pas eu recours pendant la guerre du Golfe. On avait craint que cette fois elles ne les utilisent, quand elles se sentiraient le dos au mur.

Le haut commandement américain était apparemment convaincu que l'Irak possédait de vastes réserves d'armes non conventionnelles. Il avait fait distribuer des combinaisons de protection à ses soldats, qui les ont souvent revêtues pendant la première phase de l'offensive. Prudence bien compréhensible. Mais on peut tout de même s'étonner du budget prévisionnel alloué à l'élimination des armes de destruction massive à découvrir : il s'élevait, semble-t-il, à plusieurs centaines de millions de dollars. Des années de budget de la COCOVINU !

Les inspecteurs de la COCOVINU et, avant eux, ceux de l'UNSCOM fouillaient l'Irak de fond en comble depuis plus de dix ans sans trouver trace d'armes chimiques. Cela n'avait-il donc fait aucune impression ? Le département d'État, le département de la Défense et la CIA avaient sûrement lu leurs rapports !

Quand le président Bush et le secrétaire d'État Powell, peu avant la guerre, avaient parlé du « moment de vérité », ils voulaient probablement dire que l'occupation de l'Irak allait apporter des preuves tangibles de la présence d'armes de destruction massive et de la brutalité du régime. Sur le second point, leur prédiction s'est révélée juste : on a découvert des fosses communes, des détenus sont sortis d'horribles prisons et ont raconté leur histoire.

Mais l'existence d'armes prohibées, qu'ils avaient garantie au monde sur un tel ton de certitude et invoquée comme grande justification de la guerre, ne fut pas confirmée. On ne put en trouver nulle part.

Peut-être avaient-elles été transférées en Syrie, dirent certains. Mais ils ne produisirent aucune preuve à l'appui de leur hypothèse, et l'on se demande vraiment si le gouvernement syrien, soumis à très rude pression de la part des États-Unis, aurait accepté ce genre de cadeau empoisonné. De plus, le transport n'aurait-il pas été repéré par les satellites ou les autres dispositifs de surveillance ? Une deuxième explication fut avancée : le régime avait peut-être détruit ses armes peu avant l'arrivée des troupes américaines. Pas la moindre preuve, là encore, et l'on voit mal comment la chose aurait été possible avec les inspecteurs qui circulaient partout et une telle surveillance depuis le ciel. Enfin, on conjectura, toujours sans preuves, que les armes avaient pu être emportées par des pillards, ou enfouies.

Curieusement, personne ne semblait vouloir envisager que les armes chimiques et biologiques disparues avaient peut-être été détruites en 1991, comme la partie irakienne n'avait cessé de le dire et les inspecteurs de l'ONU d'en chercher confirmation. Paraissait-il trop absurde que des armes traquées depuis plus de dix ans et qui venaient de provoquer une guerre aient pu ne pas exister pendant tout ce temps ?

Le Dr Amir Al-Sa'adi, mon interlocuteur irakien en 2002 et 2003, fut le premier haut responsable à se rendre aux forces alliées quand il sut qu'il était au nombre des dirigeants recherchés. Au moment où il le fit, il déclara à la télévision d'Allemagne (que son épouse allemande s'était chargée de prévenir) : « Il n'y a pas d'armes de destruction massive et le temps me donnera raison. » Il ne précisa pas quand elles avaient été détruites mais dans ses discussions avec moi comme avec mes collègues, il avait toujours soutenu que c'était pendant l'été 1991, sur ordre de Hussein Kamel, le gendre de Saddam. C'est d'ailleurs ce que Kamel avait lui-même déclaré en 1995 à Rolf Ekeus, qui dirigeait alors la première commission d'inspection, l'UNSCOM. C'est aussi ce qu'ont affirmé plusieurs savants et officiers irakiens depuis le début de l'occupation.

Qu'une destruction considérable d'armes chimiques et biologiques avait bien eu lieu au cours de l'été 1991, tant l'UNSCOM que la COCOVINU l'avaient vérifié, bien plus tard. Mais il y avait un problème, que le Dr Al-Sa'adi reconnaissait volontiers : la partie irakienne n'avait aucune preuve écrite sérieuse des quantités qu'elle avait éliminées. Elle affirmait avoir détruit simultanément tous les documents et toutes les armes chimiques et biologiques. Peut-être était-ce vrai, mais il était possible aussi – et c'est ce qui nous inquiétait – que les documents aient été dissimulés et certaines armes mises en réserve. De grosses quantités d'armes chimiques avaient été découvertes par l'UNSCOM après l'été 1991, et elles avaient été détruites sous notre supervision. Mais elles n'étaient pas cachées : elles se trouvaient dans des sites qui avaient été déclarés par la partie irakienne.

Pour autant que je sache, ni l'UNSCOM ni la COCOVINU n'ont jamais découvert d'armes sur des sites non déclarés. Si cela ne suffit évidemment pas pour conclure qu'il n'y en avait pas, disons du moins que les affirmations des Irakiens ne sont pas contredites par les éléments dont nous disposons. La partie irakienne s'est souvent efforcée de cacher que certains sites et équipements avaient servi à produire ou à entreposer des armes prohibées, ou étaient destinés à des activités interdites, mais c'est une autre question. Elle cherchait peut-être ainsi à sauver des bâtiments précieux pouvant être utilisés à d'autres fins – ou encore à conserver une infrastructure qui faciliterait plus tard une relance de ses programmes d'armements. Quoi qu'il en soit, ces bâtiments ont été condamnés et détruits.

En ce début de janvier 2004 où je finis d'écrire ce livre, la recherche des armes en Irak a repris depuis plus d'un an, menée par la COCOVINU avant l'occupation, puis par des équipes américaines, dont la principale est le Groupe d'inspection en Irak (ISG). Tant la première que les secondes ont découvert des activités d'ordre balistique, dont la production de missiles d'une portée interdite, en violation des restrictions imposées par l'ONU. Il paraît tout à fait improbable que des stocks importants d'autres armes ou articles prohibés aient pu leur échapper s'ils existaient. Étant donné la situation socio-économique désastreuse des savants, militaires et experts irakiens, les récompenses promises à ceux qui aideraient à trouver ces stocks auraient ouvert des pistes et donné des résultats.

Ces récompenses auraient aussi stimulé les révélations sur d'éventuels programmes mineurs de maintien des compétences dans le champ des armes chimiques et biologiques. Leur existence pouvait paraître plausible, ne serait-ce que pour assurer à l'Irak la possibilité de redémarrer rapidement lorsque les restrictions du Conseil de sécurité seraient levées. Si les inspections de la COCOVINU n'en ont trouvé aucune trace, le responsable du Groupe d'inspection en Irak, David Kay, a fait savoir, dans une déclaration sur son rapport intermédiaire du 2 octobre 2003, que son organisme avait découvert « des dizaines d'activités liées aux armes de destruction massive et d'importantes quantités d'équipements que l'Irak avait cachés aux Nations unies au cours des inspections qui ont commencé à la fin de 2002 ».

En l'absence de toute découverte d'armes prohibées, comment s'étonner que les gouvernements américain et britannique aient fait grand cas de ces allégations ? Toutefois, vu le nombre d'assertions de ce genre qui se sont désintégrées quand on les a regardées de plus près, cette déclaration sur le rapport du groupe Kay devra être confirmée par une présentation publique de preuves soumises à examen. On dit qu'auraient été trouvés des laboratoires, des produits chimiques et des matériels du type fermenteurs susceptibles d'un *double usage* – c'est-à-dire utilisables à la fois à des fins pacifiques légitimes et à des fins prohibées. Mais cela ne suffit pas à prouver qu'on les a *effectivement* utilisés à des fins interdites, ou qu'on avait l'intention de le faire. Reste à savoir, sur un plan juridique plus technique, si la résolution de novembre 2002 faisait obligation à l'Irak de les déclarer, dans la mesure où les autorités connaissaient leur existence.

Peut-être l'arrestation de Saddam Hussein à la mi-décembre 2003 permettra-t-elle d'obtenir des informations fiables sur le moment où les dernières armes prohibées ont été détruites et sur tout programme de faible envergure éventuellement maintenu ou lancé. Mais, aujourd'hui, nous le savons : si l'intervention militaire en Irak a réussi, l'élément principal du diagnostic qui l'a fondée, l'existence d'armes de destruction massive, s'est révélé faux. Comme si on avait opéré pour ôter une tumeur maligne et qu'on n'avait pas trouvé de tumeur. De plus, l'absence d'articles prohibés résultait très probablement du régime d'inspection, d'éradication et de surveillance imposé par l'ONU et soutenu par la pression militaire des États-Unis et de la Grande-Bretagne. Sans le savoir, les Nations unies et le monde avaient réussi à désarmer l'Irak. À « enfermer Saddam dans sa boîte », comme disait la terminologie américaine d'avant le 11 septembre 2001. « Je pense que nous devons considérer notre politique d'endiguement comme un succès. Nous l'avons enfermé dans sa boîte », déclarait alors, selon la presse, Colin Powell. Et, cinq jours avant le 11 septembre, le vice-président Cheney affirmait encore : « Saddam Hussein est en bouteille. » Après quoi des orientations très différentes ont été prises, mais les premières étaient plus réalistes.

La mère de toutes les erreurs

Si nous concluons qu'il ne restait aucun stock d'armes interdites, il restera à vérifier la date où elles ont été massivement détruites : en 1991, comme l'affirmait la partie irakienne, ou plus tard ? L'un des moyens de le savoir, je l'ai dit, passe par des entretiens avec les nombreux Irakiens signalés comme ayant pris part à ces destructions. Il faudra aussi comprendre comment les États-Unis et la Grande-Bretagne ont pu se tromper à ce point dans leurs évaluations, notamment sur la plus importante catégorie d'ADM : les armes nucléaires.

On a pris l'habitude de mêler les armes nucléaires aux armes chimiques et biologiques sous l'expression fourre-tout d'« armes de destruction massive », mais il est évident qu'elles constituent une classe à part. Jamais le monde ne se serait inquiété à ce point des armes de l'Irak si ce pays n'avait pas fait tant d'efforts pour se doter d'une capacité nucléaire militaire et s'il n'avait pas atteint un tel niveau dans l'enrichissement de l'uranium vers 1990. Il est d'autant plus inquiétant de constater que des déclarations cruciales et catégoriques sur la poursuite de l'effort et des réalisations nucléaires en Irak, faites au plus haut niveau des gouvernements britannique et américain à partir de 2002, étaient absolument fausses et auraient pu être évitées avec un minimum de circonspection.

Je n'accuse pas Tony Blair ni George W. Bush de mauvaise foi. Mais je dis qu'il ne leur aurait pas fallu un gros effort de réflexion critique, à eux et à leurs proches conseillers, pour s'abstenir des déclarations qui ont induit l'opinion publique en erreur. Pourquoi ont-ils si peu écouté – et, dans le cas de MM. Cheney et Wolfowitz, semble-t-il, tant méprisé – les estimations et les analyses de l'AIEA ?

Même s'il était un jour prouvé que l'Irak avait conservé certains programmes illégaux de faible envergure, cela ne changerait rien au fait qu'affirmer catégoriquement l'existence des armes de destruction massive – et refuser même qu'on puisse en douter – était une erreur totale.

Les journalistes d'investigation, notamment aux États-Unis et en Grande-Bretagne, ont accompli un travail fabuleux pour examiner ces assertions, en faire apparaître les failles et chercher la vérité.

Pourquoi les services de renseignement ont déraillé

On ne ramène pas à la raison des tyrans comme Saddam Hussein en leur tendant un rameau d'olivier. Rédigée après la défaite des dictateurs, la charte de l'ONU n'exclut nullement l'usage des pressions militaires, de la force armée ou du renseignement. Mais elle préfère les solutions pacifiques.

Le renseignement est indispensable à la défense nationale et à la lutte contre la subversion et le terrorisme. J'ai un grand respect pour les nombreux adeptes de ce métier difficile que j'ai rencontrés, et dont certains vivent tous les jours avec des risques très différents de ceux que l'on peut courir à la table de conférence. Pourtant, malgré les milliards de dollars consacrés aux satellites et à la surveillance aérienne, aux écoutes électroniques, au contrôle des exportations, aux interrogatoires des transfuges et à l'espionnage humain, je dois conclure dans le cas de l'Irak à un échec monumental.

L'Irak était un endroit brutal, où l'espionnage direct était sûrement difficile. Il semble qu'après la fin de la guerre froide les États-Unis (mais pas nécessairement leurs alliés) avaient réduit leurs réseaux de terrain, et qu'ils n'avaient pas d'agents en territoire irakien. Il est clair que les transfuges ont joué un rôle crucial dans le dossier américain. M. Rumsfeld, par exemple, a dit que les découvertes s'effectuaient grâce aux déserteurs, et non pas grâce aux inspecteurs. Peut-être a-t-on accordé une confiance excessive à leurs propos.

Dans l'administration Bush, on faisait trop peu de cas des rapports d'inspection circonspects de l'ONU, rédigés sur la base de visites sur site, d'entretiens, d'archives irakiennes très attentivement étudiées. Quand les politiques utilisaient ces rapports, ils les lisaient souvent de travers, pour y trouver confirmation de leurs idées préconçues. Le mépris évident du vice-président Cheney et des hauts responsables du département de la Défense pour les inspections internationales les a privés d'une précieuse source d'information.

Bon nombre d'assertions erronées dans les déclarations publiques des dirigeants américains et britanniques auraient pu être évitées s'ils avaient au moins cité fidèlement ce que les commissions d'inspection avaient écrit dans leurs rapports, au lieu de déformer les choses. Par exemple, le 23 janvier 2003, Paul Wolfowitz reprit des chiffres avancés par l'UNSCOM en 1997 sur les quantités de divers agents biologiques ou chimiques que, selon les calculs des inspecteurs, l'Irak avait ou pouvait avoir produites. Mais le sens qu'il conféra à ces chiffres était tout à fait différent de celui que leur avait donné l'UNSCOM. En l'absence d'informations crédibles sur le devenir de telle ou telle quantité, la commission de l'ONU l'avait qualifiée d'« inexpliquée ». Ce qui ne revenait nullement à affirmer qu'elle existait, mais n'excluait pas cette hypothèse. Or, après avoir tiré force litres et tonnes du rapport de l'UNSCOM, M. Wolfowitz conclut : « En dépit de onze ans d'inspections et de sanctions, d'endiguement et de riposte militaire, Bagdad *conserve* des armes chimiques et biologiques, et en produit encore plus » (c'est moi qui souligne).

Autre exemple : M. Stuart A. Cohen était président par intérim du Conseil national du renseignement quand fut publiée l'*Évaluation* 2002 du Conseil sur les armes irakiennes de destruction massive. L'*Évaluation*, écrivit-il dans un article paru le 30 novembre 2003, « jugeait extrêmement probable que l'Irak *possédait* des armes chimiques et biologiques ». Et il enchaînait : « C'étaient fondamentalement les conclusions auxquelles étaient parvenus les Nations unies et de très nombreux services de renseignement – tant amis qu'ennemis. » Ce que disait M. Cohen des autres services de renseignement pourrait bien être exact, si je me fie aux impressions que m'ont laissées mes rencontres avec certains d'entre eux. Mais, pour les rapports de l'ONU, il commettait la même erreur que M. Wolfowitz. Et si la déformation n'était pas consciente, c'est encore pire, car cela signifierait que, pour cet ancien haut responsable du renseignement, tout ce qui est « inexpliqué » existe. Préparer une *Évaluation* sur de telles bases risquait fort de conduire à des conclusions indûment alarmistes.

On se doute que c'est exactement ce qui s'est passé, et un article paru dans l'*International Herald Tribune* le 19 novembre 2003 renforce les soupçons. Annonçant qu'un vaste réexamen du travail de renseignement sur les programmes d'armes illicites est en cours aux États-Unis, il cite un dirigeant qui en explique la nécessité en évoquant le précédent irakien : « L'absence de preuves de la destruction par l'Irak de ses armes chimiques et biologiques semble avoir été interprétée par les services secrets comme la preuve qu'il les possédait encore. »

Encore quelques réflexions sur les raisons de l'échec du renseignement…

La conviction inébranlable des hauts dirigeants des gouvernements américain et britannique que les armes existaient, et le fait qu'ils s'attendaient à voir leurs services leur en fournir des preuves, ont probablement influencé les professionnels du renseignement, comme la population en général et les médias. En juillet 2003, Greg Thielmann, ancien directeur du bureau des affaires stratégiques, antiprolifération et militaires du département d'État, observait : « Le gouvernement [des États-Unis] a une conception du renseignement fondée sur la foi, il s'en sert de haut en bas : nous connaissons les réponses, donnez-nous des informations qui soutiennent ces réponses-là. »

The Economist (4 octobre 2003) suggéra un rapprochement entre certains aspects de ce mode de pensée et celui des inquisiteurs du Moyen Âge convaincus de l'existence des sorcières. Saddam Hussein était parfait en diabolique, et l'Irak en État voyou refusant d'ouvrir ses placards bourrés de pots de venin et de fioles de germes. Le détail le plus anodin était reçu comme une preuve formelle de la présence des armes. Dans une interview révélatrice publiée par le *Sunday Telegraph* le 23 novembre 2003, David Kay, responsable du Groupe d'inspection en Irak, souligna l'immense avantage de se trouver sur le sol irakien : « Nous n'avons pas à saisir au vol des indices. »

Ces échecs ont un point commun évident : un *déficit d'esprit critique*. Dans leurs efforts pour cerner la réalité, les tribunaux recourent aux interrogatoires contradictoires afin d'imposer un examen critique des preuves. Dans le monde universitaire, la vérification des travaux scientifiques est souvent confiée à un groupe de pairs. L'existence des armes irakiennes de destruction massive avait été si souvent affirmée qu'elle passait pour évidente dans une grande partie du monde. Les milieux du renseignement auraient dû eux-mêmes assurer le regard critique ; mais, comme les autres, il semble bien qu'ils se soient laissé emporter par la vague. On a dit qu'ils préfèrent se tromper par excès d'alarmisme, parce qu'on ne leur reprochera pas d'avoir exagéré une menace, mais qu'ils seront durement blâmés s'ils l'ont sous-estimée ou ne l'ont pas vue venir – ce qui s'est passé avant la guerre du Golfe de 1991, lorsque les services secrets, comme l'AIEA, ne savaient rien du programme d'armements nucléaires de l'Irak.

Le sort tragique du savant britannique David Kelly – le conseiller du gouvernement de Londres qui s'est suicidé – montre, je crois, à quel point la pression de la politique pèse sur l'indispensable réflexion critique. L'esprit scientifique de David Kelly lui avait été fort utile quand il étudiait le dossier irakien. Appliquer le même sens critique aux rapports britanniques et réagir contre leurs exagérations était plus délicat.

Pourquoi la COCOVINU et l'AIEA n'ont-elles pas été emportées elles aussi ? Comparés à certains services de renseignement nationaux, nous avions l'avantage d'être moins exposés aux pressions venues du dehors et d'en haut. Nous servions le Conseil de sécurité, avec ses nombreux États membres et sa diversité d'analyses. En toute justice, je dois dire aussi que, en dépit de leurs souhaits et de leurs attentes, aucun des gouvernements concernés ne nous a jamais suggéré de laisser de côté l'esprit critique, que ce soit sur l'Irak ou sur d'autres dossiers. Autre avantage : la puissante tradition de la fonction publique internationale, normalement dominante dans le système de l'ONU. Jamais je n'ai vu de membres du personnel des Nations unies, qu'ils aient été de nationalité américaine, britannique, française, russe ou autre, se laisser influencer par les positions que le gouvernement de leur pays avait prises ou allait probablement prendre.

La COCOVINU portait un jugement critique indépendant : telle était à mon avis la principale raison qui faisait respecter et accepter nos analyses et nos estimations. Il est certain que, comme la plupart des gens, nous soupçonnions l'Irak d'avoir encore des stocks cachés d'armes chimiques et biologiques. Mais le Conseil de sécurité ne nous avait pas demandé de lui soumettre des soupçons, ni de lui transmettre purement et simplement des témoignages de transfuges. Les évaluations et les jugements de nos rapports devaient être fondés sur des preuves capables de résister à un examen critique international. C'est pourquoi, au désespoir de certains dirigeants, nos rapports ne se prêtaient pas aux conclusions catégoriques qu'ils voulaient en tirer. Quelle serait aujourd'hui la réputation des inspections internationales si nous avions simplement dit « amen » à toutes ces allégations que l'on affirmait absolument probantes avant qu'elles ne s'effondrent comme un château de cartes ?

Le comportement de l'Irak a alimenté les soupçons sur la présence d'armes de destruction massive

Le monde entier se souvient du jeu du chat et de la souris entre l'Irak et les inspecteurs dans les années 1990. Il donnait l'impression que l'Irak s'efforçait de dissimuler des armes interdites. C'est ce qu'on a pensé aussi lorsque l'Irak s'est fermé aux inspecteurs pendant près de quatre ans. Si, comme cela paraît maintenant le plus probable, il n'y avait pas d'armes cachées, si celles dites « inexpliquées » n'avaient jamais existé ou avaient été massivement détruites dès 1991, il nous faut chercher pour quelles autres raisons le régime irakien a laissé naître l'impression qu'il conservait des armes – fondement de toutes ces années de sanctions qui ont handicapé son économie et ravagé le niveau de vie de son peuple. À mon avis, les facteurs suivants ont pu jouer :

- Mieux coopérer avec les inspecteurs ne paraissait pas un moyen de faire lever les sanctions. Saddam Hussein avait entendu les États-Unis dire et répéter que seule sa disparition aurait cet effet. Pourquoi se serait-il montré plus coopératif ?
- Dans certains cas, c'est un sentiment d'humiliation qui a pu conduire les Irakiens à refuser l'accès aux inspecteurs, notamment pour divers sites qu'ils associaient

à la souveraineté du pays. Saddam Hussein se considérait comme un Nabuchodonosor moderne, il avait une très haute idée de lui-même et de l'Irak. Quand on l'a fait prisonnier, on lui a demandé pourquoi il n'avait pas laissé entrer les inspecteurs dans ses palais s'il n'avait pas d'armes, et il a répondu : « Nous ne voulions pas qu'ils pénètrent dans les sites présidentiels et fassent intrusion dans notre intimité. » Si les inspecteurs pensaient « jeu du chat et de la souris », pour Saddam et son régime c'était peut-être « voyeurisme ». Lorsque, après la guerre, on a demandé à l'un des responsables du programme d'armes chimiques, le brigadier général Alaa Saïd, pourquoi Saddam n'avait pas aidé l'ONU à résoudre des centaines de questions sans réponse sur les armes interdites, il aurait répondu, selon le *Los Angeles Times* : « Je n'en sais rien. Peut-être est-il trop fier. »

• L'Irak réclamait des Nations unies la levée des sanctions, en faisant valoir qu'il avait détruit toutes les armes prohibées et s'était acquitté de toutes ses obligations. Mais, comme celui qui cloue sur sa porte un écriteau « Attention, chien méchant » sans avoir de chien, le régime irakien n'était peut-être pas mécontent d'amener les autres à se dire qu'il avait des armes de destruction massive et qu'il restait dangereux.

• Le régime irakien visait peut-être à maintenir le secret sur les bâtiments où se trouvaient ses forces et ses armes conventionnelles. Ils étaient évidemment susceptibles d'être inspectés – où allait-on chercher des armes, sinon dans des bases militaires ? – et les étroites relations, jusqu'à la fin de 1998, entre certains inspecteurs de l'UNSCOM et les autorités militaires des pays qui opéraient des bombardements ciblés en Irak ont pu conduire le régime à s'opposer à des visites sur certains sites.

L'invasion de l'Irak a eu lieu à cause des armes de destruction massive

Le sous-secrétaire américain à la Défense Paul Wolfowitz, dans une interview aujourd'hui célèbre, a déclaré que le choix du thème des armes de destruction massive pour justifier la guerre contre l'Irak avait été opéré pour des raisons « bureaucratiques ». Autrement dit, il y avait beaucoup d'autres motifs, mais celui-ci était le seul susceptible d'assurer un large soutien de l'opinion américaine, le seul aussi qui ait une chance de séduire hors des États-Unis et à l'ONU.

En dépit des vives préoccupations que suscitait dans le monde (et notamment aux États-Unis) la diffusion des ADM, il n'aurait pas été envisageable de développer une politique comprenant l'éventualité d'une guerre contre l'Irak sans les attentats terroristes du 11 septembre 2001. Avant cet événement, aucune inquiétude sérieuse ne s'était manifestée, ni aux États-Unis ni ailleurs, sur le maintien d'un programme d'armements nucléaires en Irak. Et personne n'a sérieusement soutenu non plus qu'il existait un lien quelconque entre le régime irakien et les auteurs des attentats terroristes. Mais il y avait une conjonction théorique entre « terroristes » et « armes de destruction massive » – même les armes nucléaires –, et il y avait eu une conjonction concrète entre l'Irak et ces armes-là. C'est ce rapprochement qui, dans la fureur provoquée par les attentats terroristes, semble avoir persuadé le gouvernement américain qu'il devait compléter l'élimination d'Al-Qaida et du régime taliban en Afghanistan par celle de Saddam Hussein et des armes de destruction massive qu'était censé posséder l'Irak, parce que c'était une autre source d'agression potentielle contre les États-Unis.

L'idée, largement partagée, d'une obstruction de l'Irak aux efforts de l'ONU et de la communauté mondiale pour éliminer les ADM était, de toute évidence, le meilleur argument utilisable à l'appui de ce projet. C'est le seul qui a été défendu aux Nations unies, et de loin la principale des justifications données au Congrès et à l'opinion publique américaine.

Ni le gouvernement de Washington, ni celui de Londres n'auraient probablement obtenu de leurs parlementaires le droit d'intervenir militairement à seule fin de renverser le régime de terreur de Saddam Hussein. Il est tout à fait improbable aussi qu'ils auraient pu recevoir un tel mandat du Conseil de sécurité.

Peut-être les Nations unies, dans un avenir pas trop lointain, autoriseront-elles une intervention armée pour libérer des pays petits ou moyens d'un régime abominable dont ils ne peuvent eux-mêmes secouer le joug – un Saddam Hussein ou un Pol Pot. Personnellement, cette évolution me paraîtrait souhaitable. Mais l'obstacle principal, en l'occurrence, est probablement la réticence à payer les coûts humains et financiers de l'opération, et non les dispositions restrictives de la charte de l'ONU.

La guerre contre l'Irak ne peut être effacée. Les coûts du conflit et de l'occupation – pertes humaines et matérielles, milliards de dollars dépensés, coups portés à l'ONU, à l'OTAN, à la crédibilité des dirigeants politiques, stimulation des haines, etc. – sont ses effets négatifs. Il nous reste à examiner si elle a eu aussi des effets positifs. Et à nous demander s'il y a d'importantes leçons à en tirer.

Le premier effet évident à inscrire en gros au chapitre du positif, c'est la destruction d'un des régimes les plus sanguinaires et des dirigeants les plus impitoyables que le monde ait connus depuis la Seconde Guerre mondiale. Ce fut certes un résultat bienvenu de la guerre, mais ni son but officiel, ni la justification qu'on lui avait donnée.

Le deuxième point à inscrire au positif est que la guerre va peut-être hâter l'émergence de la démocratie en Irak et dans le reste du Moyen-Orient. Avec l'arrestation de Saddam Hussein et l'élimination de son régime, la population irakienne a compris qu'un retour à l'ordre ancien est impossible. On ne peut que souhaiter qu'après des décennies de dictature et de guerre le peuple mobilise ses considérables ressources intellectuelles et reçoive de la communauté mondiale l'aide maximale pour s'orienter vers une démocratie où les différents groupes ethniques et religieux apprendront à coopérer.

Le troisième point concerne le terrorisme. L'intervention militaire lui a-t-elle porté un coup ? Certains répondent oui : selon eux, tous les mouvements terroristes sauront ainsi qu'après l'expérience du 11 septembre 2001 les États-Unis vont traquer toute organisation en laquelle ils verront une menace. D'autres inscrivent ce point au négatif : à leur avis, notamment si de nouvelles erreurs sont commises, un nombre croissant d'États et d'individus dans le monde risquent de considérer les États-Unis comme un fauteur de troubles planétaire, et beaucoup de musulmans et d'Arabes vont ressentir l'occupation de l'Irak comme une humiliation, ce qui pourrait nourrir la haine – et renforcer le terrorisme.

Il y a un quatrième point que Condoleezza Rice juge positif, mais je ne suis pas d'accord. Elle a tenté en octobre 2003, un peu héroïquement à mon sens, de soutenir que, si le respect des résolutions de l'ONU n'avait « pas été imposé, la crédibilité des Nations unies [aurait] été en miettes. L'efficacité du Conseil de sécurité pour mettre en œuvre la volonté de la communauté mondiale et maintenir la paix aurait été affaiblie ». Le Conseil de sécurité ne s'est pas prononcé contre le recours à la force. La majorité du Conseil estimait qu'il était trop tôt pour abandonner la voie des inspections, suivie depuis trois mois et demi seulement. L'argument selon lequel une minorité d'États membres pourrait renforcer l'autorité du Conseil de sécurité en ignorant le point de vue de sa majorité est bien étrange. La volonté de la communauté mondiale peut-elle être imposée par une action (en l'occurrence préventive) d'un ou de quelques États, même quand cette action heurte de front la volonté affichée de la communauté mondiale ?

Quelques autres idées ont été avancées à l'actif de la guerre en Irak. Elle aurait servi à contrer la prolifération des armes de destruction massive, même si l'on n'en a trouvé aucune. La guerre aurait *envoyé un message* aux États ou aux mouvements enclins à acquérir ces armes : ils auraient compris qu'elles pouvaient leur apporter plus de dangers que de sécurité. La décision du colonel Kadhafi, en décembre 2003, d'abandonner les ébauches de programmes d'ADM qu'avait la Libye a pu être interprétée dans ce sens.

Mais il est risqué de généraliser. Il suffit de penser à l'Iran et à la Corée du Nord. Quant au cas libyen, on peut aussi en faire une autre lecture : il montre qu'il est possible d'inciter avec succès à la non-prolifération sans intervention armée. Nous savons maintenant avec une quasi-certitude que l'Irak de Saddam n'avait aucune arme de destruction massive, que le régime avait bel et bien été dissuadé de maintenir ou de relancer ses programmes d'armes prohibées par la présence des inspecteurs de l'ONU et par la menace américano-britannique qui les soutenait. Si vivement qu'on l'ait critiquée, la politique d'endiguement relativement bon marché avait réussi, et la coûteuse politique de contre-prolifération n'était pas nécessaire.

Dans cette situation (où, selon toute vraisemblance, l'Irak ne possédait pas d'ADM), il ne paraît pas exclu que le régime irakien aurait pu agir comme le colonel Kadhafi. C'était d'ailleurs ce que les Britanniques incitaient Saddam Hussein à faire, dans un projet de résolution au Conseil de sécurité, à peu près au moment où ils semblent avoir entamé leurs pourparlers avec la Libye – juste avant la rupture des négociations au Conseil de sécurité et le début de la guerre en Irak.

Que Saddam Hussein ait *eu* des armes de destruction massive ou seulement l'*intention* possible d'en acquérir, cela ne fait aucune différence réelle, a estimé le président Bush dans une interview de décembre 2003 : dans les deux cas, le monde se porte mieux sans lui. Certes.

Il est néanmoins permis de penser et d'espérer que cette assertion reflète seulement la réticence parfaitement normale d'un dirigeant politique à reconnaître que quelque chose a mal tourné. Le président Bush a soutenu, avec raison, que les terroristes et les dictateurs attaquent sans prévenir ; il paraît certain qu'il n'aurait pas décidé la guerre, ni demandé au Congrès de l'autoriser, s'il avait su qu'il n'y avait aucune arme de destruction massive en Irak, mais seulement certaines raisons de penser que Saddam allait chercher à en acquérir dans l'avenir.

La présence ou l'absence des armes faisait bel et bien une différence pour le choix de la réaction. On peut faire valoir qu'une menace claire et nette de frappe par armes de destruction massive dans les quarante-cinq minutes – ou même dans les quatre mois et demi – justifie une action militaire préventive instantanée. On aurait plus de mal à soutenir que la simple possibilité de voir créer une telle arme dans les quarante-cinq *mois* à venir, pour constituer alors ce que le président Bush a appelé un « danger en gestation », autorise à intervenir militairement sur-le-champ et à occuper un pays. Si – ce qui semble être l'avis général – il ne faut employer la force qu'en dernier ressort, ces menaces-là doivent être contrées, dans l'immédiat, par des mesures moins graves que l'invasion armée.

On pourrait objecter, à bon droit, que ces commentaires se fondent sur des informations dont on ne disposait pas en mars 2003. À cette date, nul ne pouvait garantir que l'Irak n'avait pas d'armes de destruction massive, les inspecteurs des Nations unies et moi-même pas plus que les autres. Aurait-on pu soutenir que cette incertitude était intolérable et devait être levée par l'intervention armée ? On aurait pu, mais je pense qu'il est peu probable qu'un tel argument aurait persuadé les parlementaires américains et britanniques, sans parler du Conseil de sécurité. C'est probablement parce qu'ils en étaient tout à fait conscients que les gouvernements des États-Unis et de Grande-Bretagne se sont dits sûrs et certains que les armes existaient.

Pour justifier l'intervention, on pourrait dire aussi que, s'ils étaient convaincus – même à tort – que Saddam Hussein avait des armes de destruction massive et représentait un danger imminent, les gouvernements américain et britannique devaient attaquer préventivement. Cependant, ils ne pouvaient manquer de remarquer qu'en mars 2003 l'Irak n'avait plus que l'ombre de sa puissance militaire de 1991, lorsqu'il avait été vaincu dans la guerre du Golfe. De plus, s'il y avait un domaine où tout le monde – États-Unis compris – savait que Saddam était désarmé, c'était le nucléaire. Il a fallu beaucoup d'altération des réalités, dont un contrat d'achat d'uranium contrefait, pour ressusciter une menace nucléaire irakienne, même assez loin dans l'avenir.

Il est infiniment plus probable que les gouvernements ont délibérément exagéré les risques afin d'obtenir le soutien politique que, sinon, ils n'auraient pas eu. Telle a été la conclusion, je pense, d'une grande partie de l'opinion publique. Il en résulte une perte de crédibilité. On comprend et on admet que les gouvernants doivent simplifier les questions internationales complexes lorsqu'ils les expliquent au peuple dans les États démocratiques. Néanmoins, ce ne sont pas des camelots faisant l'article, mais des dirigeants dont on est en droit d'attendre une certaine intégrité quand ils exercent leurs responsabilités pour la guerre et la paix du monde.

Le rôle des inspections dans les efforts pour prévenir la prolifération des ADM et assurer le désarmement des États

Le débat public sur la guerre en Irak a moins porté sur les inspections que sur les justifications politiques, l'intervention préventive unilatérale, le rôle du Conseil de sécurité et le renseignement. Pourtant, la fonction et les résultats des inspections étaient au cœur du sujet. Aux yeux des faucons américains, il n'y avait aucun problème : ils étaient convaincus que les armes de destruction massive existaient. Le secrétaire à la Défense Donald Rumsfeld savait que les transfuges étaient une source d'information fiable, et pas les inspecteurs. Le vice-président Cheney jugeait les inspecteurs inutiles, dans le meilleur des cas. Les Allemands, les Français, les Russes, les Chinois et bien d'autres estimaient que les inspections fonctionnaient relativement bien en mars 2003 et qu'on aurait dû les laisser se poursuivre, au moins pour un temps.

Au Conseil de sécurité, les États-Unis et la Grande-Bretagne, comme tous les autres membres, exprimaient leur satisfaction pour le travail des commissions d'inspection, en le jugeant professionnel, indépendant et efficace. Néanmoins, si les rapports des inspecteurs ont été un facteur important dans la réflexion de la majorité du Conseil qui a refusé d'autoriser une guerre, les gouvernements américain et britannique se sont fiés davantage à leurs propres renseignements erronés qu'à ces rapports, qui n'apportaient aucune confirmation de l'existence d'armes de destruction massive.

Après la guerre, on a pu constater que le travail d'inspection et de surveillance effectué par l'AIEA, la COCOVINU et son prédécesseur l'UNSCOM, et soutenu par la pression militaire, politique et économique, était bel et bien efficace depuis des années : il était parvenu à désarmer l'Irak et à dissuader Saddam de réarmer. Autrement dit, l'*endiguement* avait réussi. On a pu constater aussi que les services secrets nationaux et les « faucons » au sein des gouvernements s'étaient trompés, mais pas les inspecteurs. Ce n'est pas sans un certain plaisir que je cite cette déclaration du 9 juillet 2003 de Joseph Cirincione, directeur du projet « non-prolifération » à la Fondation Carnegie de Washington :

> À la lumière des trois derniers mois de vaines recherches des experts américains, britanniques et australiens, le mécanisme d'inspection de la COCOVINU en Irak apparaît maintenant bien meilleur que ne le prétendaient ses censeurs à l'époque. Il s'avère que ce mécanisme fonctionnait et que, si on lui avait donné assez de temps et de moyens, il aurait pu continuer à fonctionner, et faire efficacement barrage à tout nouvel effort irakien en matière d'armes de destruction massive. Jamais une si petite équipe n'a été si massivement critiquée sur des bases si peu justifiées.

Ce jugement est conforté par l'étude de la Fondation Carnegie, publiée en janvier 2004, sur les menaces que faisait vraiment peser l'Irak de Saddam. Cirincione et ses collègues en arrivent à une conclusion assez accablante : l'administration Bush a donné de ces menaces une image considérablement exagérée et déformée.

La façon dont les inspections seront organisées et utilisées dans le cadre des futurs efforts pour prévenir la prolifération des armes de destruction massive et garantir le désarmement est une question importante. Ces efforts passent essentiellement par :

- des politiques étrangères assurant à chaque État la sécurité et réduisant ainsi ses incitations à acquérir des ADM : initiatives de détente mondiale et régionale, alliances protectrices, garanties de sécurité ;
- des engagements pris par traités, comme le Traité de non-prolifération des armes nucléaires et la convention sur les armes chimiques, mais aussi des traités régionaux instaurant des zones dénucléarisées ;
- des programmes d'inspection et de surveillance assurant à tous que les engagements pris sont bien tenus et dissuadant les tricheurs ;
- le contrôle des exportations et des transports, qui rend plus difficiles l'achat, le transfert ou la production des armes de destruction massive.

Ces instruments pourront être complétés par divers types de pressions et par des incitations positives, par exemple une aide économique. Ils sont conçus pour établir la confiance et endiguer la prolifération sans recours à la force.

La « contre-prolifération » est la mise en œuvre de mesures offensives pour prévenir et arrêter une entreprise de prolifération que l'on pense en cours : sabotages contre des laboratoires, des usines ou des sites nucléaires, bombardements, usage de la force militaire sous diverses formes, dont la guerre.

En Irak, aucune mesure d'endiguement n'avait réussi, avant la guerre du Golfe, à arrêter les efforts de Bagdad pour fabriquer des armes nucléaires et d'autres armes de destruction massive. Les services secrets des États n'avaient pas découvert les programmes irakiens, et le système d'inspection appliqué par l'AIEA en Irak avant la guerre du Golfe n'avait pas détecté l'effort d'armement nucléaire en cours. Après cette guerre, le système de garanties fut remplacé par le mécanisme d'inspection et de surveillance très pénétrant établi par le Conseil de sécurité et régi par les résolutions 687 (1991), 1284 (1999) et 1441 (2002). L'idée généralement admise jusqu'aux attentats du 11 septembre 2001 aux États-Unis a maintenant reçu confirmation : ce mécanisme, étayé par la pression militaire et des sanctions permettant le contrôle des exportations, fonctionnait et assurait un endiguement efficace. Il y a beaucoup de leçons à tirer de ce système et de son application. L'expérience de la COCOVINU a montré qu'il était possible de mettre en place un système d'inspection de l'ONU, professionnel et efficace, soutenu mais non contrôlé par les États, donc revêtu de la légitimité des Nations unies que le Conseil de sécurité avait voulu lui donner.

Néanmoins, en 2003, la politique d'endiguement a été abandonnée pour l'Irak, et la politique de contre-prolifération mise en œuvre : une force d'inspection combinée des Nations unies et de l'AIEA qui comptait moins de 200 inspecteurs et coûtait peut-être 80 millions de dollars par an a été retirée, et remplacée par une force d'invasion de 300 000 hommes coûtant dans les 80 *milliards* de dollars par an. L'expérience a montré ce que peut faire en très peu de temps une opération de contre-prolifération musclée. Mais elle a aussi soulevé bien des questions perturbantes.

Il n'était pas raisonnable de soutenir que certains membres du Conseil de sécurité avaient le droit, de leur propre chef, d'entreprendre une intervention militaire pour faire respecter les décisions du Conseil, alors que la majorité du Conseil n'était pas encore disposée à autoriser cette intervention.

Le droit de légitime défense est reconnu en cas d'agression armée effective, par exemple l'invasion du Koweit par l'Irak en 1990. Si l'on soutient que, dans certaines situations, les États doivent avoir le droit de faire usage de la force *par anticipation* lorsqu'ils prévoient une agression – d'intervenir préventivement –, une question se pose aussitôt : comment peut-on déterminer que l'agression allait vraiment avoir lieu ? Dans certains contextes, c'est peut-être facile, et chacun en conviendra. Nul besoin d'autorisation en bonne et due forme. Mais dans d'autres, surtout lorsque rien ne presse, le bien-fondé de l'action préventive risque d'être contesté et, si les assertions de ses services de renseignement ne sont pas convaincantes, l'État qui l'aura menée sera accusé d'avoir abusé de son droit à l'autodéfense. Ce qui s'est passé en Irak en 2003 n'a pas renforcé la thèse du droit à l'intervention préventive.

Les États qui souhaitaient intervenir militairement avaient une issue. Ils auraient pu prendre acte des demandes qui s'exprimaient au sein du Conseil en faveur d'une prolongation des inspections. Ils pouvaient encore espérer le soutien du Conseil de sécurité à un usage préventif de la force, si des preuves convaincantes de l'existence des programmes ou armes prohibés qu'ils alléguaient étaient apparues, ou si les rapports avaient fait état d'une non-coopération des Irakiens avec les inspecteurs. Sans ce soutien, la légitimité de l'intervention a été compromise, la crédibilité des gouvernements érodée et l'autorité du Conseil de sécurité amoindrie.

Table des matières

Achevé de composer par
PARIS PHOTOCOMPOSITION
75017 Paris

Impression réalisée sur CAMERON par
BRODARD ET TAUPIN
La Flèche

pour le compte des Éditions Fayard
en février 2004